信息资源建设

金胜勇　锅艳玲　陈则谦　编著

河北大学中西部高校提升综合实力工程
核心项目：创新社会管理　　资助出版

科学出版社
北京

内 容 简 介

本书全面介绍信息资源建设理论和实践的发展，从时间、空间、过程三个维度科学构建信息资源建设理论体系，从背景、规划、采集、管理等方面系统阐述图书馆、政府、企业组织的信息资源建设工作，从机制、技术、模式、实务等方面深入探讨信息资源共建共享。

本书可作为高等学校图书馆学、情报学、档案学、信息资源管理等专业本科生或研究生教材，也可作为政府机关、企事业单位的信息资源建设工作者的参考用书，对信息资源建设的相关研究也有一定的指导意义。

图书在版编目（CIP）数据

信息资源建设 / 金胜勇，锅艳玲，陈则谦编著.—北京：科学出版社，2017.5

ISBN 978-7-03-052808-7

Ⅰ. ①信… Ⅱ. ①金… ②锅… ③陈… Ⅲ. ①图书情报工作-研究 Ⅳ. ① G250

中国版本图书馆 CIP 数据核字（2017）第 107944 号

责任编辑：方小丽 / 责任校对：李 影
责任印制：张 伟 / 封面设计：蓝正设计

科学出版社 出版
北京东黄城根北街 16 号
邮政编码：100717
http://www.sciencep.com
北京厚诚则铭印刷科技有限公司 印刷
科学出版社发行 各地新华书店经销
*
2017 年 5 月第 一 版 开本：787 × 1092 1/16
2023 年 7 月第六次印刷 印张：13 1/2
字数：319 000

定价：48.00 元

（如有印装质量问题，我社负责调换）

前　言

信息资源同能源、材料并称现代社会发展的三大支柱资源。现代社会对信息资源的要求，一是丰富，二是易用。

信息是事物存在的方式和运动状态的表现形式。按照独立元论的观点，信息既不是物质，也不是能量；信息既是一种客观存在，又与人类的认识息息相关。同样，作为有用信息的集合，信息资源既是自然存在的，同时也是人类活动的结晶。信息资源的本质属性——可共享性，以其另一重要属性——可建设性作为实现前提。信息资源建设，是使有用信息的集合越来越大（丰富）、越来越有序（易用）的过程。

如今的信息资源建设，早已超越了资源采购的内涵，发展为集规划、选择、采集、组织、管理为一体的系统工程，与信息资源服务实现了无缝衔接。资源建设主体也早已突破了图书馆等专门文献信息机构的狭义范畴，发展为政府、企业等所有的信息资源管理组织，甚至宏观上发展到国家、地区，微观上发展到用户、个人。本书在传统经典教材主要讲述图书馆信息资源建设的基础上，增加了政府信息资源建设和企业信息资源建设的内容，以努力体现信息资源建设实践的这种突破，同时也是对编著者所持"非图书馆论"的图书馆学研究对象观点的一种拥护，即图书馆学的研究对象不是仅限于图书馆，而是"面向信息检索的信息组织"这一社会行为。此为本书的第一个特点。

本书的第二个特点是理论的系统化。传统经典教材对资源建设理论的阐述，除了设有专门的章节以外，还会散见于"概论"或"文献采访工作"等各章节，采用"原则""支撑理论""相关理论""基本理念""文献采访理论"等表述方式。本书力所能及地将信息资源建设的理论内容从图书馆、政府、企业的信息资源建设实务中概括出来，专设"信息资源建设的基本理论"一章。更为重要的是，本书将所有的理论内容进行梳理和归纳，总结成"信息资源建设三维理论体系"，并针对每一个维度的理论观点进行了重新分析和解读，使理论与理论之间、理论与实践之间的联系更为清晰，也更为合理。

本书的最后成稿以及以上两个特点的形成，有两个重要来源。一是来源于传统经典教材和相关理论成果，二是来源于编著者长期的教学科研实践。如果没有传统经典教材和相关理论成果，编著者根本不能形成对"信息资源建设"课程的系统认识；如果没有长期的教学科研实践，编著者也完全无法对"信息资源建设"课程进行深入思索从而产生创作本书的动力。从 1996 年开始持续讲授"信息资源建设"课程（当初的课程名称是"文献资源建设"），到 2010 年开始着手编著本书，编著者在这 15 年左右的时间里一直进行信息资源建设（共享）与管理方面的研究与探索；之后的五六年时间，又利用每学期给本科生和研究生上课的机会，对本书的体系和内容进行反反复复的思考和探讨。本书的许多观点，最初都来自于学生的智慧；本书的绝大部分内容，都经过了学生的审辩和推敲，特别是体现本书特点的三个主要章节：信息资源建设的基本理论、政府信息资源建设、企业信息资源建设。如果说本书是一本编著，那么三位署名人只是编者，这几年中参与“信息资源建设”课程课堂讨论和课下交流的学生才是真正的著者。

本书的第四章由陈则谦和锅艳玲执笔，第五章由锅艳玲执笔，其他章节由金胜勇执笔。金胜勇、锅艳玲、陈则谦共同对本书进行了统稿工作。本书的出版，先后得到科学出版社张宁和方小丽两位编辑的鼎力支持，她们实际上也应该是本书创作群体的成员。

从“藏书建设”到“文献资源建设”，再到“信息资源建设”，课程内容在迅速地更新和发展。即使目前的课程名称暂时固定为“信息资源建设”，建设实践也对理论研究不断提出新问题、新要求。虽然编著者试图努力跟踪和反映这种发展变化，但由于认识能力与理论实践的发展速度有很大差距，编著者的努力也许看起来可能是徒劳的或没有章法的。无论如何，将编著者的认识完整地、真实地表达出来，是本书创造的根本动因。

编著者

目　录

第一章 绪　论

信息（information）同能源、材料并列成为当今世界三大资源。信息资源广泛存在于经济、社会各个领域和部门，是各种事物形态、内在规律和其他事物联系等各个条件、关系的反映。随着社会的不断发展，信息资源对国家和民族的发展，对人们工作、生活越来越重要，成为国民经济和社会发展的重要战略资源。信息资源建设，即对信息资源进行采集、加工、组织等也成为一门新兴学科，它既是图书馆学的一门分支学科，又是信息资源管理学科的重要分支领域。

第一节　信息

在信息问题的相关研究领域中，最成焦点也是最具有争议的便是关于信息的定义。不同的学科对“信息”这一概念有不同的定义。即使同一学科内部，对“信息”的定义也难见统一的意见。据粗略统计，国内外学界对信息的定义已经超过 200 种。

一、信息的定义

“信息”一词是中国汉语的固有词汇，并非外来语。在中国古代的诗词歌赋、小说野史中，“信息”一词早已有人使用，只是用于“消息、音信”之意（在英语中，信息——information 和消息——message 两个词在很多场合是互相通用的），并没有赋予信息以严格的科学定义。例如，“王子俭期曰：‘正数欲来，信息甚大。’”，句中“信息”即指“消息”；南唐李中的《碧云集·暮春怀故人》诗，“梦断美人沉信息，目穿长路倚楼台”，句中“沉信息”即指杳无音信之意；南宋陈亮的《梅花》诗，“欲传春信息，不怕雪埋藏”，句中“春信息”即指“梅花报春”；明代李昌祺的《剪灯馀话》中《至正妓人行》诗，“荡子江湖信息稀，疲兵关塞肌肤裂”，句中“信息稀”即指音信稀少之意；明代施耐庵的《水浒传》第四四回，“宋江大喜，说道：‘只要贤弟去得快，旬日便知信息。’”，这里的“知信息”是消息即将返回的意思；等等。由此可见，上述例句中的“信息”一词的含义都是消息、音信之意。

（一）信息的语词定义

“信息”一词在不同的词典中有不同、甚至矛盾的解释。《辞海》（1989 年版）中解释为：“泛指消息和信号的具体内容和意义。”而《简明不列颠百科全书》（1991 年版）中称：“信息论中的‘信息’与信号中固有的意义无关。”《辞源》解释“信息”就是“消息”。

（二）各学科领域关于信息的经典定义

“信息”作为一个科学术语，最早由哈特莱（R. V. Hartley）在其1928年撰写的《信息传输》一文中使用。在该文中，哈特莱把“信息”理解为选择通信符号的方式。他指出，发信者所发出的信息，就是他从通信符号表中选择符号的具体方式。例如，假定他在符号表中选择了这样一些符号“I am well”，他就发出了“我平安”的信息；如果他选择了“I am sick”这些符号，他就发出了“我病了”的信息。他还注意到，不管符号所代表的意义是什么，只要从符号表中选择的符号数目一定，发信者所能发出的信息数量就被限定了。哈特莱的思想和研究成果，为信息论的创立奠定了基础。

第二次世界大战以后，1948年美国数学家香农在《贝尔系统技术杂志》上发表了《通信的数学理论》一文，从理论上阐明了信源（信息发出者）、信道（信息传递渠道）和信宿（信息接受者）的特征，以及编码（把信息变换成可传递信号的措施）等有关通信方面的一些基本问题。该文从量的方面来描述信息的传输和提取方面的问题，从而推导出通信过程中信息量的数学计算公式。该文标志着信息论的诞生，它从理论上初步澄清了对信息的认识，从此，信息作为科学概念进入了通信领域。香农由此成为信息论的创始人，他创立的信息论为狭义信息论。

狭义信息论是一门应用概率论和数理统计方法研究信息处理和信息传输的科学。它主要研究信息的变换和传递，研究通信和控制系统中普遍存在的信息传递的共同规律。正如香农所说的：“通信的基本问题是在通信的一端精确地或近似地复现另一端所挑选的消息……至于通信的语义方面的问题，与工程方面的问题是没有关系的。”这就是说，通信的任务只是单纯地复制消息，只要在通信接收端把发送端发出的消息从形式上复制出来就行了，无须对信息的语义作任何处理和判断。所以，形式化是狭义信息论的优点。换言之，狭义信息论所关心的只是准确地选择和传递信息符号，以及信息符号所表现的概念、数量和可靠性，而不关心这些信息符号所表达的实际内容。正如一个不懂外文的人收到一封外文信，只能辨认出外文字母和标点符号，却不懂外文信件的内容，实际上没有获得任何信息。任何信息都包含语法结构（即形式的）方面，同时也必然包含语义（信息的含义）和语用（信息的主观价值）基本方面。狭义信息论只研究了语法结构方面，而回避了语义和语用方面。

此外，狭义信息论还研究信息的度量问题。信息是一个从不确定性到确定性的运动变化过程。所谓不确定性，就是对客观事物的不了解、不肯定。香农认为，度量信息的基本出发点是把信息看做用以消除不确定性的东西，信息量的大小可用被消除的不确定性的多少来表示。信息量是从信息接受者的角度来考察的，信息从信源发出，接受者在没有收到之前，存在一定的不确定性。当收到之后，这种不确定性就部分或全部消除了。消除不确定性越多，所获得的信息量越大。如果接收者收到的信息内容是早已预料到的，那么这一信息量就等于零。通信的直接目的就是消除接收端（信宿）对于发出端（信源）可能会发出哪些消息的不确定性。因此，信息被看做用以消除信宿对信源发出何种消息的不确定性的东西。

“消除了的不确定性”实际上只是说明了信息的一个作用，并不能用来做信息的定义。狭义信息论对信息只作定量描述，而对信息的质、内容和其他方面，如信息的使用价值、受信者的反应等都不做考虑。实际上，信息不仅有量的方面，还有质的方面，以及与使用信息的接受者主观认识相联系的一面，但这些方面，狭义信息论都没涉及，这是狭义信息论的很大的缺陷，使香农的信息论在实际应用中有着一定的局限性。

几乎是与香农同时，1948 年控制论的创始人维纳（N. Wiener）发表了控制论的奠基性著作《控制论——或关于在动物和机器中控制和通信的科学》，标志着控制论这门新兴科学的诞生。维纳在研究电滤波器中噪声与消息的问题时，也涉及信息这一概念。他试图从哲学上讨论信息的本质。他说："信息就是信息，不是物质也不是能量。"维纳这句话强调的是信息具有它独特的质的方面，而没有明确地说出信息到底是什么。此外，维纳又试图从信息的内容上给信息下定义。他把信息概念引入控制论，将信息概念与人的认识、动物的感知活动联系了起来。他在 1950 年发表的论文《人有人的用处——控制论与社会》中指出，"人通过感觉器官感知外部世界"，"我们支配环境的命令就是给环境的一种信息"，因此，"信息这个名称的内容就是我们对外界进行调节并使我们的调节为外界所了解时而与外界交换来的东西"。这表明，信息就是我们适应外部世界，并把这种适应反作用于外部世界的过程中同外部世界进行相互联系、相互作用、相互交换的一种内容。在这里，维纳把人与外界环境交换信息的过程看成是一种广义的通信过程，试图从信息自身具有的内容属性上给信息下定义，注意了信息的质的方面，但这一定义没有明确划定信息的范围，也没有明确回答信息的"内容"到底是什么。可是这一定义已明确地把信息的概念推广到人，即指出了信息与信息接受者的主观认识有关。应该说，这一定义要比在通信意义下的信息有着更为广泛的意义，所以维纳的定义实质上是对香农狭义信息论的补充、发展和完善。控制论的创始人维纳对信息论的诞生起到了不可忽视的作用。

除此之外，维纳还从不同的角度给出了相同的信息量的数学表达式。他从控制者对信息进行选择的方式的角度提出，信息量"实际上就是负熵"。这一思想具有深远的影响力，"负熵""组织程度""有序性"因此被很多学者作为信息的定义方式。但"负熵"是个量，而量不等于质，不能作为信息的定义。

维纳著名的信息宣言，"信息就是信息，不是物质也不是能量"，引发了哲学家们浓厚的兴趣。受此启发，信息的诸多哲学定义也正是围绕着信息与物质、意识的关系而建立的，其中独立元论可算是代表。独立元论继承了维纳"信息宣言"的思想，但它并不认为信息绝对独立于物质。就像辩证唯物主义虽然认为世界统一于物质，但并不因此否认精神世界的存在。在信息的独立元论看来，信息也拥有类似的相对独立特质。

邬焜先生是独立元论的代表。他在 1981 年、1984 年和 1994 年先后给信息下的哲学定义为：

信息是物质存在方式和状态的自身显示。

信息是标志物质间接存在性的哲学范畴，它是物质存在方式和状态的自身显示。

信息是标志间接存在的哲学范畴，它是物质（直接存在）存在方式和状态的自身显示。

可以看出，这三个定义在本质上是统一的。第一个定义是从现象描述的层面对信息所作的规定；第二个和第三个定义的后半句仍然保留了第一个定义的内容，第二个定义前半句的意义在于事先用"直接存在"来概括物质，因此开辟出"间接存在"这一全新的存在域并将其赋予信息，高度概括和抽象出信息的特质与存在论地位，但由于采用了“物质间接存在性”的提法，所以该定义仍然保留了比较浓厚的对信息做物质属性解读的色彩；第三个定义由于直接用“间接存在”指信息，并用“直接存在”指物质，这就使作为“间接存在”的标志的信息与物质（直接存在）相比所具有的独立性地位更为明确。

邬焜先生的信息定义是一个存在论意义上的定义。一方面，这一定义明确指出信息是物质的属性和存在方式，坚持了唯物主义的立场；另一方面，这一定义也指出了信息与物质（直接存在）相比的独立性——信息标志着间接存在。由于间接存在包括了主观间接存在和客观间接存在，因此信息包含了传统的精神领域（主观间接存在），并且同时又包括了独立于主观精神之外的客观信息领域（客观间接存在）。邬焜先生的信息定义在目前诸多信息的哲学定义中是具有高度概括性和很强说服力的。

此后，中国信息学家、北京邮电大学钟义信教授经过长期对信息科学的研究，也对信息进行了哲学层面的定义：信息是指事物存在方式或运动方式，以及这种方式/状态的直接或间接的表述。

钟义信先生信息定义的出发点也是独立元论的。他明确指出：“信息来源于物质，又不是物质本身……信息也来源于精神世界，但是又不限于精神的领域。”可以看出，钟义信的信息定义与邬焜的信息定义最大的契合之处在于两者都肯定了信息是事物存在方式的表述（或显示），但是在钟义信先生对信息所下的早期定义中，仍然保留着把“事物的存在方式和运动方式”本身也看做信息的观点，这一观点显然未能将物质自身的存在方式与信息的存在方式加以明确的区分。在《信息科学原理》（2002 年版）中，钟义信先生进一步把信息定义修正为“某事物的本体论层次信息，就是该事物运动的状态和状态改变的方式的自我表述/自我显示”。新定义加上了“自我”二字，并且取消了将信息看做是“事物的存在方式和运动方式”本身的观点，这在一定程度上就与邬焜先生的定义达成了共识。

从本质上说，信息是事物自身显示其存在方式和运动状态的属性，是客观存在的事物现象。但是，信息与认知主体又有着密切的关系，它必须通过主体的主观认知才能被反映和揭示。这表明，信息既不是物质也不是能量，它是一种比运动、时间、空间等概念更高级的哲学范畴，是一个复杂的、多层次的概念。

实际上，信息的概念是有层次的。在信息概念的诸多层次中，最重要的是两个层次：一个是没有任何约束条件的本体论层次，另一个是受主体约束的认识论层次。从本体论层次上来考察，信息是一种客观存在的现象，是事物的运动状态及其变化方式，即“事物内部结构和外部联系的状态以及状态变化的方式”。世间一切事物都在不停地运动，因此都在不断地产生着本体论意义上的信息。站在主体的立场来考察信息概念，就会引出认识论层次上的信息定义：信息就是主体所感知或所表述的事物运动状态及其变化方式，是反映出来的客观事物的属性。

相对于邬焜先生的信息定义，钟义信先生的信息定义更加明确地兼顾了上述两个层次，综上，我们基本认同钟义信教授的信息定义。

二、与信息相关的概念

与信息相关的概念有很多，本书重点介绍数据（data）、情报（valuable information）、知识（knowledge）、文献（literature）这四个概念与信息间的关系。

（一）信息与数据

不同的学科领域对数据的具体形式和内涵的理解不尽相同，但是人们对数据和信息关系的认识都大同小异。通常，数据是指未经加工的事实或对特定现象的描述，更具体地说，是对客观事物记录下来的，可以鉴别的符号。这些符号不仅是指数字，而且包括字符、文字、图形等。一般认为，信息是特定背景下具有特定含义的数据，经过某种方式加工或以更具实义的形式提供的数据。在复杂系统中，前一层次的信息是后一层次的数据，数据是“原料”，信息是“产品”。所以，有人在图 1.1 中这样阐述信息与数据的关系。图 1.1 中的表述没有正确理解信息的广义概念。

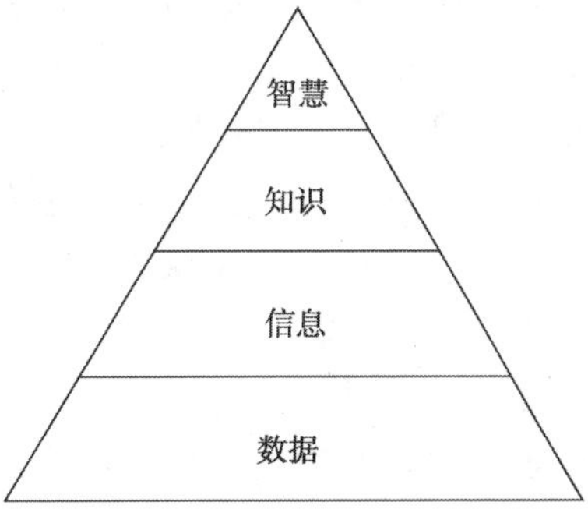

图 1.1 “金字塔”结构图

从广义的信息概念的角度看，信息是事物自身显示其存在方式和运动状态的属性，是客观存在的事物现象，而数据更应该被理解为是信息的一种存在形式，也是信息的一种最重要的存在形式。以数据形式存在的信息可以在现代信息技术中得到最为有效的处理和应用。数据总是在一定程度上具有结构化的特征，因而可以使用结构化的手段来收集、存储、传输、处理和使用。在现实世界中，信息往往是非结构化的，而信息的管理却只有在结构化的条件下才能具有更高的效率。因此，通常情况下，数据是信息的一种最有效的存在形式。非数据形式的信息是很难（如果不是不可能）管理的。当人们想要对某些信息进行管理的时候，总会自觉或不自觉地将其整理为数据。所以，图 1.1 中信息与数据的位置应该调换一下，信息应在“金字塔”的最基层。

（二）信息与情报、知识

关于信息和情报的关系一般有三种观点：第一种观点认为，信息和情报是两个完全不同的概念，且属于不同的哲学范畴。第二种观点认为，情报是具有某种属性的信息，并且“信息>知识>情报”，或认为知识和情报是信息不重合的两个交叉子集。第三种观点认为，信息和情报是相同概念的两个不同称谓，无必要严格区分信息和情报，二者可以交替使用。

信息对应港台语言中的资讯、英语中的 information、日语中的情报（じょうほう），是一个较宽泛的概念。在汉语中，信息与情报既有区别，又有联系。信息、情报在本质上属于同一概念，但日语将 information 翻译为じょうほう，中文对应情报一词。这样一

来，information 一词既可译为信息，又可译为情报。情报在早期被认为是战时关于敌情的报告。通常，情报更强调加工、传递和使用，情报即运动中的有用的信息。为了区分信息与情报，有人将情报的英文单词对应 intelligence 而不是 information。因此，一般意义上的情报和信息几乎是完全相同的概念。由于 intelligence 还代表智慧的语义，为了语言的标准化和规范化，我们一般使用信息这个概念。狭义的情报（如作谍报解时）和狭义的信息（如作信号或数据解时）不可以互相置换，但狭义的情报可以用"限定词+信息"来表示，即可以把有用的信息称做情报，而把广义的情报称为信息。在本书中，情报对应 valuable information。对于知识这一概念的理解，一直以来也有很多不同的观点，柏拉图曾提出："知识是经过证实的正确的认识。"德鲁克则认为："知识是一种能够改变某些人或某些事物的信息，是经过人的思维整理过的信息、数据、形象、意象、价值标准及社会的其他符号化产物。"

《中国大百科全书·教育》对"知识"的概念这样表述："所谓知识，就它反映的内容而言，是客观事物的属性与联系的反映，是客观世界在人脑中的主观映像。就它反映的活动形式而言，有时表现为主体对事物的感性知觉或表象，属于感性知识，有时表现为关于事物的概念或规律，属于理性知识。"从这一定义我们可看出，知识是主客体相互统一的产物。它来源于外部世界，所以知识是客观的；但知识本身并不是客观事实，而是事物的特征与联系在人脑中的反映，是客观事物的一种主观表征。知识是在主客体相互作用的基础上，通过人脑的反映活动而产生的。

我们可以这样定义知识：知识是人的主观世界对于客观世界的概括和反映，是人们通过实践对自然、社会的运动形态及规律的认识和掌握，是人们对其在实践过程中所获得的感性认识、经验材料进行概括、分析、综合和升华创造出来的系统的、成体系的信息，是建立在信息基础之上的。从知识的产生来看，知识是人类实践过程中，通过自身的感官系统并借助于外在的手段和工具，获得与接收客观事物信息，通过人脑的认知、加工等思维过程而形成的一种系统化的观念信息，并用语言、文字、符号、图像等信息形式给予记录和传递。因此，信息是知识的原料和基础，知识是信息中最具革命性和活动力的部分。知识是信息的高级形式，是信息加工的结果，是系统化和有序化的信息。

有用的信息被称做情报，系统化和有序化的信息被称为知识，当然系统化和有序化的信息可能会成为有用的信息，被作为情报，情报与知识之间可能有所交叉，但情报与知识之间并无包含、归属的关系，我们就可以用图 1.2 表示信息、情报、知识之间的关系。

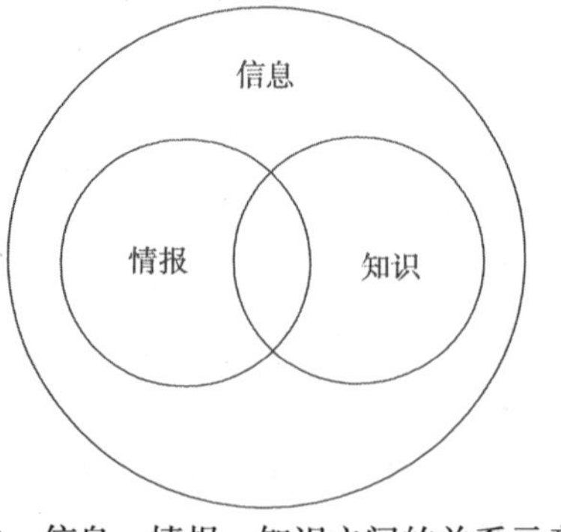

图 1.2　信息、情报、知识之间的关系示意图

（三）信息与文献

文献是信息所依附的主要载体和主要来源。人类社会活动产生了知识，就要用物质载体将知识记录下来，从而产生了文献。中国国家标准《文献著录规则》（GB/T3792.1—1983）中对文献这样定义："文献是记录有知识的一切载体（供记录信息符号的物质材料）。"这就是说，所谓文献是指用文字、图形、符号、音频、视频等作为记录手段，将信息记录或描述在一定的物质载体上，并能起到存储、传播信息和知识作用的载体。

构成文献的四要素是知识内容、信息符号、载体材料和记录方式。知识信息性是文献的本质属性，任何文献都记录或传递有一定的知识信息。离开知识信息，文献便不复存在，传递信息、记录知识是文献的基本功能。文献所表达的知识信息内容必须借助一定的信息符号、依附一定的物质载体，才能长时间保存和传递。信息符号有语言文字、图形、音频、视频、编码等。文献的载体材料主要有固态和动态两种：可见的物质，如纸、布、磁片等，为固态载体；不可见的物质，如光波、声波、电磁波等，为动态载体。文献所蕴含的知识信息是通过人们用各种方式将其记录在载体上的，而不是天然依附于某种实体上的。文献的记录方式经历了刻画、手写、机械印刷、拍摄、磁录、计算机输入的存储方式等阶段。

第二节 信息资源

在上一部分中我们已经给出关于信息的定义和相关阐述，即信息是事物存在方式或运动状态的表现形式，以及这种方式或状态的直接或间接的表述。一般来说，我们认为有价值的信息（某种意义上，此信息意味着能够创造物质或精神价值）即信息资源。但此定义显然扩大了信息资源的外延。

信息被认为是一类经济资源，是因为信息具有经济资源的一般特征。

第一，信息是直接为人类所需要，并作为生产要素投入的资源。

第二，信息资源是人类生产活动中稀缺的资源。稀缺性是经济资源最基本的特征。

第三，信息资源是使用方向具有可选择性的资源，信息资源具有使用方向的可选择性。

在社会经济增长方式的转变的背景下，信息作为一种稀有的资源被利用在生产方式的变革与企业竞争情报领域，人类对资源认识的演变和获取资源能力的提高也是信息资源化的重要原因。随着社会的发展，信息量以指数型方式高速增长，进一步为信息资源化提供了坚实基础。

一、信息资源的定义

传统意义上认为，信息资源是有价值的信息的集合，在此我们给出本领域内得到广泛认可的几种较为经典的定义。

（一）国外信息资源的定义

1979年，美国信息管理专家霍顿从政府文书管理的角度出发，认为信息资源具有两层意思：当资源为单数时，它是某种内容的来源，即包含在文件和公文中的信息内容；

当资源为复数时，信息资源指支持工具，包括供给、设备、环境、人员、资金等。

1986年，霍顿对信息资源重新做出定义，认为信息资源包括四个方面的内容，即具有信息技能的人才、信息技术的硬件与软件、信息机构、信息操作和处理的人员。

波特拉认为，信息资源包括信息的处理、操作和逆转中所用到的一切人、机械、产品、服务……

德国信息管理专家斯特洛特曼认为，信息资源包括三个重要组成部分，即信息系统、信息内容和信息基础结构。

（二）国内信息资源的定义

1991年，孟广均在给《知识工程》的贺词中写道："信息资源包括所有的记录、文件、设施、设备、人员、供给、系统和搜集、存储、处理、传递信息所需要的其他机器。"

1996年，霍国庆撰文认为："信息资源也就是可以利用的信息的集合……换言之，信息资源是经过人类开发与组织的信息的集合。"

1997年，符福垣在其《信息资源学》一书中，将信息资源定义为："信息与操作信息有关的物理设施、人力、资金和运行机制等的总称。"

1999年，代根兴、周晓燕撰文探讨信息资源的定义，将信息资源定义为：信息资源是经过人类选取、组织、序化的有用的信息集合。

2000年，吴慰慈、高波将信息资源的定义表述为：信息资源是经过人类采集、开发并组织的各种媒介信息有机集合。

2004年，马费成在《信息资源开发与管理》一书中定义：所谓信息资源就是指人类在信息活动中积累起来的以信息为核心的各类信息活动要素（信息技术、设备、设施、信息生产者）的集合。

综观以上定义，诚如乌家培1996年撰文指出的："对信息资源有两种理解。一种是狭义的理解，指信息内容本身。另一种是广义的理解，指的是除信息内容本身外，还包括与其紧密相联的信息设备、信息人员、信息系统、信息网络等。"

吴慰慈教授在其一篇文章《从文献资源建设到信息资源建设》中将信息资源表述为：信息资源是经过人类采集、开发并组织的各种媒介信息有机集合，也就是说信息资源既包括制品型的文献资源，也包括非制品型的电子信息资源。

同时，本书对于信息资源的定义也做出合理阐述。

第一，信息资源是经过人类组织的、有序的、可存取的信息的集合，是信息的一部分，因而具有可共享性。

第二，信息资源是人类社会不断继承和借鉴前人的结果，是人类社会知识不断积累的成果，信息资源的这种累积性本身就说明信息资源不仅是有用的和可用的，而且可以在不同空间同时为一切人类共享使用。

第三，信息资源必须以一定的形式固化在一定的物质载体上才能够得以保存、利用、交流和传播，但是它并不会随着物质载体的消亡而消失，也就是说，信息资源可以不断地反复利用、复制、传递和再生，这种可再生性也说明信息资源是可以共享的。信息资源的本质特征是可共享性，这就决定了信息资源共享建设能够实现。

我们认为，信息资源的定义有广义与狭义之分，广义上的信息资源即把信息活动的各种要素都纳入信息资源的范畴，强调信息资源是经过人类开发与组织的信息集合，信息只有在实施管理后才具备成为资源的条件，强调信息要素价值的实现离不开信息生产者，信息技术等信息活动要素的综合利用。狭义的信息资源即信息资源是经过人类选择、组织和加工处理的，有序化的各种媒介信息的集合，这也是我们的研究内容。本书所采用信息资源为狭义的信息资源。

二、信息资源的属性

信息资源是一种经济资源，它除了和物质资源、能量资源一样具有经济学特征以外，也有其自身的特有属性。信息资源的经济学特征有需求性、稀缺性、可选择性；信息资源的独有特征则包括动态性、时效性、驾驭性、不可分性、有限性、智能性、积累性等。

（一）信息资源的本质特性为可共享性

波普的“世界 3”理论，为信息的本质和形态提供了符合逻辑的解释，也使信息资源的“可共享性”有了强有力的理论支持。同自然资源不可复用的特征相比，信息资源是可以同时使用、异地使用、跨时空无损耗反复使用的资源，人们对其检索和利用，不受时间、空间、语言、地域和行业的制约，其价值也在使用过程中得到了体现。传统纸质等文献信息资源，由于受到载体类型的限制，可共享性受到一定程度的制约，但在条件允许的情况下，可根据需要随时对信息资源进行复制、转录、缩微等加工和开发，而不会影响信息内容。信息资源的这种可共享性的内在机理，不但为人类在更大范围内利用信息资源创造了条件，表明信息资源应该属于全人类，用户有权共享信息资源，而且对信息资源建设提出一种思路、一种要求：利用信息资源的可共享性提高资源建设效率。这与我们平时理解的提高资源的利用率不同，提高信息资源的建设效率更侧重在建设过程中如何更好地发挥信息资源的特性与效能。

信息资源最本质的特征应属其可共享性，信息资源是可以同时使用、异地使用、无损耗反复使用的可共享资源，才使得信息资源不断发展、不断丰富。可共享性是动态性、时效性等性质的基础。

（二）信息资源的其他重要属性

1. 时效性

时效性是指信息资源从大众媒介发出到受众接收、利用的时间间隔及其效率。随着大众传播科技的飞速发展，人们对信息资源时效性有增无减的需求将会得到进一步满足，信息资源传播与接收将会越来越快。在时间面前，信息资源是易碎品。即使是十分真实的、很有价值的信息资源，一旦失去了时效，也就无人问津。应紧紧把握信息资源的时效性，及时搜集整理信息资源，发挥信息资源在分析、决策时的作用，充分发挥其时效性的功能。

2. 可建设性

“信息资源就是经过人类开发与组织的信息的集合”，信息资源同信息的客观存在并不一样，它更大程度上是人类创造的成果，虽然它的生产和分布是一种客观现象，但其生成更取决于人类的主观努力。从这个意义上讲，“可建设性”是信息资源建设概念的逻辑起点，信息资源建设的本质实际上是将信息集合化、资源化的过程。

3. 再生性

信息资源具有可反复使用性，保障其被充分、深入、持续地利用，达成信息管理的终极目的。信息资源的再生特征使得它与传统的物质和能源资源的本质性差异，对于物质和能源这些资源，人类物化后以实现其使用价值。但由于人类受科学技术水平的制约，当物质和能源转化到某种特定形态时，人类在现有科学技术条件下便无法再对它们进行利用，而信息资源却不受这些客观因素的限制。

信息资源的再生性表现在三个具体的方面，即可共享、可反复利用和形态运动变化可逆。从整个社会来看，对信息资源的多一份利用不会导致信息资源的损耗，反而增加了一份增值的可能性。从社会信息资源的角度来看，社会生产过程中优势的形成是基于对信息资源的把握而不是垄断，是基于对信息资源的充分、深入、持续的利用。作为这一社会生产过程保障的信息管理，应当对信息资源采用更合理的管理方式，着眼于利用信息的再生性特征，以充分、深入、持续地利用信息资源为其终极目的，确保形成良性循环的社会再生产环境和过程。

4. 可传递性

信息资源可借助一定的载体进行传递，使人们感知并接受。其传递过程包括三个因素，即信源、信道、信宿。信源是指信息的来源，它是信息传递过程的起点；信道是指信息传递的通道，它是信息传递的途径过程（包括信息传递媒体和方式）；信宿是指信息传递的归宿，包括接受信息资源和利用信息资源，是信息资源传递过程的终点。

5. 依附性

信息资源的依附性是指信息要借助于某种符号表现出来，如文字、声音、图像等，而这些符号又要依附在纸张或其他载体上，如磁带、磁盘、光盘。信息必须依附媒介才能传播，口头传播必须通过嘴，书写传播需要借助纸、笔或新兴的电子媒介，有的信息是通过报纸、电视、网络等形式得以传播。总之，信息的传播必须依靠某种媒介物体。

6. 价值性

在市场经济条件下，信息资源已经成为一种极其重要的商品。信息社会通常被定义为信息资源生产和消费的集中。信息资源集中度取决于对信息资源的需求及此需求被满足的程度。因此，一种看待信息社会是否形成的方法是评价信息的交换强度及信息内部流动的持久性。

7. 完整性

信息完整性是指信息在输入和传输的过程中，不被非法授权修改和破坏，保证数据的一致性。保证信息完整性需要防止数据的丢失、重复及保证传送秩序的一致。

三、信息资源的类型

随着人类社会活动领域的拓展及社会活动的日益复杂，信息资源的数量急剧增长，内容日益丰富，种类更加多样。按照不同角度，信息资源分类结果会有不同。本书主要采用以下三种分类方式。

（一）信息资源按载体形态及记录方式划分

1. 传统文献信息资源

1）刻写型

刻写型文献是指以刻画和手工书写为手段，将信息内容记录在各种自然物质材料和纸张等不同的载体上而形成的文献，如古代的卜辞、金文、简册、帛书及现代的笔记、手稿、书信、档案、会议记录等。刻写型文献中有许多稀有和珍贵的文献信息资源。

2）印刷型

印刷型文献是指通过石刻、油印、复印等印刷方式，将信息内容记录在纸质载体上的一种文献形式，如图书、连续出版物、特种文献资料、其他零散资料等。印刷型文献已有悠久的历史，目前仍然是占主导地位的信息载体。它的突出优点是便于阅读，可直接、任意翻阅，可在任何场合下并且不需要借助任何设备阅读。它的缺点是相对其他信息载体来说，体积大，信息存储密度低，收藏占用空间大；受自然条件和纸张自身限制，难以长期保存；难以实现信息自动化和高速度传递。

3）缩微型

缩微型文献是利用光学记录技术，将印刷型文献的影像缩小记录在感光材料上制成的文献复制品。微缩型文献按其外形可分为微缩胶片、微缩胶卷、微缩卡片；按透光性可分为透明体和不透明体。

缩微型文献的主要优点：一是体积小，重量轻，信息存储量大。二是复制性能好，可缩小，可放大，不走样，不变形，易于转换成其他形式的文献。三是成本相对低廉。其主要缺点是使用不方便，保存与使用条件严格，设备费用投资较大。

4）视听型

视听型文献又称声像文献。它是以电磁材料为载体，以电磁波为信息符号，将声音、文字及图像记录下来的一种文献。按人感官的接受方式可分为三种类型，即视觉资料、听觉资料、音像资料。

2. 数字信息资源

数字信息资源是指以数字化的形式，将文字、图像、声音、动画等多种形式的信息存储在光、磁等非纸质载体中，以光信号、电信号的形式传输，并通过计算机和其他外部设备再现出来的信息资源。随着计算机网络的发展，数字信息资源又可进一步区分为网络信息资源和单机信息资源。

1）网络信息资源

网络信息资源是指借助于计算机网络可以获取和利用的所有信息资源的总和。随着计算机技术和网络技术等不断发展，网络信息资源的形式、数量也在不断突破。为了把握网络信息资源的本质和特性，人们采用多种标准对网络信息资源分类，比较有代表性的划分方法如下。

（1）按使用形式划分，可将网络信息资源划分为联机检索信息资源和互联网信息资源两种类型。

（2）按所对应的非网络信息资源划分，可将网络信息资源分为联机公共目录、电子书刊、参考工具书、数据库、其他类型的信息（如电子邮件等）。

（3）按信息的交流方式划分，可将网络信息资源分为非正式出版信息、半正式出版信息、正式出版信息。

（4）按信息存取方式划分，可将网络信息资源分为邮件型、电话型、揭示板型、图书馆型、书目型。

2）单机信息资源

单机信息资源是指通过计算机存储和阅读但不在网络上传输的数字化信息资源，人们常称其为机读资料。单机信息资源按其存储载体可分为磁带、磁盘、光盘等类型，其中磁盘和光盘是最主要的单机信息资源。

（二）信息资源按照出版与发行方式划分

1. 图书

图书是指以纸张为载体材料，记录与传播知识、具有完整装帧形式的非连续性出版物。图书的历史悠久流传广泛，数量庞大，使用方便，是迄今为止最主要的文献信息类型。

图书的内容特征是主题突出，知识内容完整、系统和成熟，多是著者长期研究的成果、学识的积累。因此，我们要系统地学习各学科的基础知识，要在某些知识领域做全面的、历史的、深入的研究，图书是无可取代的信息资源。

按照使用目的，可将图书划分为以下两类：一类是提供阅读的著作，包括专著、译著、教材、资料汇编、通俗读物、少儿读物等；另一类是供考查的工具书，包括书目、索引、文摘、指南、百科全书、手册、年鉴、字典、词典等。按照出版方式又可将图书划分为单本书、多卷书、丛书等类型。

2. 连续出版物

连续出版物是一种具有统一名称、固定版式、统一开本、连续编号、汇集多位著者的多篇著述，定期或不定期编辑发行的出版物。《国际标准书目著录（连续出版物用）》将“杂志、报纸、年刊（年鉴、行目录等）、各种机构的报告丛刊和会志、会议录丛刊单行本的丛书”等归入连续出版物。其中，期刊（杂志）和报纸是连续出版物中的主要类型。

期刊的特点是：内容广泛，知识新颖，不同种类的期刊内容，涉及社会的政治、经济、思想、科学技术、文化教育、文学艺术与社会生活的各个领域；出版周期短，传递信息快，能及时反映新理论、新技术、新方法、新动向；数量庞大，流通范围广，作者与读者人数多，影响面广。由于这些特点，期刊已经被称为当今传播信息、交流思想最重要的平面媒体之一。

期刊按其内容性质和使用对象，可以划分为政治性期刊、学术性期刊、工艺技术性期刊、文学艺术期刊、通俗性期刊、检索性期刊、资料性期刊、报道性期刊等类型。

报纸是出版周期最短的定期连续出版物。它以最快的速度报道世界各地发生的最新事件和科学技术方面出现的最新战果。与杂志相比，它的内容更加广泛、时效性更强、出版量更大、发行更快、读者面更广，是各种信息的主要传播渠道之一。报纸具有报道、宣传、评论、教育、参考、咨询等多种社会职能。按照出版周期，可以将报纸划分为日报（包括早报、晚报）、双日报、三日报、周报、旬报等不同类型。按照内容范围，可以划分为综合性报纸、专业性报纸，或者全国性报纸、地方性报纸等类型。

3. 特种文献资料

特种文献资料是指出版形式比较特殊的科技文献资料。它介于图书和期刊之间，似书非书，似刊非刊。这类文献的特点是内容范围新颖，类型复杂多样，涉及科学技术、生产生活的各个领域；现实性强，情报价值高，从不同领域及时反映当前科学技术的创造发明、进展动态、研究水平及发展趋势；出版发行无规律，有的有一定的保密性，收集起来比较困难。特种文献资料主要包括科技报告、政府出版物、会议文献、学位论文、专利文献、标准文献、产品资料等。

4. 其他零散资料

其他零散资料是指档案、舆图、图片和乐谱等资料。档案包括文书档案、科技档案和专门档案，是各种社会事务活动的真实记录，具有原始记录性、真实性、历史性、文化性等特征。舆图包括地图、地形图、地质图、行政区划图、各种教学挂图等。图片包括各种新闻照片、美术作品等。乐谱是指单张活页式音乐曲谱艺术作品。

（三）信息资源按加工程度划分

图书情报机构还常常按照信息资源加工的程度，将信息资源划分为一次信息资源、二次信息资源和三次信息资源。一次信息资源是指著作者最初形成的原始文献，是作者根据自己的科研成果发表的原始创作，主要表现为期刊论文、研究报告、专利说明书等。二次信息资源是在对大量分散的原始文献信息进行收集整理、内容浓缩的基础上，按照一定体例组织而成的可供检索的一种信息资源，主要表现为书目、索引、文摘等。三次信息资源是指通过利用二次信息资源对一次信息资源进行系统分析、综合研究、评述而加工生成的信息资源，主要表现为综述、报告等。实际上，一次信息资源也是已经生成了文献的信息资源，于是本书提出了“零次信息资源”这一概念，用来表示那些未正式成为文献的信息（如口头消息、隐性知识、个人技巧、经验等），这一概念对政府信息资源研究与企业信息资源研究有着重大的影响，本书后面的章节将详细介绍这点。信息资源由低级次向高级次转变的过程，正符合信息资源建设的本质，就是使信息资源由不易用变得易用。

另外，信息资源还有其他的分类方式。例如，根据信息资源来源可将信息资源划分为原生性信息资源、外来性信息资源与次生性信息资源。

第三节 信息资源建设

一、信息资源建设的含义

信息资源建设是信息工作领域中广泛使用的一个概念。但迄今为止，“信息资源建设”的含义却一直有不同的理解。尽管早在2000年，高波和吴慰慈教授就试图“对信息资源建设表述混乱的学科名称进行梳理和规范”，但时至今日，图书馆界、情报界和其他信息工作领域仍然按照各自的理解在使用“信息资源建设”的概念：图书馆界较多地认为“信息资源建设”是“文献资源建设”的延伸与拓展，其范围主要还是图书馆业务工作领域；

情报界和其他信息工作领域则认为信息资源建设主要就是指数据库建设，或数字信息资源建设。很多学者都曾对信息资源建设的概念、内容与理论体系进行较为深入的探讨，有着不同的理解。

高波和吴慰慈认为："信息资源建设是人类对处于无序状态的各种媒介的信息进行有机集合、开发、组织的活动。"该定义强调了信息资源建设的对象及信息资源建设的过程，但是没有具体明确地指出信息资源建设所要达到的明确标准。

而程焕文和潘燕桃提出："所谓信息资源建设，是指图书馆根据其性质、任务和用户需求，有计划地、系统地规划、选择、收集、组织、管理各种资源，建立具有特定功能的信息资源体系的整个过程和全部活动。"这个定义基本上把信息资源建设局限在图书馆的范畴之内，而忽视了宏观上的情报界及其他信息工作领域。

孟雪梅认为："信息资源建设是指在一定范围内的信息资源中心对信息资源进行有计划的采集、积累、开发并合理布局，以满足信息用户的需求，保障社会发展和国家建设需要的全部活动。"这个定义较之前的定义则更加注意信息资源建设宏观方面的内容。

信息资源建设是一个国家现代化建设中的重要一环，要更好地利用信息资源，就要明确信息资源在现代社会中的定位及概念。随着信息技术迅速发展，信息资源的生产、传递、获取、存储发生了根本性变化，信息资源建设这一概念的讨论也有了更为丰富的内涵和背景。因而对信息资源建设的定义，要反映出在新的信息环境中，信息资源建设的对象和内容有别于传统的文献资源建设的新的特质，揭示信息资源建设要达到的目的。因此本书认为，所谓信息资源建设，就是人类对处于无序状态的各种媒介信息进行选择、采集、组织和开发等活动，使之形成可资利用的信息资源体系的全过程。这一定义的内涵包括以下三个层次。

第一，信息资源建设所针对的是处于无序状态的各种媒介的信息，使其变得有序化，使信息资源从杂乱无章的状态，变得有序可用。所谓各种媒介的信息，是指既包括纸质媒介的各种类型的文献，又包括非纸质媒介的各种类型的信息。对大多数图书馆来说，文献型信息仍然是信息资源建设的重点。但非纸质媒介的信息资源，尤其是电子信息资源，近年来发展非常迅速，而且在生产、存储、传递等方面具有纸质文献难以比拟的许多优势，因而越来越受到人们的重视，成为信息资源重要的组成部分。文献型信息、电子型信息和其他各种载体的信息，共同构成信息资源建设的对象。所谓无序状态，是指各种媒介的信息数量极其庞大、分布广泛分散、内容繁杂混乱、质量良莠不齐、形态极不稳定，人们对它的利用十分困难。信息资源建设则是要使这些处于无序状态的信息有序化、有用化。

第二，信息资源建设活动的内容是对信息进行选择、采集、组织和开发。选择就是要从浩如烟海的信息源中，经过鉴别、评价，挑选出符合特定需要的、有价值的信息，不断丰富可用信息资源的数量。采集就是以人工的、自动化的方式和手段，通过各种渠道搜索、获取各种载体、各种形式的信息。组织就是对采集的信息资源进行加工、整序，揭示其内容和形式特征，组成各种信息检索工具和检索系统。开发就是以感知、思维、创造等方式，深入信息内容，去发现、发掘、提取有现实或潜在价值的信息，以供人们有效利用。对信息的选择、采集、组织、开发，构成了信息资源建设的全过程，每个环节都有特定的功能，同时又相互联系，相辅相成。

第三，信息资源建设的目的之一就是形成可资利用的信息资源体系，使人们便于使用这些资源。信息资源是一种附加了人类劳动的信息。凡是未被组织和开发从而能够为人们所利用的信息都不属于信息资源。因此，可利用性是信息资源的重要特征。所谓可资利用，应该包括这样一些标准：资源丰富，即没有一定的丰裕度，资源就很难得到利用；选择精良，即通过鉴别、选择，排除了那些繁芜、杂乱、可信度低、严重污染的信息，使提供利用的信息达到较高的精度；查询简便，即检索工具和检索系统易学易用，使用方便快捷；传递迅速，即使用者在需要的时候能够及时迅速地获得有关信息资源。这种可资利用的信息资源，应该是一个有序的信息资源体系。从微观上看，它要根据特定的目的，将不同内容、不同层次、不同载体、不同时间、不同语种的信息资源组成一个相互联系、相互依存的系统，以满足特定服务对象的信息需求。从宏观上看，要对一定范围（地区、系统或全国）的信息资源进行统筹规划、合理配置、科学布局，从而满足整个社会的信息需求。

信息资源建设的目的是把无序状态的各种媒介的信息建设成一个可利用的信息资源体系。信息资源建设，广义上包括三个方面的内容：宏观上指整个社会层面的信息资源采访、贮存和利用方面的协调、规划和资源共享；中观上指的是一个组织或文献收藏机构对文献信息的采集、贮存和协调；微观上指个人层面上的学习、规划、整理等形式的信息利用。本书主要针对中观层面对信息资源建设做了相应论述。

二、信息资源建设的概念的演变

（一）藏书建设

藏书，作为一种社会文化现象和人类社会实践，早在先秦时期就已经出现。在当时，藏书亦被称为“求访”或“采访”，后又被称为“藏书补充”。由于当时的社会生产力低下，文献种类和数量较少，收集存储比较容易，所以当时的藏书主要是用各种办法尽可能地收集所有的书籍，并将其进行存储保管。当时进行藏书活动的大多数是有财力的地方乡绅或是达官显贵，书籍被收藏之后作为一种财富或地位的象征，是一种私人财产，并不让公众进行阅读使用，即“重藏轻用”。而且，这种“重藏轻用”的思想贯穿于中国整个封建社会。所以，在我国古代很多书籍中，尤其是古代藏书家的著作中，“藏书”这个概念并不陌生，主要讲述的一般都是书籍的收藏、保存与维护。

到了 20 世纪 50 年代，“藏书建设”一词作为专业术语开始出现。在当时，这一专业术语仅限于图书馆使用，而且是作为“藏书补充”的同义词在使用。但是，随着社会生产力的不断发展，人类文明的不断进步，单纯的“藏书采访”或“藏书补充”已经无法概括和表达图书馆对于文献的选择、收藏、利用、保护等一系列活动。60 年代之后，随着国内外图书馆藏书工作的不断深入和发展，“藏书建设”的内涵也得到发展，并形成了一系列完整的藏书理论与方法，提出了“实用性、系统性、发展与剔除、分工与合作”的四项基本原则。有观点认为：“‘藏书建设’就是藏书形成的全过程，即从藏书的收藏到利用，再从藏书的利用到入藏，循环往复，螺旋上升的全过程。”有观点则认为：“‘藏书建设’是一个搜集、积累、组织的系统的藏书体系，这个系统藏书体系是通过规划、补充、等级、组织、协调、建立检索网络、组成存贮中心来完成的。”在此之后，代根兴从逻辑学的角度出发，为“藏书建设”进行定义：“‘藏书建设’是图书馆工作中系统建立、组织、发展藏书体系的过程与活动。”这一观点，用简洁明了的语言高度而全面地概括了“藏书建设”的深刻内涵，说明“藏书建设”既是图书馆工作中的一个环节、一种活动，同时又表明“藏书建设”是一个构建藏书体系的、动态的变化过程。

总而言之，“藏书建设”这一概念的产生、发展过程表明了人们对图书馆的藏书建设活动有了更加深入的了解，对图书馆的工作有了更进一步的认识。

（二）文献资源建设

随着社会的发展进步，社会各个历史阶段用以记录、保存、积累和传递人类信息知识的文献也呈现出不同的形态结构。其中最明显的就是文献载体类型的变化，文献的载体类型不再局限于传统的纸质载体。文献也不再是单纯的图书，还出现了声像型文献、缩微型文献、机读型文献等各种类型。显然，“藏书建设”中的“藏书”一词已经不再是单纯地指图书馆中的书本，而是广义的“馆藏文献”。由此可见，图书馆的“馆藏文献”有着明显的时代烙印，它与这个时代的社会生产力和人类文明的发展水平是密切相关的。所以，在社会生产力得到发展、文献种类与数量激增的情况下，图书馆学界也应适应时代发展的需要，重新认识“藏书建设”的内涵。除此之外，在“文献资源”这一概念出现以前，对于“藏书建设”，图书馆将其称为“图书收集”，而情报机构则将其称为“文献收集”。不同机构对文献收藏的不同称谓是文献资源和文献资源建设产生的基础和环境。

1982 年 8 月，中国图书馆学会在哈尔滨召开全国藏书建设专题学术讨论会，把图书情报界对“藏书建设”的认识推向了一个新高度。1983 年 4 月，教育部高等学校图书情报工作指导委员会在成都召开藏书建设专题研究预备会。1984 年 9 月，全国高校图书馆藏书建设研讨会在大连召开，学界开始从宏观和微观两个角度对藏书建设问题进行探讨和研究，并首次提出文献资源和文献资源建设的概念。1986 年 11 月，中国图书馆学会在南宁召开全国文献资源布局学术研讨会，标志着文献资源观念在理论上的成熟。此后，文献资源和文献资源建设在图书馆学界得到广泛认可并引起了热烈讨论。

文献资源建设是指依据图书情报机构的服务任务与服务对象及整个社会的文献情报需求，系统地规划、选择、收集、组织管理文献资源，建立特定功能的文献资源体系的全过程。文献资源建设这一概念是图书馆学界在自身的发展建设过程中，适应时代发展，结合文献发展情况，提出的符合文献发展规律，能更好地反映图书馆工作本质的认识。它改变了藏书建设仅拘泥于文献载体类型对图书馆工作进行概括的方式，从宏观上将各类文献视为一种社会资源，把图书馆等文献管理机构对这一类资源进行建设、组织管理的过程与活动进行了概括总结。它突破了传统的藏书和藏书建设的局限，更贴近图书馆工作的本质，它的提出是人们对图书馆工作认识有所进步的表现，表明图书馆学界对图书馆工作本质的认识有了更大的突破。

（三）信息资源建设

文献资源和文献资源建设理论的提出，对图书馆整个行业的思想认识和实际工作起到了重要的推动作用。但是，每一个理论都是立足于当时的社会背景和行业背景而提出的，带有明显的时代特征。文献资源及其理论是在20世纪80年代提出的，当时中国图书馆的自动化工作处于起步阶段，网络化建设刚刚起步，人们对于信息网络的认识还是模糊的、浅显的。所以，当时的文献资源建设也仅仅只是停留在文献收藏体系的建设的层面上。

20世纪90年代之后，计算机网络迅速发展普及，图书馆工作的信息化趋势也越来越明显。这时候，文献资源及其相关理论体系的局限性也越来越明显，主要表现在对先进技术手段及其在文献领域中应用前景认识不足、研究不够。如果我们仍然停留在文献资源建设理论上，不仅不会对图书馆工作起到积极的推动作用，反而会落伍，甚至阻碍文献工作的发展。所以，在信息技术和文献资源信息化的大背景下，信息资源和信息资源建设概念应运而生。

20世纪90年代中期，代根生、吴晞等学者先后撰文明确提出用“信息资源建设”取代“文献资源建设”的观点，成为信息资源建设理论转变的先声。此后数年，图书馆学理论界不断有学者探讨中国图书馆应由文献信息资源建设向信息资源建设转变，以及如何实现这种转变的问题。如今，信息资源建设已经成为信息工作领域普遍接受并广泛应用的概念。

三、信息资源建设的意义

（一）信息资源建设为信息服务机构提供了优质的资源保障

以图书馆为代表的信息服务机构，是为社会公众提供完善信息保障的专业机构。信息机构专业职能的发挥，无不以有序的、优质的、充足的信息资源为基础保障。信息资源构成了信息机构开展各项活动、提供各项服务的基础和条件，信息资源的建设和开发能力构成了信息服务机构核心能力的基础。没有信息资源建设工作对信息的加工、存储、整序和开发，任何形式的服务都是无法开展的。

（二）信息资源建设使无序的信息成为可资利用的资源，为社会发展创造巨大的财富

随着科学技术的发展和人类知识增加，信息源源不断涌现，形成了强大的信息流。而产生的信息整体上是处于无序、随机、散乱，甚至失控状态的，人们很难有效地加以利用，这样的信息还不是真正意义上的资源。信息的杂乱无章与人们的特定信息需求形成了尖锐的矛盾，这就要求信息工作者致力于信息资源建设。只有建立起有序的信息资源体系，信息才能作为生产要素投入社会生产过程，与物质资源、劳动力资源相结合，产生倍增效应，为社会创造出巨大的财富。

（三）信息资源建设促进信息资源的深层次开发和远距离获取，为信息资源共享做好了准备

信息资源的本质特征是共享性，其共享性在现代信息技术环境下得以充分的彰显，可以无障碍地实现不同信息用户在同一时间、不同空间的无损耗的信息资源共享。共享的信息资源不仅以文字、数字的形式出现，而且还开发出了图像、声音、动画及多媒体的形式。信息在内容上以书目、指南、词典及全文等类型存储于数据库中，而且巨大的存储能力和多入口、多途径的检索能力使大量无序的信息以有序可检的方式存在。利用互联网技术传递分享一条信息的成本几乎为零，大大降低了信息资源共享的成本，为信

息资源共享创造了有利的条件。

（四）信息资源建设对于中国的经济和社会发展具有特殊的战略意义

改革开放以来，中国国民经济以惊人的速度发展，但是这种快速发展是以能源和原材料的大量消耗和环境的恶化为代价的，因而是难以持续性发展的。2003 年党的十六届三中全会上明确提出了“科学发展观”这一新的发展理念，其要义之一，就是转变经济增长的资源基础，将主要建立在能源、原材料等自然物质基础上的经济发展模式，转变到主要依赖科技进步和以信息、知识为资源基础的发展模式上来。因此，对信息资源的建设、开发和利用是科学发展观的题中应有之义。加强信息资源建设，对促进中国社会经济的全面、协调和可持续发展具有特殊重要的意义。

➤ 思考题

1. 信息的定义是什么？
2. 信息资源的本质属性是什么？
3. 信息资源的定义是什么？
4. 信息资源的类型是什么？
5. 信息建设的意义是什么？
6. 信息、数据、情报与数据之间的联系与区别是什么？
7. 你认为信息资源建设应该包括哪些部分？
8. 信息资源建设的意义是什么？

参 考 文 献

党跃武，谭祥金. 2006. 信息管理导论[M]. 第二版. 北京：高等教育出版社

黄纯元. 1997. 图书馆与网络信息资源[J]. 中国图书馆学报（双月刊），(6)：13-19

姜璐，范智. 2004. 信息定义的探讨[J]. 系统辩证学学报，(4)：28-30

金胜勇，苏娜. 2006. 经济效率对信息资源共享的观照透视信息资源共享的首要问题[J]. 图书馆工作与研究，(2)：7-10

金胜勇，于淼. 2006. 基于共建共享的文献信息资源建设理论构建[J]. 中国图书馆学报（双月刊），(4)：72-75

黎鸣. 1984. 论信息[J]. 中国社会科学，(4)：3-23

刘兹恒. 2003. 对图书馆信息资源建设的几点看法[J]. 图书馆，(4)：3-6

孟雪梅. 2002. 信息资源建设[M]. 哈尔滨：黑龙江人民出版社

沈继武，肖希明. 1991. 文献资源建设[M]. 武汉：武汉大学出版社

王哲. 2006. 两类信息定义述评[J]. 华中科技大学学报（社会科学版），(3)：90-94

维纳 N. 1963. 控制论[M]. 修订版. 郝季仁译. 北京：科学出版社

邬焜. 1981. 信息在哲学中的地位和作用[J]. 潜科学杂志，(3)：6-10

邬焜. 1994. 信息世界的进化[M]. 西安：西北大学出版社

吴慰慈. 2000. 从文献资源建设到信息资源建设[J]. 中国图书馆学报（双月刊），(5)：24-27

吴慰慈，刘兹恒. 1991. 图书馆藏书[M]. 北京：书目文献出版社

香农 C E. 1978. 通信的数学理论[M]. 上海：上海市科学技术编译馆
肖希明. 2004. 我国信息资源建设研究述评[J]. 高校图书馆工作，(4)：7-12，27
肖希明. 2008. 信息资源建设[M]. 武汉：武汉大学出版社
肖希明，仇晓惠. 2009. 新中国文献资源建设六十年[J]. 图书馆杂志，(7)：3-12
岳剑波. 1999. 信息管理基础[M]. 北京：清华大学出版社
赵海军. 2012. 基于产权的信息资源分类与信息权理论建设[J]. 图书与情报，(4)：89-97
郑开琪. 1989. 关于信息的定义及其分类[J]. 上海社会科学院学术季刊，(8)：114-119
钟义信. 1979. 信息科学[J]. 自然杂志，(3)：7-10
钟义信. 2002. 信息科学原理[M]. 第三版. 北京：北京邮电大学出版社
朱月明，潘一山. 2003. 关于信息定义的讨论[J]. 辽宁工程技术大学学报（社会科学版），(5)：4-6

扫一扫

国务院关于印发促进大数据发展行动纲要的通知

国家信息化发展战略纲要

2014 中国信息资源产业发展报告

魏晋南北朝私家藏书兴盛原因初探

第二章　信息资源建设的基本理论

信息资源建设是一项实践性很强的活动，该项实践活动不仅需要一定的技术和方法，更需要专业理论的指导。信息资源建设的任何环节缺乏理论指导都可能导致实践活动的不规范、不科学、低效率，因此本章主要从时间维度、过程维度和空间维度三个方面对信息资源理论进行阐述。

第一节　信息资源建设理论体系框架

信息资源建设作为信息资源管理的重要领域，其理论体系尤为关键。许多信息资源建设教材都对基础理论、基本理论、支撑理论等有所介绍，本书无意于对理论的类型作具体的解释，而是从时间维度、空间维度、过程维度三个方面构建其理论体系框架，如图 2.1 所示。该图始发于一个点，即信息资源价值理论。信息资源价值理论是整个信息资源建设理论体系框架示意图的逻辑起点，一切信息资源都是有价值的，这也正是研究信息资源建设的意义和根本所在。它渗透于各个理论的系统论起着统领作用，具有重要的指导意义。信息资源建设理论体系也不例外，它将系统论作为整个理论体系的总括，涵盖了代表时间维度的信息资源发展理论、代表空间维度的信息资源配置理论、代表过程维度的信息资源采集与组织理论。这些理论均在系统论的范畴之中，并遵循着系统论。总之，信息资源价值理论和系统论将贯穿于整个信息资源建设理论体系框架的始终，也是本节论述的重点。

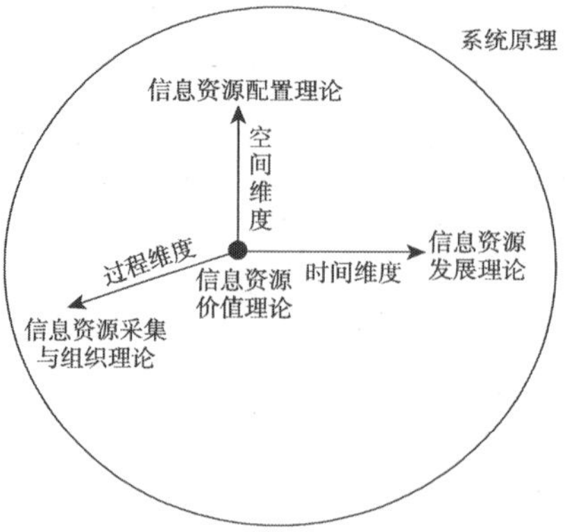

图 2.1　信息资源建设理论体系框架

一、信息资源价值理论

早在20世纪20年代末到30年代初，近代图书馆刚从封建藏书楼、寺庙及经院图书馆脱胎出来。印度图书馆学家阮冈纳赞（S. R. Ranganathan）深感图书馆工作缺乏整体性、关联性，需要有一个理论、方针作指导以改变凭经验办事的局面，并于1931年出版了《图书馆学五定律》（*The Five Laws of Library Science*）——书是为了用的；每个读者有其书；每本书有其读者；节省读者的时间；图书馆是一个生长着的有机体。之后，美国学者米切尔·戈曼（M. Gorman）与沃尔特·克劳福德（W. Crawford）于1995年出版《未来图书馆：梦想、狂想与现实》（*Future Libraries：Dreams Madness and Reality*）一书，提出“图书馆新五律”（five new laws of librarianship）。“图书馆新五律”着重以当今图书馆及其未来发展趋势为背景，对“图书馆学五定律”进行了全面修正，提出如下五条定律：第一定律，图书馆服务于人类文化素质；第二定律，掌握各种知识传播方式；第三定律，明智地采用科学技术，提高服务质量；第四定律，确保知识的自由存取；第五定律，尊重过去，开创未来。我们不难看出，同阮冈纳赞的“图书馆学五定律”相比，“图书馆新五律”是发展的，其将主体扩展到信息资源建设。我们认为信息资源价值理论（information resources value theory）同样具有五方面的含义：一切信息资源都是有价值的；一切信息资源都是为了用户；人人享有自由平等地利用信息资源的权利；用户对信息资源的一切需求都是正确的；信息资源系统是一个不断发展变化的有机体。

（1）一切信息资源都是有价值的（all resources are valuable）。根据第一章所述，在了解了信息和信息资源的本质属性和特征后，我们认识到“一切信息资源都是有价值的”，这是一个共识。理论上，这一认识达到了对信息资源认知的水平维度；实践上，这一认识有利于信息资源的开发和利用。信息资源价值论与信息资源建设理论的关系是源和流的关系，也就是说，对信息资源价值的研究是信息资源建设理论的基础。

（2）一切信息资源都是为了用户（all resources are to the users）。信息资源建设的最终目的是满足用户的一切信息资源需求，充分发挥信息资源的价值，最大限度地被用户利用。同信息资源服务相比，进行信息资源建设的意义在于丰富信息资源，提高信息资源的价值含量及为用户所利用的方便程度，简而言之就是两个方面：一是为了建设，二是为了用户。同信息资源服务相结合，其最终目的是充分发挥信息资源的价值，满足用户的一切信息资源需求。

（3）人人享有自由平等地利用信息资源的权利（everyone has the right to free and equal access to information resources）。人人享有自由平等的权利是民主社会的一个普遍共识，许多国家的宪法也对此做了明确的规定。公民的平等权，是指所有公民根据宪法和法律的规定，享有同等的权利并承担同等的义务。《中华人民共和国宪法》第33条规定：“中华人民共和国公民在法律面前一律平等。”《联合国教科文组织公共图书馆宣言》所言的“人人享有平等利用权利”是指人人享有平等利用图书馆一切资源的权利，其中包括平等利用图书馆信息资源的权利，每个人在利用信息资源的过程中都不应该受到“年龄、种族、性别、宗教信仰、国籍、语言或社会地位”等因素的限制或者歧视。

自由与平等有着不同的含义。《联合国教科文组织公共图书馆宣言》中，特别强调“自由与无限制地利用知识、思想、文化和信息”。所谓的自由地利用信息资源包含三层意义：一是用户可以自由地利用信息资源，即图书馆用户利用何种信息资源不应受到限制和审查。二是图书馆可以自由提供信息资源，即图书馆的信息资源不应受到限制和审查。三是自由地利用信息资源必须以法制为前提，如果离开这一点，上述两点难以成立。换句话说，世界上没有绝对的自由，自由是相对法制而言的，没有法律的保障，一切自由都是不可能的。

（4）用户对信息资源的一切需求都是正确的（users' all information resources demand is correct）。离开了信息资源需求，信息资源建设也就失去了意义。所以，用户起着决定性的作用。在信息资源建设过程中，必须最大限度地满足用户的信息资源需求，对用户永远不能说“不”，即对用户要有求必应，对用户的一切信息资源需求都要做出积极主动的回应，最大限度地满足用户的信息资源需求。

（5）信息资源系统是一个不断发展变化的有机体（information resources system is a organism with continual changing）。信息资源系统是由信息、用户和组织人员构成的综合体，是随着时代的变化而发展的。而且，信息资源用户需求的无限性和多样化也决定着信息资源系统是一个不断发展变化的有机体。当代信息机构数量不断增加，规模不断扩大，类型不断增多，存在形式也更加先进，收集的信息内容也更加丰富，与社会发展也更加契合，我们要切实做好信息资源建设工作，充分满足社会公众的信息需求，促进信息资源建设健康、协调、可持续发展。

二、系统原理

系统原理（system principle）是统筹性理论。系统思想源远流长，系统论作为一门科学由美籍奥地利人、理论生物学家 L. von 贝塔朗菲（L. von Bertalanffy）创立。中国著名学者钱学森认为：系统是由相互作用相互依赖的若干组成部分结合而成的，是具有特定功能的有机整体，而且这个有机整体又是它从属的更大系统的组成部分。因此，系统具有整体性、相关性和有序性。整体性是指系统具有整体目标和整体功能，并且其整体功能要大于局部功能的简单相加。相关性是指系统内各要素之间存在相互制约、相互影响、相互依存的关系，通过各要素之间的相互联系，系统才能体现出其运动的规律性和合理性。有序性是指系统内各要素的地位及相互间的关系都有一定的秩序，系统的变化、发展不是随意的，而是受系统内外各种因素的影响、限制，依据一定的规律而变化的。整体性原则是系统科学方法论的首要原则。

系统原理是系统论的核心，包括系统整体性原理、系统层次性原理、系统开放性原理和系统目的性原理。如何将系统原理应用到信息资源建设的各个环节中呢？首先，要建设并充分发挥信息资源整体系统的功能，关键在于各级各类信息机构要统筹兼顾、密切联系、分工协调、资源共享，向整体化方向发展。其次，还要满足以下两点：第一，必须建立信息资源保障体系。一个国家的信息资源建设必须将各类型信息机构联系组织起来，建立一个具有信息生产、供应、采集、整序、存储、传递等基本功能的国家信息系统；信息资源保障体系必须有明确的系统目标，保证系统整体的最优化；信息资源保障体系的运行必须与社会环境相适应。第二，必须要统筹考虑信息资源建设与信息资源服务；统筹信息资源建设中各种不同资源类型（一般与重点、传统资源与数字资源、虚拟环境与物理环境、期刊与图书等）；统筹信息资源建设中各个环节；强调信息资源建设的规划性和可持续性。

系统原理是信息资源建设理论体系中的重要理论。一方面，系统原理为信息资源建设提供了价值论依据，即共建共享就是要充分发挥信息资源建设系统的功能放大作用，使系统的整体功能大于各子系统的功能之和；另一方面，系统原理也为信息资源建设提供了方法论依据，即要牢牢立足建设的整体目标，将建设观念由自给自足转变为共建共享，充分发挥和合理调配各建设单位的资源优势和建设优势，将各文献信息机构从一个个封闭的、自我满足的建设系统融入开放的、共通的信息资源建设大系统。系统原理对信息资源建设有着直接的指导作用。

第二节　信息资源发展理论

信息资源发展理论是从时间维度来介绍信息资源建设相关理论的，包括信息生命周期、文献老化理论、零增长理论、信息资源复选与剔除理论和贮存图书馆理论，这些理论对于理解和进行信息资源建设具有重要作用。

一、信息生命周期

信息生命周期（information life cycle）作为一种学术概念较早出现于信息资源管理领域。1985 年，霍顿（F. W. Horton）在《信息资源管理》（*Information Resources Management*）一书中提出，信息是一种具有生命周期的资源，其生命周期由一系列逻辑上相关联的阶段或步骤组成，体现了信息运动的自然规律。目前，国内研究者对于信息生命周期概念的认识可分为两类：一是基于信息运动的信息生命周期，从信息运动角度出发，将信息生命周期视为信息自身内在运动的一种循环往复过程与规律性特征；二是基于信息管理的信息生命周期，从管理的视角，将信息生命周期视为一种管理过程或一系列信息处理程序的组合。因此，目前信息生命周期概念的分歧主要存在于两种理解，即信息生命周期理论与信息生命周期管理理论两类。

（一）信息生命周期理论

生命周期是指一个个体从出生到死亡所经历的各个时期。信息作为事物内部结构与外部联系的运动状态和方式，同样具有有机生命体的典型特征，其生命周期过程经历生产、发布、加工、利用和处理等不同管理阶段。因此，著名信息资源管理专家霍顿提出信息是有生命的，信息资源是一种具有生命周期的资源。信息生命周期是信息自产生到消亡整个过程中运动的客观规律。信息生命周期理论从信息运动的视角，以信息本身为研究对象考察这一客观运动的自身规律。其核心是对信息从产生到消亡整个生命周期过程中的运动与变化规律进行研究。信息运动既是客观存在的，又是极其复杂的，它由信息内在价值和外部环境等多重因素决定，并具有抽象性、多样性、周期性和阶段性的特征。

（1）信息运动的抽象性。它主要是指信息运动更多的是一种抽象运动而非具体的载体形式变化或物理空间改变，因此无法直观地看到信息运动，而只能通过信息运动过程中一些外部特征的变化间接对其进行研究。

（2）信息运动的多样性。虽然目前还无法完整地解释信息在其生命周期中的运动轨迹，但从本质上讲，信息生命周期中的信息运动是一种客观状态。通过考察信息在其生命周期中的多样化运动方式，可以分析出信息生命周期运动的阶段性特征与内在运动规律。

（3）信息运动的周期性。信息生命周期之所以被称为“周期”，在于它并非单向单次运动，而是一个周期性循环往复的运动过程。信息自创建到传播再到利用直至处理的整个生命周期中，其价值始终随着生命周期阶段的演进不断发生变化。

（4）信息运动的阶段性。以往研究者大多是将信息作为一种具有生命的资源，并从管理角度将信息生命周期划分为若干相互关联的阶段。

一般来说，从管理的角度而言，信息的生命周期分为五个阶段。

（1）产生阶段。产生阶段是指信息从无到有的起点。信息可能是企业内部的某一个或某些人员生成的，也可能是从外部接受的，还可能是信息系统本身运行所产生的。例如，各种来往的商业函件，算机系统的输入输出，员工编写的各种报告、报表、统计数据等。

（2）传播阶段。传播阶段是指信息一旦产生后，按照某种方式在企业内部或外部进行传递并到达最终用户手中的过程。

（3）使用阶段。使用阶段是指信息到达最终用户手中后对数据进行的分析、统计和以其为基础进行的商业、政治和道德决策。

（4）维护阶段。维护阶段是指对信息的管理，这种管理包括存放、读取、传输、拷贝、备份等。

（5）归宿（存档或删除）阶段。归宿阶段是指对已经使用过的信息进行最终处理。这种最终处理可能是存档，如对各种法律法规要求存档的文件进行最后归档；也有可能是删除，对于使用过且不再需要的信息可以进行此种处理，如对个人电子邮件的处理。其中，存档时间的长短依赖于该信息的法律价值、历史价值、情感价值、商业价值、军事价值和政治价值。

这五个阶段的关系如图 2.2 所示。

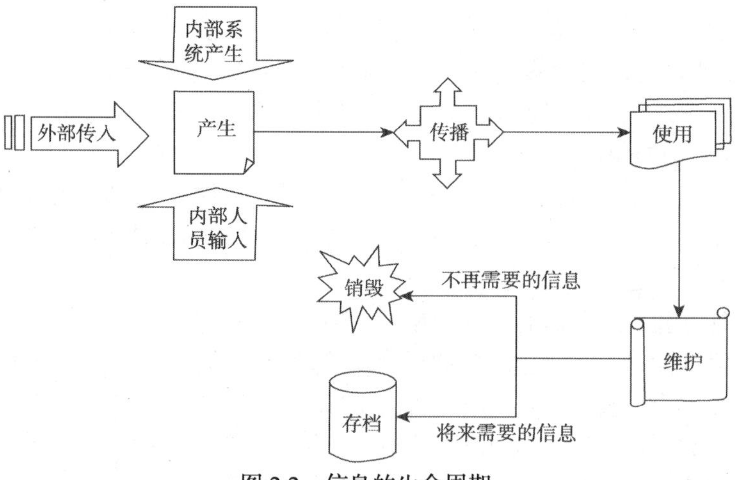

图 2.2　信息的生命周期

（二）信息生命周期管理理论

所谓信息生命周期管理（information life-cycle management，ILM）就是依据不同的信息在不同阶段的价值实施不同的管理策略，以简单、可靠、经济、有效的方式使组织机构或个人获取信息的最大价值，从而有效降低组织机构或个人的总体拥有成本。信息生命周期管理是一种信息管理模型，对信息进行贯穿其整个生命周期的管理，从创建和使用到归档和处理，它是一种针对信息进行主动管理的过程策略。

信息运动具有很强的抽象性与复杂性，更多地表现为一种抽象运动而非物理运动，同时其运动方式也多种多样，使得面对纷繁芜杂的信息运动开展有针对性的生命周期理论研究存在很大困难。由此，研究者往往将信息管理作为切入点，从管理角度考察信息生命周期过程中所采取的各种操作与措施，并借助信息在生命周期中实施的管理流程来间接反映其生命周期运动阶段与规律特征。信息生命周期管理是信息生命周期理论在信息管理活动中的应用，其目的在于对信息进行贯穿其整个生命周期的有效管理，帮助组织以最小的整体成本获取最大的效益。信息生命周期管理是从信息管理的视角，研究如何在信息生命周期各个阶段采用适当的操作与策略对其进行主动管理，具体研究对象既包括信息自身，也包括信息机构、信息用户、信息环境等信息主体与环境。

在国外，信息生命周期管理研究始于 2003 年。对信息生命周期管理的研究主要集中于五个方面，其中前两项为主要研究方向。

（1）信息生命周期管理综述。综述性的文献主要从宏观和微观角度对信息生命周期管理阶段划分、实现步骤、实施信息生命周期管理带来的益处、作用和意义等方面进行研究。

（2）信息生命周期管理的相关技术。从信息存储的角度看，整个信息生命周期管理涉及信息存储的各项技术，包括网络存储平台，存储基础设施软件，信息复制，备份和恢复软件，基于策略的存储管理软件，以及存储和数据优化服务等。

（3）行业与信息生命周期管理。这部分文献主要论述信息生命周期管理在相关行业的应用，涉及金融业、通信行业、医疗等行业。

（4）数据存储公司的产品和策略。数据存储服务公司是信息生命周期管理的主要推动力量，涉及的主要存储厂商有 SUN、EMC、IBM、HP、Netapp、StorageTek 等。

（5）目前信息生命周期管理中存在的问题。信息生命周期管理作为新兴的信息管理策略有着前所未有的优点，但是由于信息生命周期管理理论提出时间较短，还存在许多不完善之处。

在国内，信息生命周期管理研究也始于 2003 年，但对它进行研究的学者较少，成果还不集中。这方面的著作有杜国强的《信息生命周期管理》，是我国第一部从整体上研究信息生命周期管理的专著。还有其他学者对信息生命周期管理概念、管理模型及实施方法等方面进行深入研究。在图书馆行业，索传军探讨了利用信息生命周期管理理论对数字馆藏的科学管理问题，依据数字资源价值的变化规律提出了针对不同类型的数字馆藏制定不同管理策略的新理念，从而指导图书馆实现对数字馆藏的建设与管理，使其以最低的成本获得最大的服务效益。除此之外，也在其他行业运用信息生命周期和信息生命周期管理的相关技术方面进行研究。

根据信息资源在生命周期的不同阶段体现不同阶段，选取不同类别的存储介质，为实现信息更迭过程中存储介质服务效用的最大化提供了可能。基于信息生命周期管理的图书馆信息资源管理体系可以在一定程度上缓解图书馆日益剧增的信息资源在不断更迭的过程中，因需要存储介质不断扩容而带来的经济压力，提高图书馆的服务效能。

二、文献老化理论

（一）文献老化的含义

文献老化（literature aging）是指文献在产生或者出版后，随着其“年龄”的增长，由于各种主、客观因素的影响其内容的价值逐渐降低，从而利用率越来越低的现象。其包括内容的老化与载体的老化。进一步研究文献老化的各项数据，对指导剔旧和优化馆藏有着非常重要的现实意义。

（二）文献老化的量度指标

1. 半衰期

半衰期（half-life period）是用来衡量已发表文献的老化程度的指标。1960 年，“半衰期”由美国图书馆学家巴尔顿（R. E. Burton）和凯普勒（R. W. Kebler）提出，是指某学科现时尚在利用的全部文献中较新的一半是在多长一段时间内发表或出版的。这与该学科一半文献的失效所经历的时间大体相当。不同的学科，其文献半衰期往往不同；同一学科而采用不同的判断文献利用的标准，或以文献是否被引用及引用次数作为衡量利用的标准，或以文献在图书馆或相关机构里是否被借阅及借阅次数作为衡量利用的标准，所得出的文献半衰期也往往不同。需要注意的是，文献的“半衰期”不是针对个别文献或某一组文献的，而是针对某一学科或专业领域的文献总和而言的。

2. 普赖斯指数

科学技术的迅速发展，各种知识门类不断增加，导致各个知识领域的文献信息数量的急剧增长。国外统计资料表明，科技成果每增加一倍，信息量就增加几倍；生产翻一番，文献信息量就增加四倍。文献信息量的急剧增长，引起了人们的极大关注。美国文献学家 D. 普赖斯对文献信息的爆炸增长进行了深入研究，发明了普赖斯曲线（Place's curve）。普赖斯曲线以科学文献量为纵轴，以历史年代为横轴，把各不同年代的科学文献量在坐标系中逐点描绘出来，然后以一光滑曲线连接各点，则可近似地表征科学文献随时间增长的规律。通过对曲线的分析，发现文献增长与时间成指数函数关系，即普赖斯指数（Place index）。

普赖斯指数是指在某一学科领域内，对发表年限不超过 5 年的文献的引用次数与总的引用次数之比值。其计算公式为：P（普赖斯指数）=出版年限不超过 5 年的被引文献量/被引文献总量。一般来讲，某一学科领域文献的普赖斯指数越大，其半衰期就越短，其文献老化的速度也就越快。

应该指出的是，文献信息的指数增长规律适合于一定历史时期和一定学科，但不能推而广之用于测定未来期刊的增长和一切学科文献的增长。从实际看，文献增长到一定数量临界点以后，就不能再按指数增长，而是稳定增长。不同文献类型，不同学科文献在不同历史时期，有不同的增长规律。根据普赖斯指数，可将所有被利用的文献分成两大类即档案性文献与有现时作用的文献。

（三）文献老化理论对信息资源建设的意义

首先，它为评价和选择文献信息资源提供了理论依据。图书馆要不断补充文献信息资源，建立符合用户需要的文献信息收藏体系，就必须进行文献信息资源的评价和选择，研究文献老化理论，有利于掌握文献信息特征、判断文献时效和确定文献价值，从而帮助图书馆评价和选择文献信息资源。其次，它为优化馆藏文献资源的结构提供了理论依据。它指导图书馆及时地复选剔除老化文献和调整馆藏资源布局，既有利于解决书库的空间危机，优化馆藏资源文献的布局，又有利于提高文献资源的利用率。最后，它为制定科学合理的文献工作原则提供了理论依据。对半衰期较短的文献，要抢时间和讲效率，加强文献信息报道和开展定题服务，以尽快提供利用；对老化的文献则可实行缩微复制保藏或移交储存图书馆保存。还可根据文献老化数据，确定文献资源开架利用年限，合理制定各项管理制度。

三、零增长理论

（一）零增长理论的含义

零增长理论（zero-growth theory）又称稳定状态理论（steady state theory），是指导图书馆信息资源建设的重要理论，也是一种具有国际影响的控制图书馆藏书量增长的理论。目前世界各国普遍认为 1975 年英国大学拨款委员会公布的阿金森报告（the Atkinson report）对这一理论的解释最为权威：零增长理论就是要求建立有限规模的图书馆，在图书馆达到一个可靠的目标（馆藏量、功能等指标）之后，剔除馆藏文献的速度应当等同于购进文献的速度。也就是说，图书馆新购进的文献资料只是对准备剔除的文献资料的相应补偿，馆藏的实际增长数量为零，从而使图书馆收藏的文献总量保持一种相对稳定的状态。

（二）图书馆实施零增长理论的前提条件

实行这种理论的图书馆，被称为“限制增长的自我更新的图书馆”。实施零增长理论的图书馆是有一定前提条件限制的：首先，要求馆藏达到最佳的规模或成熟藏书状态，即要求馆藏达到一定的水平和一个可靠的目标之后才能实行。一般来说，在经费、人员、馆舍、任务等各种条件制约下，能达到最佳效果和发挥最大效用的规模即最佳规模。一个图书馆如果能满足用户 80%~90%的信息需求，它的馆藏就可算是成熟的馆藏，或者说达到了最佳规模。其次，要求经常地、不断地剔除旧的馆藏。在馆藏达到最佳规模后，随着一定数量的新文献不断地被纳入馆藏之中，总会有数量相当的利用率较低的馆藏应及时予以剔除。最后，广泛实行合作馆藏，努力实现信息资源共享。要广泛实行合作发展馆藏，分担采集，建立中心图书馆、贮存图书馆，实现文献信息资源共享，使本馆所不能满足的 10%~20%的读者文献信息需求能方便地在别处得到满足，并使本馆所剔除的文献信息在需要时能方便地得以借阅和复制。这些既是零增长理论所必需的社会环境和社会保障机制，也是控制藏书量增长的必要前提条件。

（三）零增长理论对信息资源建设的借鉴意义

尽管零增长理论并不成熟和完善，概括这一理论的名词术语至今尚未统一，具体实施的办法和标准更存在不少困惑与疑难，不加区别地应用于所有图书馆必然会产生种种矛盾，但我们应该看到，它确实包含着许多积极和合理的因素，不失为解决图书馆所面临的贮存空间紧张、经费短缺、管理混乱和藏书利用率低下等问题的一种大胆尝试，是积极而富有创新意义的，对中国图书馆文献信息资源建设具有特别重要的借鉴意义。自零增长理论 20 世纪 80 年代初被介绍到中国以来，中国图书馆界对该理论进行了认真的讨论和研究，并在实践中逐渐借鉴和实施其某些有价值的、合理的方法与措施。具体来讲，零增长理论对中国图书馆文献信息资源建设的借鉴意义主要表现在以下几个方面。

（1）零增长理论可作为中国图书馆文献信息资源建设与发展的指导思想之一。尽管零增长理论本身还不充实和完善，中国图书馆文献信息资源也还需要进一步发展和提高，但零增长理论所提出的控制藏书增长速度和规模的思想是值得借鉴的。自 20 世纪 70 年代末期以来，伴随着中国图书馆事业的快速发展，中国图书馆文献信息资源在数量上得以快速增长，但同时也存在片面追求馆藏数量而忽视质量的倾向，给图书馆的发展带来了一系列的困难。因此，在图书馆实际工作中，除负有特殊任务的图书馆（如版本图书馆）外，任何图书馆都应以零增长理论为其指导思想之一，努力使本馆的文献信息资源在信息生产（如书刊的出版发行）与图书馆读者或用户需求的动态发展中保持相对平衡与稳定，争取获得最佳的社会和经济效益。

（2）零增长理论可保证中国图书馆文献资源建设稳定、和谐地发展。即使在英国，零增长理论也是在不断修正和完善的。英国大学拨款委员会在阿金森报告中提出图书馆藏书要以接近采购的速度减少，后又改为以相应的速度减少；对图书馆藏书是否应绝对“零增长”问题，英国大学拨款委员会主席后又解释说，不是要图书馆买一本新书就剔除一本旧书，也不是要零增长，而是低速度增长。对图书馆藏书标准问题，阿金森报告曾提出按学生人数有一个比例，但后来大学拨款委员会又解释说这是起码标准，而不是最佳标准。根据中国文献资源还较为贫乏、图书馆藏书基础还比较薄弱，同时又存在发展失控、数量盲目增长的实际情况，我们在借鉴零增长理论时，要正确处理好藏书数量与质量之间的关系，在提高藏书质量的同时，实现藏书数量的低速或适度增长，保证中国图书馆文献资源建设稳定、和谐地发展。

（3）零增长理论可用来指导图书馆藏书的初选工作。所谓初选，是指图书馆藏书补充过程开始阶段对馆外文献信息的入藏选择。初选工作具有很强的知识性和学术性，它是对文献信息的知识内容和情报价值的鉴别和选择，选择的结果将对图书馆藏书的质量起决定性作用。因此，本着我国图书馆藏书的适度增长和达到“成熟藏书”“最佳规模”的目的，我们可以根据零增长理论的要求来加强藏书初选工作，有针对性地、认真地搜集和选择社会文献信息，尽量避免不必要的文献信息被补充进馆藏之中，真正把好图书馆藏书的入口关。

（4）零增长理论可用来指导图书馆藏书的复选与剔除工作。所谓复选，就是指对业已入藏的文献信息的再次选择，其目的是检验入藏文献信息的实用程度，充实其不足或存在缺陷的藏书部分，修正其失误和失效的藏书部分，发展或保持其实用完善的藏书部分，它是对初选结果的检验、修正、充实和进一步发展。因此，依照零增长理论的要求，我们可以经常性地对入藏的文献信息进行复选，及时剔除知识老化、陈旧破损、过时失效、复本太多、利用率极低的馆藏文献，使馆藏文献信息更加精炼，内容质量、构成质量、使用质量都得以改善提高，始终保持馆藏文献信息的活力。

（5）零增长理论可优化文献信息资源共享的质量。零增长理论实施的前提条件之一，就是要有合作利用馆藏、资源共享的机制。在读者文献信息需求日益多样化、复杂化的今天，单靠某一馆的文献信息资源建设与服务，是绝不能做好读者服务工作的。因此，我们要把零增长理论应用于实践中，广泛开展藏书建设的协调与协作，建立一定数量的中心图书馆和贮存图书馆，切实做到分工入藏、合作利用、资源共享，充分满足读者的文献信息需求。

四、信息资源复选与剔除理论

信息资源剔除（information resources eliminate）与复选密不可分。“复选”作为一个概念，最早是由苏联图书馆学家格里科尔耶夫于20世纪60年代提出的。他把图书馆藏书补充过程中对图书的第一次选择称为“初选”，而把图书馆对已入藏文献的再次选择称为“复选”。图书馆是社会的文献资源中心，承担着为大众提供文献资源保障的任务。获取文献数量的增加及知识更新速度加快，文献的使用寿命越来越短，致使文献必然会出现内容陈旧过时、观点有误等情况，很大一部分文献的利用率很低甚至完全失去使用价值，导致图书馆大量呆滞书刊的产生。这些呆滞书刊留在图书馆内，不仅要占用大量的空间，还使得有用文献与无用文献混杂，降低了藏书质量，影响读者对藏书的有效利用。大量过时失效的书刊滞留图书馆，湮没了具有长远保存价值的优秀书刊，因而也不利于发挥图书馆保存人类优秀文化成果的职能。

图书馆的藏书规模日益庞大，为了保持图书馆馆藏建设的最佳状态，每隔一段时间，就需要对藏书进行复选，保持藏书数量的稳定状态、藏书利用的活力，提高馆藏图书质量。图书剔除不同于图书的剔旧，它是指有计划、有选择、有针对性地对长期滞留在书库中，对读者用、不用或无用的书刊资料进行鉴别、整理、分类、处理，以利于优化馆藏的工作过程，图书剔除有利于提高图书馆馆藏建设水平。概言之，馆藏复选是指图书馆根据一定的原则和标准，为使馆藏文献更加有效运作和高效地满足读者的需求，而对馆藏文献进行筛选、剔除、调整和补充的过程。复选是对入藏后的图书进行重新审查和再次选择，其主要作用是优化图书馆藏书结构，使图书馆馆藏结构和分布更合理。

五、贮存图书馆理论

（一）贮存图书馆的含义

所谓贮存图书馆（depository library），又称保存图书馆、储备图书馆、储存图书馆、寄存图书馆等，是指为了解决图书馆收藏空间的紧张状态，削减管理成本，提高图书馆的利用空间和馆藏文献资源的利用率，而设立的专门用于收藏利用率相对较低的文献资源的备用图书馆。通常，贮存图书馆可以分为两个基本类型：一是一个图书馆专有专用的贮存图书馆，二是多个图书馆共有共用的贮存图书馆，其中尤以第二类贮存图书馆居多。一般而言，贮存图书馆多采用密集货物贮藏架（或密集书架）和固定排架的方式贮藏文献资源。由于贮存图书馆的职能是专门收藏利用率较低的文献资源，所以贮存图书馆一般不向读者开放，只是在读者提出请求时才将有关文献资源运送到相关图书馆以供读者借阅。当然，也有一些图书馆设立了阅览室以备读者不时之需。

（二）贮存图书馆的重要意义

（1）有利于解决图书馆收藏空间的紧张状态，提高图书馆的利用空间。针对图书馆存储空间有限和馆藏信息资源无限之间的不平衡状态，当馆藏信息资源达到饱和状态时，将利用率相对较低的馆藏文献信息资源归入贮存图书馆，就可以解决图书馆收藏空间的紧张状态，从而提高图书馆的利用空间。具体来讲，贮存图书馆可以使一般的、没有保存任务的图书馆，特别是中小型图书馆，毫无顾虑地剔除本馆馆藏中陈旧、过时及利用率很低的文献信息，精化馆藏，提高工作效率。在没有建立贮存图书馆前，各图书馆在进行馆藏文献信息剔旧工作时总是瞻前顾后、缩手缩脚，特别担心读者对所剔除的文献信息一旦有了需求而本馆又无法满足，因而剔除工作总是不彻底。有了贮存图书馆，各图书馆的剔除工作也就有了后盾，虽然文献信息从本馆剔除了，但在需要时仍然能够获得。

（2）有利于充分发挥利用率低的信息资源的价值，提高馆藏信息资源的利用率。图书馆出现馆藏信息资源利用率高低之分现象是必然的，有的文献信息资源的利用率甚至近乎为零，通过复选，将这些利用率较低的馆藏信息资源归入贮存图书馆，重新调整布局，不仅可以充分发挥利用率低的信息资源的价值，还有利于优化馆藏信息资源的整体布局结构，提高馆藏信息资源的利用率。

（3）有利于文献信息的合理布局和图书馆网络的发展。贮存图书馆可将各图书馆送交的剔除文献信息在其成员馆之间进行重新调拨分配，或者直接调拨给成员馆范围以外的图书馆或其他文献信息机构，使各馆呆滞的文献信息发挥出应有的作用，促进了文献信息的合理布局和图书馆网络的发展。

（4）有利于完整地保存具有潜在价值的信息资源，满足图书馆用户的特殊需求。贮存图书馆通过比较完善的信息资源保存与保护技术，可以完整地保存具有潜在价值的信息资源，以满足用户的特殊需求。

第三节　信息资源配置理论

信息资源配置理论是从空间维度来介绍信息资源建设相关理论的，包括帕累托最优、信息资源结构理论、布拉德福定律（Bradford law）、长尾理论（long tail theory）、存取与拥有理论（access versus ownership）和完整的学科拼图理论。

一、帕累托最优

从经济学的角度来看，信息资源建设的实质就是通过一定的调控手段，来实现社会信息资源的合理配置，以取得最大的经济社会效益。而所谓的资源配置状态，是指各种不同的资源在时间、地点、部门的量的分布关系。信息资源配置（information resource allocation）中的时间因素是非常重要的，信息的时效性很强，如不及时开发利用，就会降低乃至丧失它的开发效益。信息资源建设的目标之一就是实现信息资源在时间上的合理配置，即让信息在有效期内为尽可能多的人所利用。信息资源配置的空间问题是信息资源建设要解决的主要问题，它包括两个含义：其一，是信息资源在空间的合理布局问题，即通过一定的调控手段，协调区域间信息资源的分布状况；其二，是指信息资源的传递、利用应该跨越空间的限制，使不同空间的信息用户能够顺利获取他们所需要的信息资源。信息资源建设还追求信息资源在部门间的合理配置。就整个社会而言，信息资源的供给和需求达到了平衡，没有出现资源短缺和闲置。目前我国信息资源配置的研究已经取得了很大的成就，如在信息资源配置的基本原则方面可以总结如下：社会经济福利最大化原则，需求导向原则，公平与效率原则，市场手段和政府手段互补原则，一致性原则，可持续发展原则。

帕累托原理，又称“二八定律”，是“重要的少数”与“琐碎的多数”的简称，主要阐述了投入和产出，努力和回报之间的不平衡关系。这是意大利经济学家帕累托在 19 世纪末提出来的。该理论起源于经济学领域，而今已广泛应用于社会科学发展各个领域。而帕累托最优（Pareto optimality），称为帕累托效率（Pareto efficiency），是指资源分配的一种理想状态，假定固有的一群人和可分配的资源，从一种分配状态到另一种状态的变化中，在没有使任何人境况变坏的前提下，使得至少一个人变得更好。帕累托最优是公平与效率的“理想王国”。我们可以从以下三个方面来理解帕累托最优在信息资源配置效率中的应用。

（一）帕累托最优应用在信息资源配置效率中存在的问题

首先，信息资源配置是以现有的资源条件为基础，很大程度受信息资源的基础结构的影响。由于我国现有条件的限制，信息资源存在着严重的不均衡性，其在行业、地理区域的信息量分布和技术水平上存在着很大差距，因而不能通过网络按需求和使用方向合理配置信息资源。其次，信息资源的需求状况不同影响着配置的有效度，网络信息资源数量庞大、内容丰富、变化频繁、质量良莠不齐。就信息资源配置的结果来说，满足社会信息需求的程度越高，信息资源优化配置的程度就越高，反之就越低。因此，信息资源本身的质量，影响信息资源配置的质量。再次，完全竞争的信息市场机制是能够实现资源的最优配置，但实际上这种情况在现实中是不存在的，特别是网络信息资源配置，由于其特殊性，出现很多免费的信息资源，打消了许多信息生产者的积极性。最后，技术条件也是限制帕累托最优实现的因素。

（二）帕累托最优理论在信息资源配置效率中的应用分析

信息资源配置是信息资源建设的一项重要内容，信息资源配置效率指的是信息资源配置效益达到最大化的情况。帕累托最优所指的资源配置效率有两个层次的含义：第一个层次是微观经济意义上的资源运用效率。它是指一个生产单位、一个区域或一个部门如何组织并运用有限的资源，使之发挥出最大作用，从而避免浪费现象，即用一定量的生产要素生产出最大价值的产品。第二个层次是宏观经济意义上的资源配置效率。它是指如何在不同生产单位、不同区域与不同行业之间分配有限的经济资源。本书意在把经济学中所提出的衡量资源配置的帕累托最优，引入信息资源配置效率的分析中，因为信息资源与其他传统资源具有某些共同的属性，即具有作为生产要素的人类需求性、稀缺性、使用方向的可选择性等经济学特征。正是这些特征，使信息资源有效配置的必要性和可行性大大提升。信息资源配置是以人们的信息资源需求为依据，以信息资源配置的效率和效果为指针，调整当前的信息资源分布和分配预期的过程。信息资源配置的目的就是实现信息资源的均衡合理配置，实现社会经济福利的最大化。对信息资源配置的理解只能是在整个社会福利最大化的背景下考察其有效性，所以用帕累托最优来分析信息资源配置效率，有利于优化信息资源配置，是进一步完善市场经济的基本要求。

（三）帕累托最优在信息资源配置效率中应用的最终目标

如果资源配置未达到帕累托最优，那总有一些人能改善境况而没有人会受损，社会福利总量肯定能上升，所以只有运用帕累托最优去衡量信息资源配置，才有可能通过一种恰当的分配或补偿措施，使所有人的境况都有所关照。研究信息资源配置，对于有效、合理、科学地利用信息资源，促使信息资源效用最大化，进而促进信息产业可持续发展都有着非常重要的意义。

二、信息资源结构理论

信息资源结构理论出自图书馆领域，图书馆信息资源是一个系统，而这个系统功能的发挥，不仅取决于系统的组成要素，即各种成分信息资源的质量，还取决于这些资源的构成、组合状况，即信息资源结构（structure of information resources）的合理程度，因此信息资源结构是信息资源建设中极为重要的问题，图书馆信息资源结构的规划应当成为信息资源建设的重要内容。

图书馆根据本馆的任务、目的、服务对象及服务范围等确定适合本馆的信息资源结构，以求把握本馆信息资源配置的适度水平，实际上已成为图书馆信息资源建设过程中的一种范式。馆藏资源结构的确定通常是图书馆馆藏发展规划中的核心内容，各图书馆在制定馆藏发展规划时需认真分析、充分论证，馆藏资源结构一经确定，就应成为图书馆资源建设的重要依据，在执行过程中可根据实际需要做出调整但决不能随意改变。馆藏资源结构主要包括学科结构、等级结构、时间结构、文种结构、载体类型结构等几个构成面，各个构成面对图书馆信息资源建设适度水平都有一定影响，而其中学科结构和等级结构的影响则是最大主题：图书馆馆藏资源学科结构的确定与图书馆的性质和任务密切相关。科学专业图书馆的专业性决定了其学科结构是明确的和易于把握的；高校图书馆需要按照本校的专业设置和学科建设情况来确定学科结构的状况，需要考虑本校特色专业和强势学科的发展需要；而公共图书馆则应该根据本馆的馆藏特色和用户需要等来确定本馆的学科结构和重点馆藏范围，按照重点馆藏的主题范围来进行信息资源配置。各图书馆在确定馆藏资源的结构时，不仅要充分考虑本馆的性质、任务、服务范围、服务对象及经费情况等影响因素，还要具体分析本馆建设的目标、方向、特色等可以自身设定的发展变量。

（一）学科结构

学科构成是信息资源结构最基本的要素。如何划分信息资源的学科范围，制定一个学科齐全、科学合理的统一学科框架来规范信息资源的学科结构，是制定信息资源建设政策的关键。国外图书馆在划分学科范围时标准不一，我国图书馆界认为，应以我国多数图书情报机构采用的《中国图书馆图书分类法》为基础，参照国务院学位委员会公布的学科、专业目录和国外学科划分的一些标准，拟定 300~500 个学科、专题，作为我国图书馆确定信息资源学科结构的依据。

（二）等级结构

等级结构是指图书馆根据信息内容的深浅程度及读者需求的不同层次，相应地划分出若干层次的收藏级别，并规定各级别所应达到的收藏目标，以反映所收集的信息资源的内容深浅程度、完备程度，以及满足某种性质的工作对信息资源需求的水平。因此，等级结构是图书馆信息资源结构规划的关键。

20 世纪 70 年代后期，美国图书馆协会的《藏书发展方针规范指南》提出了一个五级藏书框架模式。80 年代初，藏书等级结构理论引入中国。国内有关专家针对中国图书馆的现状和条件，参照美国图书馆的做法，拟出一些藏书等级初步方案，有五级、三级、七级、四级等多种观点。

由于信息资源类型的不同，可将其等级结构分为两类，一类是基于传统文献的五级藏书方案，另一类是基于数字资源的数字图书馆馆藏级别。其中由肖自力先生拟出的五级藏书方案是传统信息资源等级结构中影响力较大的，即以完整齐全搜集某专题领域所有知识记录为目标的完整级（甲级），以满足独立研究需求为目标的研究级（乙级），以满足大学生的大学水平藏书的大学级（丙级），以满足个人自学大学课程为目标的基础级（丁级），以及藏书范围之外的最低级（戊级）。

而美国伯克利数字图书馆则提出了数字图书馆馆藏划分的四个级别。

（1）永久保存级。它是指具有以下特点的现实馆藏：保存价值已得到鉴定；用途得到认可；具有唯一性；仅仅定位在某一个特定的图书馆，其他地方不可获得。

（2）服务级。它是指对用户有用、用户所必须用的虚拟馆藏。其特点：一是本馆用户十分需要；二是它储存在其他数字图书馆的服务器上。

（3）镜像级。它是其他数字图书馆馆藏的拷贝，具有地址移动缓慢经常不可存取、是否值得安装要视当地情况而定等特点。

（4）链接级。它是指在任何地方均可寄居的信息资料，图书馆可以在本馆资源的某一位置上显示它，它可以在远地提供一条链路。它的特点是内容较为广泛，与服务级馆藏相比，同用户的关系可能不那么紧密。

同时，馆藏级别的划分除永久保存级的馆藏级别不可变化外，其他三个馆藏级别均可能随着图书馆的馆藏政策变化而发生变化。

（三）时间结构

时间结构是指馆藏信息资源按出版时间或公布时间划分的层次。图书馆采集的各类信息资源出版或产生的时间有先有后，记录知识的文献信息也分布在不同的历史时期，不同学科、不同水平、不同载体形式的文献信息也各有不同的生命周期。同时，对于信息的利用者来说，图书馆收藏或获取的各种类型的信息资源，既要有经年累月积累起来的典籍，也要有反映各学科领域发展前沿的最新的信息资料。因此，合理设计馆藏的时间结构，是规划馆藏的一个重要问题。

（四）语种结构

语种结构是指馆藏中各种语种的文献信息的构成情况，它反映了图书馆对社会文献信息覆盖的程度，也反映了馆藏水平和对读者多方面需求的满足程度。因为对各学科领域的文献收藏涉及的文种越多，其完整系统程度也越高，满足需求的能力就越强。所以语种结构是图书馆收藏水平、读者利用知识水平的重要标志之一。从文献的利用来看，外文文献主要满足读者进行科学研究的需要，所以通常在研究型读者较多的图书馆中比例较高。而面向社会大众的公共图书馆，则以母语文献为主。因此，在图书馆规划藏书结构时，应该根据本馆的任务和实际需求，建立合理的信息资源的语种结构。

（五）资源类型结构

资源类型结构是指馆藏中各种不同出版形式、不同载体的信息资源的构成情况，这是馆藏结构中极为重要的一个构成面。不同类型的信息载体在储存、传递、交流信息方面有其各自的特点和作用。纸质文献中的图书以知识系统完整见长；期刊以传递信息及时灵活取胜；专利、标准有其独特的用途，并自成体系；光盘数据库具有海量储存和多媒体的功能；网络信息资源则使人们获取信息完全突破了时空的局限而非常便捷。因此，图书馆在规划馆藏信息资源结构时，必须对各种类型信息资源的比例提出明确要求。

以上所述的五个要素，构成了图书馆信息资源结构的五个“面”，如果将这五个“面”用特定的代码符号来表示，则可以设计出一个“信息资源结构一览表”，实质就是一个信息资源建设纲要，这是信息资源建设政策中极为重要的部分。

本书在以学科门类为主线，设计“信息资源结构一览表”时，采用了刘昌州 1997 年修订的藏书结构一览表，为了更具体地反映出藏书品种，增加复本结构的内容。在“信息资源结构一览表”中增设复本结构一栏，能够反映出各馆的复本策略，如表 2.1 所示。

表 2.1　信息资源结构一览表

学科结构	等级结构	时间结构	文种结构	资源类型结构	复本结构
A1	丙→乙	2000 年→	Z Z→ E	ZZ ZZ→ QK	3
A2	丁→	2000 年→	Z→	ZZ→	2
…	…	…	…	…	…

注：本表中的资源类型代码，宜采用国家标准《文献类型与文献载体代码》（GB3469—83），为了避免文献类型单字代码（为拉丁字母）与语种代码相混淆，选用双字代码，即用 ZZ 表示专著，BZ 表示报纸，QK 表示期刊……

三、布拉德福定律

现代科学不断分化、不断综合的发展趋势，使各学科的严格界限逐渐消失，各学科之间的联系逐渐加强。由此，文献的分布呈现出既集中又分散的不平均现象：相当数量的专业论文相对集中刊载在少量的专业期刊中，其余数量专业论文却分散刊载在大量非专业期刊中。文献分布的不均匀现象还表现在：一种专业期刊不仅刊载本学科的论文，也发表许多相关学科或相邻学科的论文，而同一专业的论文不仅发表在本专业刊物上，也出现在许多不同专业的刊物上。这种现象引起了人们的重视，英国文献学家布拉德福经过长期统计调查发现：某一学科文献在期刊上载文量的多少，是随着该期刊与该学科的关系疏密程度产生增减变化的。关系越密切，载文量越多，期刊的种数就越少；关系越疏远，载文量越少，期刊的种数就越多。按专业文献载文量多少，可以将期刊划分为三个区域，每一区域中期刊登载某一学科文献数量，大约是该学科所发表文献总数量的1/3，而三个区域的期刊数量之比成几何级数分布。其中，第一区域为核心区，是载文量最高的少数几种核心期刊。第二区域为相关区域，是载文量中等的数量较多的期刊。第三个区域为外围区域，是载文量最低而数量最多的期刊。根据此，布拉德福提出文献信息离散经验公式：$p_1:p_2:p_3=1:n:n^2$。其中，p 代表不同区域期刊种数；n 代表布拉德福常数，按已经分析的数据，n 的值约等于 5。

布拉德福定律表明，每一学科或专业的文献，在科技期刊群中的分布，总是相对集中在少数专业期刊中。专业核心区期刊，种数不多，该学科文献载文率高，信息量大，与该学科关系密切；相关区期刊，种类较多，该学科载文率中等，信息量次之，与该学科关系较密切；外围区，种类很多，该学科载文率低，信息量小，与该学科关系较疏远。

研究布拉德福定律，掌握文献分布的特点，对信息资源建设具有重要意义。在文献信息采集工作中，如果紧紧跟踪本学科本研究领域的核心作者，盯住核心期刊，瞄准核心文献，就能以有限的经费获得高质量的文献信息，开发利用信息资源的效率也会事半功倍。同二八定律的原理相似，布拉德福定律将学术期刊划分为核心区、相关区、外围区，为馆藏连续出版物的建设确定了优先次序。不同的是，二八定律强调 20%的重点馆藏，勾勒出资源建设水平的最低标准，而布拉德福定律则对连续出版物建设的适度水平提出基于更宏观视野的建设依据。但总体而言，二八定律同布拉德福定律对于信息资源建设适度水平的影响是一致的。除此之外，有研究者从布拉德福定律出发，提出了黄金分割率（0.618）这个定量的比例，虽然这一比例也无从证实，但将资源建设适度水平进一步量化已成为一种要求。

四、长尾理论

长尾理论认为，只要存储规模和流通渠道足够大，需求不旺盛或销量不佳的产品共同占据的市场份额就可以和那些为数不多的热卖产品所占据的市场份额相匹敌甚至更大。由于成本等因素的影响，在产品营销和服务营销中，往往人们只能关注比较重要的“头部”（即占据市场份额最大的部分），而忽视了曲线长长的“尾部”（即占据市场份额很小的众多的部分）。但长尾理论表明，长长的“尾部”所占的市场份额之和不一定比“头部”所占的市场份额少。

长尾理论对图书馆信息资源建设和用户服务领域有重大影响，该理论颠覆了以往强调核心资源和重点资源的建设理念，转而倡导对“尾端”信息需求的满足，这就要求建设更多的“非核心”资源，以实现对这些小份额的信息需求市场的占领，即要注重那些利用率不高的“尾巴”资源的建设和用户个性化需求的满足。

同前面所论及的几种理论相比，长尾理论对信息资源建设适度水平的影响是不同的，甚至是互相矛盾互相背离的。但一经分析就不难发现，长尾理论成立的两个前提条件，使得长尾理论和前述各种理论能够在信息资源建设领域相辅相成地成立。这两个条件是：

第一，存储规模足够大。这一前提对于信息资源建设而言，就是要求只有当信息资源建设到一定规模时，才能适用长尾理论，这就使长尾理论和其他理论的应用有了自然协调的分工，即当资源总量较小或资源建设经费不够充分的情况下，适用上述的二八定律、核心资源配置理论或馆藏资源结构理论；当资源总量形成较大规模并且资源建设经费足够充裕的情况下，适用长尾理论。第二，流通渠道足够大。这一前提对于信息资源建设的要求已经延伸到信息资源服务领域，即只有当图书馆服务理念、手段、技术和整体水平达到一定程度时，才能适用长尾理论。换个角度来说，如果没有能力占有“尾端”市场，那么仅仅完善产品线只能带来负效益。因此，图书馆在资源建设中如果遵循长尾理论，除了要有资源和经费的保障之外，还必须更多关注个性化的信息需求，大力提高个性化服务水平，以实现对整个长尾市场的占有。

五、存取与拥有理论

20 世纪 80 年代以来，随着多媒体、计算机技术及网络技术的日益成熟，知识的载体不再是纸张一统天下的局面，磁、光介质大量应用，机读图书、光盘等电子出版物的出版量越来越大，网络信息日益增多，图书馆的信息资源建设模式发生深刻的变化，馆藏资源也发生了结构性的变革。这种变革主要体现在由网络信息资源所构成的虚拟馆藏和本馆的现实物理馆藏所共同构成的馆藏信息资源。随着虚拟馆藏和现实馆藏的出现，“存取”与“拥有”的概念也应运而生，“存取”与“拥有”是网络环境下馆藏资源建设的两种模式，是馆藏资源的两大基础。

存取与拥有理论（access versus ownership）是一种在图书馆信息资源建设与服务中处理“拥有”馆藏信息资源和“存取”馆外信息资源之间关系的理论。存取与拥有理论起源于 1975 年美国《图书馆杂志》《图书馆趋势》等学术期刊上关于“存取与拥有关系”的讨论。1993 年，侯德利（Hoadley）曾在《图书馆采访》上发表了《存取与拥有：神话还是现实》，其中详尽地阐述了存取与拥有理论的发展过程，高度评价了“拥有”与“存取”概念的理论意义。这篇文章将存取与拥有理论的讨论引入理论图书馆学的范畴中，标志着存取与拥有理论的讨论正式开始。

纵观多年来关于存取与拥有理论的研究，国内外的专家学者对其观点依旧众说纷纭，莫衷一是。一种观点认为存取比拥有重要，主张应该多一些存取，而少一些拥有，有的甚至认为存取完全可以取代拥有。另一种观点认为拥有与存取同等重要，没有拥有就没有存取，二者不可偏废，只有这样才能够保证信息资源建设与共享的持续发展。由于“存取”已经成为许多图书馆信息资源建设与服务的重要组成部分，所以关于拥有与存取的研究也转向了对信息资源共享问题中有效利用这一问题的研究。

六、完整的学科拼图理论

信息共享要追求信息价值的最大化，不仅追求最大利益，而且还要追求最小成本。所以，这就要求共享系统对信息资源的拥有应该是单一的，即任何一种信息资源在系统内都是独一无二的。因为这种资源只要被共享系统所拥有，不论它存在于哪家建设单位，用户都可以自由获得，这恰好可以体现信息资源的特征和价值，而重复建设是毫无效率的。

避免重复建设不但是信息资源共享的重要原则，而且应该成为共享目标的又一重要内涵。共享目标如果失去这一重要内涵，就会违背信息资源共享的初衷，因而也就失去了共享的意义。对信息资源共享的目标，我们可以做出如下通俗的蓝图描绘：共享系统拥有一些信息资源，而且任何信息资源的存在都是唯一的，所有的资源建设单位都可以自由使用信息资源并服务信息用户。对这一理想蓝图的确切表述是：信息资源共建共享系统合力建设并自由共享完整而不重复的信息资源体系。"不重复建设"的内涵要求共建共享系统以科学的学科布局作为实现条件，因此笔者将这一目标概括为"完整学科拼图"（complete discipline puzzles）。"完整学科拼图"理论——"完整"是共建目标，"学科"是共建依据，"拼"是共建机制，"图"是共建愿景。

"完整学科拼图"目标要求，将馆藏结构分为两部分，一部分是面向共建共享的学科领域，可称之为"共建域"，另一部分是面向自给自足的学科领域，可称之为"自建域"。共建域资源的建设必须适应共建共享需要而努力建设到完整级水平，并和其他共建单位所建设的共建域资源形成"完整学科拼图"；而"自建域"的资源建设，则可根据本单位的实际情况并依据其他理论来确定资源建设适度水平。

对于"完整学科拼图"这一目标，笔者做出如下说明。

（1）图书馆的目标由许多方面构成，信息资源共建共享目标只是图书馆发展的目标之一，"完整学科拼图"这一目标只是共建共享系统要实现的信息资源状态，并不排斥图书馆在其他方面的发展目标。

（2）"完整学科拼图"是共建共享的一种理想状态，实现这个目标受到各方面因素的制约，需要一个长期的过程，但并不妨碍其成为信息资源共建共享的努力方向。

（3）"完整学科拼图"是共建共享系统的建设目标，不妨碍各个图书馆在此之外设定个馆建设的其他目标。

以核心资源建设为主要价值取向的二八定律、核心资源配置理论、馆藏资源结构理论与以个性化服务为主要价值取向的长尾理论，对信息资源建设适度水平的指导范围有所不同。那么，能否有一种理论能够将不同价值取向的理论有机地融合起来呢？思考这个问题，必须立足于图书馆信息资源共建共享的背景下，而不能单纯地从个馆建设的角度来考量，这就涉及图书馆信息资源共建共享的目标。

第四节　信息资源采集与组织理论

上述内容使我们从时间维度和空间维度上了解信息资源建设相关理论，本部分介绍信息资源采集与组织理论，包括中国古代经典文献信息资源建设理论、信息资源选择理论和信息资源建设原则。通过了解信息资源采集与组织理论，我们可以更好地在宏观上、整体上进行信息资源建设活动。

一、中国古代经典文献信息资源建设理论

中国古代比较系统的藏书建设理论与方法在宋代以前开始形成，而又尤以明清时期

的私人藏书家的著述影响最大。由于私人藏书家有关藏书建设的理论与方法为其毕生经验之总结，其中颇有些真知灼见，所以备受后世藏书家的尊崇和仿效，甚至被称为“经典”，如郑樵的《求书之道有八论》、祁承㸁的《藏书训略》、孙从添的《藏书纪要》和叶德辉的《藏书十约》等。

（一）郑樵《求书之道有八论》

郑樵（1104—1162），字渔仲，南宋兴化军莆田（福建莆田）人，世称夹漈先生。中国宋代史学家、目录学家。《通志》为郑樵的代表作，共200卷，分传、谱、略3部分。20略共52卷，是全书精华。其中的《校雠略》和《艺文略》是研究中国目录学、校雠学的重要文献。在《校雠略》中，他从理论上阐明了图书采访、类例、著录、注释的观点，其中的《求书之道有八论》是我国古代有关藏书建设的经典系统论述。

郑樵在《校雠略》中通过九篇短小精悍的文字详细地总结和论述了访求图书的八种方法。《通志·校雠略》曰：“求书之道有八：一曰即类以求，二曰旁类以求，三曰因地以求，四曰因家以求，五曰求之公，六曰求之私，七曰因人以求，八曰因代以求，当不一于所求也。”这八种访求图书的方法大致可以归纳为如下四类：①按照图书和收藏的类别访求图书的方法，包括“即类以求”和“旁类以求”。②按照人物的居住地与事件的发生地访求图书的方法，包括“因地以求”和“因家以求”。③按照图书的性质和收藏处访求图书的方法，包括“求之公”和“求之私”。④按照图书的流传情况访求图书的方法，包括“因人以求”和“因代以求”。

上述四类方法中，每类方法互相关联，八种方法也互相关联，郑樵强调“当不一于所求也”，也就是说，在访求图书时，不应拘泥于一种方法，而应该综合运用各种方法。郑樵的《求书之道有八论》全面而系统地揭示了我国古代官府藏书和私人藏书访求图书的历史经验，所以后世藏书家多将其奉为访求图书的准则。

（二）祁承㸁《藏书训略》

祁承㸁（1563—1628），字尔光，号夷度，自称旷翁，晚号密园老人，明浙江山阴（今绍兴）人，著名藏书家和目录学家，著有《澹生堂集》、《澹生堂书目》和《澹生堂藏书约》等著作。

《澹生堂藏书约》是祁承㸁的一部有关藏书的系统理论著作，有感于藏书聚而散，散而复聚的历史教训，专为“令儿辈朝夕观省”而编撰的一部家训。全书共分《读书训》、《聚书训》和《藏书训略》三个部分，其中《读书训》和《聚书训》主要是抄录“古人聚书、读书足为规训”的事迹，而《藏书训略》则是作者自序其平生购求图书、鉴别图书经验的理论著作。《藏书训略》包括购书和鉴书两个部分，集中体现了如下藏书建设思想。

1. 购书三术

祁承㸁在《藏书训略》开篇即言：“夫购书无他术，眼界欲宽，精神欲注，而心思欲巧。”提出了购求图书的三个方法。

其一，“眼界欲宽”。即首先要革除“今世所习为文人，守一经从博士弟子业”而不知“四股八比”之外尚有其他学问的弊端，必须要知道“旷然宇宙，自有大观”，通过熟知历代书目和藏书情况，全面地了解图书。

其二，“精神欲注”。即要革除其他一切嗜好而专注于嗜书，“非此不复知人生之乐矣。如此则物聚于所好，奇书秘本，多从精神注向者得之，使尔辈为向上之士，自足成其博雅，即以庸人自安，亦定不作白丁”。

其三，“心思欲巧”。即首先是“一巧以用八求”，灵活运用郑樵的“求书之道”，因为郑樵的八种求书方法“可谓典籍中之经济”。其次是在此基础上还必须掌握三种方法：一是辑佚法。“如书著有三代而亡于汉者，然汉人引经多据之。……每至检阅，凡正文之所引用，注解之所证据，有涉前代之书而今天失其传者，即另从其书名各为录出。”二是分析法。“如一书之中，自宜分析。如杜氏《通典》著于唐，惟唐之典故可按耳。”“如《水经》一书，注乃多于其经，奇诡宏丽，后人但知郦道元之有注，而桑钦著《经》之名反隐矣。”“如此之类，析而为两，使并存于宇宙之间。”三是辑序法。“今以某集有序某书若干首，某书之序刻于何年，存于何地，采集诸公序刻之文而为一目，自知某书可从某地求也，某书可向某氏索也。置其所以备，觅其所未有，则异本日集，重复无烦。斯夜行之烛，而探宝之珠也。”

2. 鉴书五法

“夫藏书之要在识鉴，而识鉴所用者在审轻重、辨真伪、覈名实、权缓急而别品类，如此而已。”所谓“审轻重”就是要注重早期的著作和版本。所谓“辨真伪”就是要辨别图书的真伪，“经不易伪，史不可伪，集不必伪，而所伪者多在子，且非独伪也”。所谓“覈名实”就是要对同名异书、名亡实存等图书的变化情况“逐一研核，不为前人所谩”。所谓“权缓急”就是不必讲求“博洽”，要注重“世用”，分清轻重缓急，按照先史后经，然后子集等次序收集图书。所谓“别品类”则是要准确类分图书。

（三）孙从添《藏书纪要》

孙从添（1692—1767），字庆增，号石芝，清江苏常熟人，著名藏书家和图书馆学家，著有《上善堂书目》《藏书记要》等著作，其中《藏书记要》是一部十分经典的藏书建设论著。

《藏书记要》共分：购求、鉴别、钞录、校雠、装订、编目、收藏和曝书八则，“所记皆甘苦之言，益人见识不少”，对于搜藏古籍的技术讨论甚详细，比《澹生堂藏书约》更为精密，但是其艺术感染力则远不及《澹生堂藏书约》。谭卓垣在《清代图书馆发展史》中曾评价道：“孙所写这本手册是整个19世纪唯一的一本向私人藏书家交代图书馆学术的参考书。令人惊奇的是它所提出的建议，一向为收藏家所谨守不渝，直至今日对现代的中国图书馆犹具有影响。编辑珍本书目时用的许多术语皆出自该书，更不谈鉴别宋、元版本的规范之胥以此书为圭臬。”

《藏书记要》第一则购求曰：“购求书籍，是最难事，亦最美事、最韵事、最乐事。”

孙从添认为购求书籍有“六难”：“知有是书而无力购求，一难也。力足以求之矣，而所好不再是，二难也。知好而求之矣，而必于较其值之多寡大小焉，遂致坐失于一时，不能复够于异日，三难也。不能搜之于书傭，不能求之于旧家，四难也。但之近求，不知远够，五难也。不知鉴识真伪，检点卷数，辩论字纸，贸贸购求，每多缺轶，终无善本，六难也。有此六难，则虽有爱书之人，而能藏书者，鲜矣。”

尽管购求书籍有“六难”，但是购求书籍又是“最美事、最韵事、最乐事”：“购之求之，得一善本为美事”。对于难得之书“或偕之闲访于坊家，密求于冷铺，于无心中得一最难得之书籍，不惜典衣，不顾重价，必欲得之而后止。其既得之也，胜于拱璧，即觅善工装订，置之案头，手烧妙香，口喫苦茶，然后开卷读之，岂非世间一大韵事乎”。“至于罗列已多，收藏既富，牙签棉轴，鳞比星章，不待外求而珍宝悉备，以此为乐，胜于南面百城多矣。”

孙从添认为鉴别非常重要：“夫藏书而不知鉴别，犹瞽之辨色，聋之听音，虽其心未尝不好，而才不足以济之，徒为有识者所笑，甚无谓也。”而钞录和校雠可以使书便于诵读。

孙从添十分注重藏书的收藏保护，分别从装订、编目、收藏、曝书四个方面详细地描述了收藏和保护图书的具体方法。例如：“装订书籍，不在华美饰观，而要护帙有道。款式古雅，厚薄得宜，精致端正，方为第一”。“收藏书籍，不独安置得法，全要时常检点开看，乃为妙也。若安置虽妥，弃置不管，无不遗误”。诸如此类的技术方法均为后世所效仿。

（四）叶德辉《藏书十约》

叶德辉（1864—1927），字奂彬，号直山，清湖南湘潭人，著有《书林清话》《书林馀话》《观古堂书目》《藏书十约》等著作，其中《藏书十约》比较集中地反映了叶德辉的藏书建设思想。

叶德辉在《藏书十约序》中说：“国初孙庆增著《藏书记要》，详论购书之法与藏书之宜，以及宋刻名抄何者为精，何者为劣，指陈得失，语重心长。洵收藏之指南，而汲古之修绠也。”“因举历年之见闻，证以阅历之所得，述为十约，以代家书，子孙守之去之，余固不暇计矣。”

《藏书十约》共分购置、鉴别、装潢、陈列、抄补、传录、校勘、题跋、收藏、印记十约，对于私人收藏古籍的方法，讨论甚为周详。例如：

购置一曰：“置书先经部，次史部，次丛书。经先十三经，史先二十四史，丛书先其种类多、校刻精者。初置书时岂能四部完备，于此入手，方不至误入歧途。”

鉴别二曰：“四部备矣，当知鉴别。鉴别之道，必先自通知目录始。目录以《钦定四库全书总目提要》、阮文达元《揅经室外集》即《四库》未收书目，兹从全集原名。为途径。不通目录，不知古书之存亡；不知古书之存亡，一切伪撰抄撮，张冠李戴之书，杂然滥收，淆乱耳目。此目录之学所以必时时勤考也。”

装潢三曰：“书不装潢，则破叶断线，触手可厌。”“每得一书，即付匠人装饰。今日得之，今日装之，则不至积久意懒，听其从乱。”

陈列四曰：“编列书籍，经为一类，史为一类，子为一类，集为一类，丛书为一类，其馀宋元旧刻、精校名抄别为一类。”

抄补五曰：“旧书往往多短卷，多缺叶，必觅同刻之本，影抄补全。”

传录六曰：“而犹有待于传录者，盖其书或仅有抄本，不能常留，过目勿忘；为存副录，校刻则有不洽，久假复不近情；惟有彼此借抄，可获分身之本。”

校勘七曰：“书不校勘，不如不读。校勘之功，厥善有八。”

题跋八曰：“凡书经校过及新得异本，必系以题跋，方为不负此书。”

收藏九曰：“藏书之所，宜高楼，宜宽敞之净室，宜高墙别院，与居宅相远。室则宜近池水，引湿就下，潮不入书楼，宜四方开窗通风，兼引朝阳入室。遇东风生虫之候，闭其东窗。窗橱俱宜常开，楼居尤贵高敞，盖天雨瓦湿，其潮气更甚于室中也。”

印记十曰：“藏书必有印记。”

总的来看，《藏书十约》的特点主要在于结合了南方地带藏书应注意的事项提出其经验，如装潢篇曰：“北方书喜包角，南方殊不相宜，包角不透风则生虫，糊气三五年尚在，则引鼠，余北来之书，悉受其害。又北方多用纸糊布匣，南方则易含潮；用夹板夹之最妥。”又如收藏篇曰：“古人以七夕曝书，其法亦未尽善。南方七月正直炎薰，烈日曝书，一嫌过于枯燥，一恐暴雨时至，骤不及防，且朝曝夕收，其热非隔宿不退，若竟收放橱内，数日热力不消。不如八九月秋高气清，时正收敛，且有西风应节，藉可杀虫。南北地气不同，是不可不辨也。”为此，叶德辉还专门提出了各个时节藏书保护的具体事项。

二、信息资源选择理论

信息资源选择是信息资源建设中非常重要的环节，对实现信息资源价值并提供更完善的信息服务起着重大作用。过去的信息资源服务研究侧重于信息传递功能的研究，而忽视了信息服务最具有本质意义的选择功能，但随着信息技术的发展和信息数量的剧增，人们越来越受到信息选择的困惑，用户的信息需求亦越来越专门化、综合化、知识化，信息资源选择显得尤为重要。奈斯比特指出，信息社会发展到今天，一个很大的变化就是信息由存贮和提供变为信息选择。信息服务的功能越来越多地体现在整合信息资源，为信息需求者提供高效率的获取途径和方法，帮助需求者提高对信息的分析判断能力上。

信息选择是指对大量的原始信息及经过加工的信息进行筛选和判别，有效地剔除不需要的信息，选取所需信息的过程和行为。在信息服务活动中，信息选择远不止于信息实体的选择，它同时还包括对信息用户、信息内容的可靠性和新颖性，传递给用户的信息量及传递时间和传递方式等的选择。信息社会已从向人们提供信息发展到选择信息的阶段，信息选择能力是决定人们创造性和应变能力的重要因素，提高信息选择能力，既同信息技术的发展有关，也同人们的思想方法、知识结构等因素有关。在信息服务活动中，信息服务的中介性决定了它实际上包含着两个互动过程：一是信息服务收集存贮信息的过程；二是信息服务提供给用户的过程，即先有信息过滤的过程，后有信息输出和分流的过程。可以说，选择贯穿于这两个过程的始终。我们可以发现两者的双向选择是有区别的，但它们又有着内在的统一性。

（一）文献信息资源选择原则的理论

图书馆在进行资源选择时，应以需要论为主导，在需要论的基础上结合价值论进行选择。具体步骤为：首先，正确分析读者的需求，区别合理需求与不合理需求、共性需求与个性需求、迫切需求与一般需求等；其次，判断读者需求所对应文献的本质价值和非本质价值，本质价值即文献的内容价值，非本质价值则是文献的作者信息、版本信息、出版社信息等文献的外表特征方面的价值，优先考虑文献的本质价值，再与文献的非本质价值相结合进行选择；最后，考虑图书馆自身的藏书体系和当前藏书现状，制订合理的藏书建设计划，在图书馆进行资源选择时，充分结合本馆的藏书建设计划来选择资源。

（二）文献信息资源选择组织的理论

文献信息资源选择的组织理论，是指关于图书馆在进行文献信息资源选择时采用何种组织方式、组织哪些人员参与选择的具体理论。服务的本质属性决定了信息服务的选择必须以信息用户的选择为基础和前提，即以用户需求为主要目的。

图书馆的用户大致可以分为两种，一种是一般读者，另一种则是具备一定专业知识的读者。一般读者参与的资源选择要充分考虑图书借还率，可以用多种媒介调查读者需求，还要注重对读者需求的及时反馈，充分调动读者的资源选择积极性，对积极参与资源选择工作的读者予以奖励。具备专业知识的读者有很多种，在此仅以高校图书馆中的教师读者作为代表进行论述。教师参与资源选择是指图书馆的采访人员和各学科的骨干教师建立密切的协作关系，请工作在教学一线的教师参与资源的采集工作，可以由教师选画由图书馆提供的资源目录，也可以由教师自己提供资源目录，或者由采访部门安排相关教师定期去书店挑选图书，然后由图书馆统一结算。

（三）文献信息资源选择方法的理论

文献信息资源选择方法的理论主要是指图书馆在进行文献信息资源选择时，对文献信息资源进行评估时所应用的具体方法的理论。文献信息资源选择方法的理论可能由于文献信息资源组织理论的影响而发生改变。图书馆在进行文献信息资源选择时，常用的有两种方法——主观判断方法与定量分析方法。

随着图书馆事业的发展，图书馆资源采访工作开始转向以用户为主的工作方式，相较于工作人员的主观判断，定量分析的方法则更为科学、合理。所谓“定量”，体现在资源选择过程中便是要“定需求”，是从用户角度出发，将资源价值、用户需求等以各种标准进行量化，对量化结果进行评估，进而作为资源选择依据的一种选择方法。基于此，我们可以提出一个“馆配指数”的概念。馆配指数是指给定文献资源内容质量、读者需求、馆藏建设政策等几个方面的评分比重，并通过定量统计的方式计算出的文献资源被选择的指数，以此为依据进行资源选择。

三、信息资源建设原则

信息资源建设的目标是提高信息资源利用率，最大限度地满足用户需求，最终实现信息资源共享。因此，信息资源建设应围绕自建与共建结合、安全性与开放性并重、效益性与价值性兼顾等原则开展。

（一）自建与共建结合

信息资源建设可分为自建域和共建域两个部分。因此，信息资源系统的各个子系统，一方面要有独立建设的部分，以满足本子系统用户的需求；另一方面要坚持共建共享原则，开展广泛合作，共同利用信息资源，需在统一规划的基础上建立自身有特色的资源库，同时依靠其特色来发挥信息资源的优势，不仅可以节省经费，又避免了重复收藏，从而更加有效地为用户服务。

根据系统论相互联系的原则，系统中各要素之间是相互关联的，存在着相互补充、相互配合、相互依托、相互制约的关系，各子系统之间只有通过相互协调，一切从系统出发，通过相互联系、协调发展，最终使系统的整体功能达到最优，才是信息资源共建共享目标的实现。

实现信息资源共建共享的目标，同时也必须通过标准化的保障，才能有效地克服子系统之间数据不能有效衔接、网络交流受到严重限制等共享障碍。

（二）安全性与开放性并重

信息资源系统安全正在成为影响信息服务效率和保障的重要方面，也是制约信息资源建设的关键因素之一。信息资源系统安全包括实体安全、软件安全、信息安全和运行安全等几方面，实体安全是指信息资源系统中硬件设备设施及实体资源的安全；软件安全是指数字资源所在的网络平台及应用程序的安全；信息安全（数据安全）是指存储和传输信息的安全，包括保密性、完整性、可靠性、不可否认性；运行安全是指通过采取必要的措施，保障信息系统的连续正确运行，主要包括资源的备份与恢复、病毒的检测与消除、电磁兼容等方面。在信息资源建设过程中，要从人员的观念意识、管理机制、系统配置、软件设计、运行步骤等多方面入手，制定安全策略，构建合适的安全结构，确定管理的范围和方法，规划访问控制的等级和权限等，解决安全隐患，将损失降低到最小。

信息资源建设的目的是通过用户对信息资源的利用及开发实现的，用户满意度越高，信息利用频率越高，信息资源的价值体现得越充分。因此信息资源建设应在保证信息资源及系统安全的基础上，遵循开放性原则，如为满足用户需求，将传统文献、数字资源、网络资源等都纳入信息资源建设中。开放性原则还要求信息资源建设是为了“用”，而不是“藏”，因此其成果必须是相对开放的，是方便用户合法利用的，对一些过于烦琐的、不必要的手续和障碍进行删减是非常必要的。

（三）效益性与价值兼顾

信息资源是人类社会生存与发展过程中，被物质化了的知识财富。在市场经济条件下，既要考虑社会效益，也要讲经济效益，使两者有机结合。通过满足社会的信息资源需求将信息资源转化为社会效益和经济效益，降低成本，节省时间。追求整体效率，在保证信息资源完整的同时又提高信息资源的利用率，以期最大限度地满足用户的需求，发挥信息资源建设的作用。

信息资源建设是从浩如烟海的信息源中将满足特定需要的、有价值的信息挑选出来，经过加工、组织、开发形成可资利用的信息资源体系。有些信息资源时效性较强（如网络资源、热门问题研究成果等），但有些信息资源价值实现存在潜在性、滞后性，并不能在短期内充分体现。因此信息资源建设不仅要考虑当前的社会效益和经济效益，还要眼光长远，全面考虑其价值因素，以提高信息资源体系的质量。

➢ 思考题

1. 有关信息资源建设的理论包括哪些部分？
2. 对于阮冈纳赞的图书馆学五定律，你是怎样理解的？
3. 你是怎样理解零增长理论的？
4. 帕累托原理在日常中的应用都有哪些？
5. 你认为完整的学科拼图最重要的部分是什么？

6. 古典信息资源建设理论与近年来发展的信息资源建设理论的异同点是什么？
7. 你是怎样理解信息资源选择理论的？
8. 信息资源建设的原则是什么？

参考文献

程焕文，潘燕桃. 2004. 信息资源共享[M]. 北京：高等教育出版社
郭家义. 2006. 数字信息资源长期保存系统的标准体系研究[J]. 现代图书情报技术，(4)：14-18
金胜勇. 2010. 目标导向型图书馆信息资源共建共享理论体系研究[D]. 南开大学博士学位论文
金胜勇，李晓娜. 2012. 图书馆信息资源建设适度水平相关理论[J]. 图书馆，(3)：30-33
李英剑. 2010. 彰显人文精神践行读者第一——谈高校图书馆文献采访工作[J]. 中国科技信息，(23)：179-180
齐虹. 2005. 信息选择——信息服务功能拓展的哲学基础 [J]. 图书情报工作，(3)：21，47-49
祁承㸁. 1957. 澹书堂藏书约[M]. 上海：古典文学出版社
钱薇. 2013. 图书馆文献采访决策因素研究[J]. 图书馆，(2)：90-91
孙从添. 1957. 藏书记要[M]. 上海：古典文学出版社
徐欣禄. 2001. 关于建立图书馆文献资源共建共享体系的探讨[J]. 图书馆界，(9)：11-14，18

扫一扫

清末民初中国藏书观的变革与藏书模式的创新

第三章　图书馆信息资源建设

信息资源建设这一概念起始于图书馆，因此图书馆的信息资源建设工作可以反映各领域信息资源建设的状况。作为本书的重要章节，图书馆信息资源建设在狭义上是指图书馆对信息资源进行采集的过程，广义上则包含对信息资源进行选择、采集、整理、加工等全过程。本章将从图书馆信息资源建设的基本状况、政策、采集方法和组织管理四个角度进行详细阐述。

第一节　图书馆信息资源建设的基本状况

图书馆信息资源建设是一项复杂的系统工程，本节主要对图书馆信息资源建设的基本问题进行研究，这些基本问题包括图书馆信息资源建设的主要内容、影响因素，以及图书馆信息资源建设的作用及地位。

一、图书馆信息资源建设的主要内容

图书馆信息资源建设的目的是建立可资利用的信息资源体系。信息资源体系是指信息资源各要素相互联系、相互作用而形成的具有特定功能的有机系统。信息资源建设就是围绕这个体系的形成、发展而进行的全部活动。其主要内容可概括为如下几个方面。

（一）信息资源建设政策的制定

信息资源建设政策是指人们为实现信息资源建设目标而确立的方针、原则、策略等。制定信息资源建设政策，就是根据信息资源体系的功能要求，来设计这个体系的微观结构和宏观结构。在微观层次上，就是每一个具体的图书馆根据本馆的性质、任务和读者对象的需要，确定信息资源建设原则、收集的范围、重点和采集标准，提出本馆信息资源构成的基本模式。在此基础上，制订信息资源建设计划，安排各类型信息资源的数量、比例、层次级别，形成有内在联系和特定功能的信息资源结构，建立有重点、有特色的专门化的信息资源体系。宏观层次上，就是从一个系统、一个地区乃至全国这个整体出发，对信息资源建设进行统筹规划、合理布局，制定各种类型的图书馆在信息资源的收集、组织、储存、书目报导、传递利用等方面的协调与合作的政策，从而形成相互依存、相互联系的整体化、综合化的信息资源体系。

（二）信息资源的选择与采集

根据已确定的信息资源体系的基本模式，通过各种途径，选择与采集信息资源，建

立并充实馆藏，扩大“虚拟馆藏”，是图书馆信息资源建设的基础工作。这一工作至少包括以下内容：一是印刷型文献的选择与采集，即根据既定的信息资源选择与采集的原则、范围、重点、复本标准、书刊比例等，通过各种渠道和各种方式，采集所需要的文献，建立并不断丰富馆藏资源。在传统文献还会长期存在、还要大量产生的今天，对于大多数图书馆来说，信息资源建设的重点仍应是文献资源建设。二是电子出版物的选择与采集。这里所说的电子出版物，是指以实体形式存在的、单机使用而非网络传递的电子信息资源。图书馆要根据读者需求、电子出版物本身的质量、电子出版物与本馆其他类型出版物的协调互补、电子出版物的成本效益等原则进行选择和采集。三是网络数据库的选择和采集。互联网信息资源极为丰富，图书馆对它进行开发组织就可以使这些分布在全球的网络信息资源成为自己的虚拟馆藏。这种开发和组织就是根据用户的需求与资源建设的需要，搜索、选择、挖掘互联网中的信息资源，下载到本馆或本地网络中，经过分类、标引、组织，通过网络或其他方式提供给用户使用，或者链接到图书馆的网页上，如建立 Internet 信息资源导航库，以方便读者迅速检索到自己感兴趣的、有价值的网络信息资源。这种虚拟馆藏对图书馆的信息资源建设和信息服务具有重要意义。虚拟馆藏汇集了全球范围内有关专业的信息资源，其网络终端无论延伸到何处，连接终端的用户都可以自由地利用信息资源，使图书馆不仅有了丰富的资源保障，而且为拓展其服务功能创造了条件。

网络数据库是指图书馆通过签约付费，可远程登录、在线利用的电子信息资源。国内外很多数据库生产商或数据库信息服务提供商已开发出各种文献数据库，直接购买这些产品和服务，也是信息资源选择和采集的重要内容。除此之外，自建数据库也是图书馆信息资源采集的重要方式，数据库建设是数字信息资源建设的核心内容。对图书馆来说，数据库建设主要有书目数据库和特色数据库建设，书目数据库是开发图书馆信息资源的基础数据库，也是图书馆实现网络化、自动化的基础，它直接关系到联机编目及联合目录数据库的建设。特色数据库是图书馆特色资源的集中反映，是图书馆充分展示其个性、提高其社会影响力和信息服务竞争力的核心资源。图书馆要根据本系统、本地区的社会需求和本馆的技术力量、经费等条件，选择适合的主题，系统将馆藏资源中的特色文献制作成独具特色的文献数据库或专题数据库，并通过网络开放共享。

（三）信息资源的组织管理

这里所讨论的信息资源即图书馆的馆藏信息资源，不仅包括图书馆所拥有的实体馆藏资源，也包括图书馆没有所有权而需要通过签约付费、远程获取、在线利用的虚拟馆藏。它们共同构成了图书馆信息资源体系。科学的馆藏信息资源体系的建立与发展，不仅有赖于图书馆对信息资源进行长期的补充与积累，而且还有赖于对已入藏或获取的信息资源进行科学合理的组织与整理。因此馆藏信息资源的组织整理是图书馆信息资源建设的重要环节。馆藏文献的组织整理是指为了实现图书馆有效保存和积极利用文献资源的目的，而对馆藏文献进行整序、布局、排列及科学的管理，使之成为有序化的、科学的文献资源体系的过程。其具体包括：一是对入藏的文献信息资源进行加工、整序、布局、排列、清点和保护。科学地组织管理信息资源的作用，在于完整地保存和有效地利用信息资源，满足用户的信息需求，保持信息资源处于最佳流动状态。对保存性强的信息资源的组织，要注意完整性、稳定性、可检性；对流动性强的信息资源，要注意实用性、现实性、针对性。要通过对信息资源的调配、调整、重新排列组合，使信息流有序运动。二是对数字化信息资源进行整合，将购买的数据库与自建的数据库有机地集成在一起，对其内容进行充分的揭示，实现跨库检索，提供“一站式”服务，使用户能够像利用传统文献一样熟悉和利用数字信息资源。馆藏文献组织整理的原理是指导图书馆馆藏文献组织整理工作的基本环节。它来自图书馆文献资源建设的实践活动，同时又促进实践发展，是对图书馆馆藏文献组织整理实践活动的理论概括。因此，它是馆藏文献资源组织管理的基本指导思想，也是图书馆文献资源建设最基本的、不可缺少的原理。指导馆藏文献资源组织整理的基本原理主要有系统原理和控制理论。这在本书第二章中已做过相应介绍。

二、图书馆信息资源建设的影响因素

信息资源是人类认识活动的产物，信息资源建设是人类选择、采集、组织和开发信息资源的社会性活动，因而这种活动必然会受到来自社会政治、经济、文化、科学技术等各方面因素的影响和制约。在此，我们列举了以下几点。

（一）现代信息技术的发展

现代信息技术是指在计算机、通信技术和网络传输技术支持下完成信息的收集、获取、加工、传递和使用的各种技术。具体来说，现代信息技术包括用以收集、获取、加工、存储、转换、显示和传递文字、数值、图像、视频、音频等多种信息资源的数字压缩、数据库构建和多媒体传播的技术与方法。它提高了人类对信息的接受和处理能力，增强了人类认识世界和改造世界的能力，延伸了人类社会的交流空间，并以其越来越快的步伐改变着以往的社会框架结构。在图书馆活动中，现代信息技术不仅仅是一种信息处理的手段，而且还充当了图书馆信息资源、用户和社会的媒介和桥梁，使之不断地融合、促进和发展。随着现代信息技术的日益渗透和运用，图书馆不可避免地受到了由信息技术环境所带来的根本性影响和冲击。

计算机网络环境对图书馆信息资源建设也产生了一定的影响。由于它是将不同地理位置，具有独立功能的多个计算机系统通过通信设备和介质相互连接起来，使用功能完整的网络软件来实现网络资源共享的高带宽、高速、综合、广域的数字化信息传播的网络系统。在网络环境中，传统的信息提供和获取方式被彻底改变了，分散于不同地理位置的信息资源以数字化方式存储，通过通信网络相互连接，人们可以借助网络上任一终端获取所需要的信息资源。用户只要将自己的电脑与网络连接，便可不受时间限制、不受信息存放地点的影响，方便地在网上检索、选择、获取自己需要的信息。因此，新的信息环境所具有的电子信息资源急剧增加、信息服务网络迅速发展、用户信息需求多元化等特点，都直接或间接地影响着图书馆信息资源的组织与建设，为图书馆拓展信息服务提供了广阔的空间。

（二）知识经济的兴起

知识经济是建立在知识和信息的生产、分配和使用基础上的经济，是继农业经济、工业经济之后的一种新的经济形态。它的兴起源于20世纪末的信息技术革命，是通过芯片技术、光通信技术、网络技术及软件技术的发展，使知识的生产、传播、应用及存储方式变革，引发了知识创新、加工和使用方式的革命，并成为经济增长的核心。知识经济使社会的经济增长方式发生了根本性变化，更加依赖于知识的创新、生产、扩散、应用。知识经济作为一种新的经济形态，其主要特征是：第一，科学技术知识是知识经济形成的基础。第二，科学与技术共同支撑着知识经济的发展。第三，学习、创新是知识经济不可或缺的条件。

图书馆作为一个与知识有着天然联系的社会科学教育与文化机构，必然会受到知识经济的影响，其主要表现就是图书馆用户信息需求的多元化，体现为：信息需求主体多元化；信息需求内容综合化；信息需求载体的形态多样化；信息资源利用高效化。信息资源是图书馆提供知识信息服务的基础，是满足社会知识信息需求的资源保障。社会信息需求的变化，必然会对图书馆信息资源的发展体系产生深刻的影响。首先，图书馆作为完整、系统的知识信息载体，集散中心的地位将更加重要；其次，图书馆信息资源结构必须因知识信息需求的变化进行调整；最后，必须建立信息资源社会保障体系，满足多元化的知识信息需求。

（三）国家政策的影响

图书馆与社会的经济、科技、教育、文化事业具有密不可分的联系，图书馆信息资源建设作为选择、收集、组织、布局、开发和利用信息资源的社会性活动，必然直接和间接地受到国家政策的影响。同时，国家的政策也对图书馆等信息机构的信息资源建设起着重要的推动作用、直接的指导作用和有效的调节作用。改革开放以来，党和政府制定了一系列正确的政策，极大地促进了我国国民经济的发展、民主政治的建设、先进文化的繁荣，同时也大大推进了图书馆事业的发展。对图书馆信息资源建设来说，具有重要意义的政策有：科学发展观；国家创新体系建设；面向 21 世纪教育振兴行动计划；推进社会主义文化大发展大繁荣方针。

（四）文献出版发行情况

文献出版是指运用社会化生产工具将人们智力劳动的成果，通过标准化、批量化的制作转换为社会产品的活动。它是图书馆文献信息资源建设的物质基础和源泉。文献发行是指以商品销售形式传递各种正式出版物的活动。在商品经济社会中，文献发行是获得文献所有权的必不可少的环节。尽管在新的信息环境中，各种非纸质的信息载体大量涌现，并通过网络广泛而迅速地传递，已成为图书馆信息资源结构中不可或缺的一部分，但对大多数图书馆来说，印刷型文献依然是信息资源体系的主体部分，印刷型文献的采集、加工、组织依然是信息资源建设的主要内容。因此，文献的出版发行状况依然是影响图书馆信息资源建设的重要因素。随着我国国民经济和科学、教育、文化事业的发展，我国的出版发行业也有了较大的发展。文献出版发行业作为社会文化创新的前端，是整个社会文献信息资源交流的源头。它的发展为图书馆信息资源的采集与积累提供了选择的空间，也为构建信息资源保障体系打下坚实的基础。

（五）知识产权制度

信息资源建设不仅需要国家政策的指导和调控，也需要国家法律的调节与规范。与信息资源建设关系最为直接的是知识产权制度。知识产权是指知识产品所有人对其智力创造成果依法享有的权利。《中华人民共和国民法通则》和有关科技法律规定，知识产权包括专利权、商标权、著作权、发明权、发现权和其他科技成果权。知识产权制度就是把人们在科学、技术、文化、艺术等领域从事智力活动时创造的精神财富的享有权通过法律确认下来，以调整因智力成果的取得、使用、转让和保护等产生的各种社会关系，保护知识产权创造者的合法权益，鼓励人们的创造性，促进科学、技术与经济的发展。因此，知识产权制度是保护科学技术和文化艺术成果的重要法律制度，该制度对信息资源建设也起着规范作用，具有积极意义。

第一，知识产权制度有利于刺激知识生产者的积极性，促使人们创造更多的精神财富，从而为信息资源建设提供更丰富的文献信息源。人们从事知识生产要取得创造性的成果是相当艰苦的，然而智力成果的扩散或丢失又是极其容易的，而且成果一旦落入他人之手，便会快速地传播，被他人复制、利用，从而获得效益。知识生产者所投入的脑力和财力，却得不到公正的和应有的报偿，这就不利于甚至阻碍了人们从事智力投资活动的积极性。知识产权制度通过确认和保护知识生产者的智力成果的精神权利和财产权利，使知识生产者所耗费的投资得到应有的报偿，这就体现了智力劳动被充分重视、尊重和肯定，从而激励知识生产者进行新的智力投资，创造出更多的智力成果。而丰富的精神文化成果正是图书馆赖以生存的基础，是图书馆信息资源的“源头活水”。

第二，知识产权制度有利于促进知识成果的传播和利用，促进科技、文化的国际交流与合作，促进国际信息资源共享，从而使图书馆馆藏的来源更加广泛、更加丰富。图书馆收集、积累的文献信息资源，不仅有本国民族的文献，而且应该包括世界各国各民族创造的精神文化成果。但是，当文献作为一种能创造财富的资源被知识生产者，特别是不同国度的人们所拥有时，对它的传播、利用及国际间的交流就不能是无条件的，而必须和经济利益联系在一起。知识产权制度就是要在时间性、地域性、保护方式和范围上调整知识产权权利人的利益与国家、社会公共利益的相互关系，寻求一种社会公共利益与智力成果创造人权益的平衡，在赋予知识创造人某些专有权的同时，也对其权利的行使进行了合理的限制，使之既能保障知识成果创造人的合法权益，又能促进知识成果的广泛传播和充分利用。

第三，知识产权制度保证了知识成果的新颖性、创造性，从而有利于提高图书馆信息资源建设的质量。图书馆信息资源建设不仅要有广泛、丰富的文献源，而且要有高质量的文献。著作权法规定，禁止假冒、抄袭、剽窃及盗版等不正常行为，从而保证了知识产品的创造性和新颖性，提高了知识产品的质量。同时，著作权法还明确规定，不保护禁止出版、传播的作品，如黄色作品，这也能从源头上保证了图书馆信息资源的品质。

图书馆信息资源中传统藏书，大部分属于享有著作权的各种不同载体的文献。随着电子信息资源的迅速增长和网络信息服务环境的发展，图书馆“馆藏”概念的内涵也发生了变化，图书馆信息资源建设内容已超越了传统的印刷书刊资料、缩微型文献、视听资料的范畴，各种电子出版物、商用数据库的采集、组织与管理，成为图书馆信息资源建设的重要组成部分。网络信息资源经过图书馆的开发、组织，也成为图书馆的“虚拟馆藏”。因此，图书馆信息资源建设的方式也随之发生了变化，不仅通过购买、交换、接受捐赠等方式获取纸质载体的文献信息资源，而且还以购入、入网、联机使用权、租用、交换、下载等方式获取更多的电子信息资源和网络信息。这样，图书馆在信息资源建设中涉及的知识产权问题就表现得更加复杂。

在新的信息环境中，图书馆信息资源建设中涉及的知识产权问题主要有以下几个方面。

第一，翻印和影印外国出版物涉及的知识产权问题。对国外出版物的采集和收藏是图书馆信息资源建设的重要任务。过去，由于中国没有实行知识产权保护制度，中国公民的作品在外国不受保护，外国人的作品在中国也不受保护。图书情报部门为了节约外汇，往往对国外出版物无偿地、有选择地加以影印，以满足图书情报部门和读者的需要。随着中国著作权法的颁布实施，与外国签订的有关著作权的双边和多边合作条件增多，尤其是中国加入世界贸易组织（Word Trade Organization，WTO），知识产权制度与国际接轨以后，国外出版的作品也受到中国著作权法的保护。这样，影印国外出版物就要受到严格限制。如果未经著作权人许可，大量影印在版权保护期内的作品，不是因为保存版本的需要，而是用以借阅，则构成侵权。因此，图书馆在采集、影印国外出版物时，必须考虑避免侵权著作权的问题。

第二，文献复制中涉及的知识产权问题。这里所说的文献复制，是指作为图书馆藏书补充方式的复制。当馆藏缺乏，通过预定、选购、邮购等方式都无法获得所需的重要资料时，图书馆往往委托其他单位代办复制，或通过馆际互借方式由本馆自行复制。知识产权制度实施后，使用文献复制手段收集文献资料的方式受到了影响。中国著作权法规定：图书馆、档案馆、纪念馆、博物馆、美术馆等为陈列或保存版本的需要，复制本馆收藏的作品，属于合理使用范围，可以不经著作权人许可，不向其支付报酬。但这种复制是有严格限制的，一是必须是本馆收藏的作品，非本馆收藏作品不能复制；二是数量上限制在最低限度。因此，图书馆在使用复制手段收集文献时，如果并非为陈列和保存版本的需要而复制，或者复制他馆的各类文献以增加馆藏，则会构成侵权。

第三，采购非法出版物涉及的知识产权问题。《著作权法》规定：未经著作权人许可，以营利为目的，复制发行其作品的；出版他人享有专有出版权的图书；未经录音录像制作者许可，复制发行其制作的录音录像，均属于侵权行为。因此，图书馆如果不通过正常途径购买，且明知是非法出版物还要采购入藏，应视为一种间接的侵犯知识产权的行为。

第四，馆藏文献数字化建设的知识产权问题。馆藏文献的数字化是图书馆网络信息资源建设和数字图书馆建设的基础，其目的是将本馆收藏的文献提供给用户，使之更加方便、快捷地利用，以促进文献信息资源的广泛利用和共享。由于图书馆在文献数字化过程中通常采用纸质文本扫描、电子出版、汉字文本键盘输入、手写识别技术、语音识别等技术将图书、期刊、报纸等纸质文献转换成 PDF、JPG、GIF 或其他格式存储于计算机系统中，从著作权法意义来说是对原作品内容所进行的复制活动。利用数字信息出版技术，将文字、图片、图像、动画、声音等各种信息以数字化的形式存储于信息库中，也是复制行为。因而馆藏文献数字化的权利实质上就是著作权中的“复制权”，而复制权是著作权中最重要的权利。根据著作权法规定，如果未得到著作权人同意，而将其作品复制（包括数字化），并将数字化产品用于商业性或大众性的经销、传播，则侵犯了该作品的著作权。

第五，数据库建设涉及的知识产权问题。图书馆数据库资源建设就内容而言包括指南型数据库和源数据库两种类型。指南型数据库主要是指图书馆开发的馆藏书目数据库、联合书目数据库及特色文献数据库。而源数据则是指读者可通过此类数据库直接获取原始文献及其有关数据的数据库，这部分数据库大多是图书馆通过购买服务权或建立数据库镜像站点等方式提供利用的信息资源，通常具有独立的知识产权。

对数据库资源建设的知识产权限制主要是合理使用。合理使用数据库是合法的行为。按照我国著作权法的规定，为了个人的学习、研究或者欣赏而使用他人已经发表的数据库；为学校课堂教学或科学研究，翻译或少量复制已经发表的数据库，但不得出版发行；将已经发表的汉族文字的数据库翻译成少数民族文字数据库在国内出版发行等行为，均属合理使用。

第六，下载网络资源涉及的知识产权问题。利用网络资源充实馆藏，是新的信息环境中图书馆信息资源建设的重要内容。而下载则是利用网络资源的重要形式。图书馆可将数据从主源上转移到一个外围设备上，或将文件从网络文件服务器拷贝到网络中的任一台计算机上。在网络上传输的作品大概有两类，一是社会公有信息，二是受版权法保护的作品。一般来说，这些都是已经发表过的作品，他人是可以使用的，但下载时应考虑其知识产权问题：①版权人明确宣布不允许下载的作品及其片段，他人不可下载；②下载的目的、数量对版权作品销售市场的影响。根据版权原则，下载他人作品一般只能供本人学习、研究之用，不可有商业上的目的，也不可对版权作品的潜在销售市场产生很大影响。如果是商业上的使用必须向版权人支付许可使用费。总之，不管是作品的片段或全部，或分数次将同一作品全部下载，都应受到著作权法的制约。

上述情况表明，知识产权制度对图书馆信息资源建设具有制约作用。它要求信息资源建设必须符合法律规范，在法律允许的范围内进行。

三、图书馆信息资源建设作用及地位

（一）图书馆信息资源建设是图书馆开展用户服务的基础

图书馆信息资源建设是图书馆开展用户服务的基础，图书馆用户服务是图书馆信息资源建设的最终目标。图书馆的服务与发展是图书馆界的永恒话题，图书馆的全部工作价值都要通过服务这个环节实现。图书馆的服务是图书馆发展的基础，是图书馆生存的根本，只有做好用户服务工作，才能充分发挥文献资源的价值、实现图书馆的社会功能，图书馆才能屹立于社会，才能有美好的发展前景。图书馆读者服务作为整个图书馆业务工作中的前哨和桥梁，是文献信息资源开发利用与服务的出发点和归宿，读者服务工作的质量，直接关系到信息社会中图书馆的生存和发展。图书馆的性质决定了图书馆是通过收集、整理、保管、传播和利用情报资料为社会文化教育、科学研究服务的文化机构。多年以来，“一切为了读者”的信条一直是图书馆人奉行的工作准则和服务宗旨。“为书找人”“为人找书”，就是图书馆服务的实质，也是图书馆服务读者的真实写照。图书馆员们以满腔热情和高度责任感对待读者，为读者当好勤务员。信息社会对图书馆读者服务提出了更高的要求，图书馆的服务方式、服务内容、服务手段、服务范围、服务意识、服务模式等都需要有较大的调整和改变。图书馆要适应时代的发展，不断审视自己，找准位置，更新服务意识，树立新的服务理念。

现代图书馆要以读者服务为中心，但这并不意味着可以削弱乃至取代信息资源建设，如果说，用户服务工作处在图书馆工作的第一线，是前沿阵地的话，那么，信息资源建设则是重要的基础和保障。没有信息资源建设工作对信息的选择、存储、整序和开发，任何形式的服务都只是一句空话。因此图书馆要在信息资源建设和用户服务之间做好平衡，达到两者的和谐状态。信息资源建设为用户服务做好保障，用户服务质量的上升又可以促进信息资源建设的可持续发展。

图书馆用户服务即图书馆利用各种技术方法满足用户信息资源需求的全部服务活动，如用户培训、图书馆导航、文献借阅、文献传递、参考咨询、馆际互借等。提供信息资源服务是图书馆信息资源建设的基本宗旨与根本目的，是实现信息资源共享的方式与途径，是图书馆在网络化、数字化环境下得以继续生存与可持续发展的支柱。在网络环境下，图书馆等信息机构必须树立创新的服务理念，充实多元的服务内容，采用多样的服务方式，才能提供高质量、高水平的信息资源服务，才能满足用户不断增长和时刻变化的信息需求。理念是行动的指引，正确的理念是提供优质高效信息资源服务的保障。在信息资源服务中，需要树立智慧与服务的基本信念，坚持平等自由的基本原则，弘扬公共与公益的基本精神，倡导个性化与人性化的基本观念。当然所有这些用户服务工作的实现，都要以图书馆的信息资源建设为前提，只有图书馆搞好信息资源建设工作，才能有机会向用户提供优质高效的服务，才能更好地完成自己的使命。

（二）信息资源建设是图书馆核心能力的基础

按照有关辞书的解释，能力是指能够胜任某项任务的主观条件。和自然人一样，任何一个社会组织也都有一定的能力，而且表现为多种能力。但是必须清楚，并不是所有的能力都是它们的核心能力。有些能力是社会成员共同拥有的，大家都可以平等地获取。而核心能力则是独特的，是保证个人或组织获得持续竞争优势，别人难以模仿和替代的能力，因而又叫核心竞争力。图书馆的核心能力是什么呢？过去将文献的收藏与整序能力作为图书馆的核心能力是没有什么争议的。

作为社会分工产物的图书馆，从它诞生之日起，就以选择、搜集、整序、收藏各种文献为己任，向社会提供以文献为基础的信息服务。随着信息存储技术的发展，文献载体形式也发生了许多改变。与此相适应，图书馆的文献收藏与整序也出现了多元化的发展趋势。从纸张印刷型文献到缩微型文献、视听型文献，再到机读电子型文献，图书馆一直以其全面、丰富的收藏承担着各种社会文献管理的任务，成为社会文献交流系统的枢纽和中心。20 世纪 90 年代后期，以色列巴伊兰大学经济管理系的施瓦兹博士曾经查阅比较了互联网和世界三大图书馆——美国国会图书馆、纽约公共图书馆和英国不列颠图书馆在若干专题上拥有的资料情况，发现互联网上所提供的资料从内容到范围都远不如图书馆丰富。当然，数字化的网络信息有着与传统文献完全不同的生产、存储和利用方式，其载体形式更多地表现为“虚拟”，但它们仍可以被广义地称为文献。它们的出现必然会对传统图书馆的工作内容与工作方式产生影响，对读者利用文献信息的行为产生影响。但是谁也不能否认，网络信息大多是缺乏组织的，是动态的。随着数字化信息的大量增加，对其中重要的内容予以选择、存储、整序、开发将会成为图书馆信息资源建设的一个重要组成部分。由此可见，图书馆对社会文献信息资源的管理，已形成了特有的社会分工，是别人难以替代的。

第二节　图书馆信息资源建设的政策

随着中国社会信息化进程的加快，信息资源建设已经成为国家信息化发展战略的重要内容。图书馆是信息资源建设的主体之一，是整个社会信息资源建设的重要基地。图书馆信息资源建设的对象不再是传统的文献概念，而是包括传统文献、电子出版物和网络信息在内的广泛的信息资源。对于图书馆来说，信息资源建设既是一项传统的工作，更是一个极富挑战性的崭新的课题，如何使图书馆的信息资源建设适应网络环境的要求，是当下亟待解决的问题，因此加强信息资源建设政策的制定与实施就显得尤为迫切和必要。

一、图书馆信息资源建设政策的基本概念和重要作用

政策是指人们为实现某一目标而确定的行为准则与谋略。图书馆信息资源建设政策（library information resource development policy），在传统环境下，叫做馆藏发展政策，就是图书馆工作委员会为实现信息资源建设目标而制定的方针、原则、策略、措施、对策等。

具体地说，图书馆信息资源建设政策要解决的问题包括：明确信息资源建设的目标、原则；规划图书馆信息资源的结构和信息资源的宏观布局；确定图书馆各种类型的信息载体的采集原则、选择标准、入藏比例及经费安排；制定适应新的信息环境的数字化信息资源建设规划、步骤；规定图书馆藏书资源管理的原则、方法、措施；提出信息资源共建共享的目标、任务、实施步骤等。

近 20 年来，世界上各发达国家和一些发展中国家都十分重视研究和制定信息资源建设政策。特别是随着信息技术的迅速发展带来的信息载体与信息传输方式的巨大变革，信息资源建设在观念、模式、策略、标准、方式等诸多方面都面临着新的变化，图书馆必须认真研究和制定适应新的信息环境的信息资源建设政策。对于图书馆而言，研究和制定信息资源建设政策的作用主要体现在以下几方面。

（一）信息资源建设政策为图书馆信息资源建设提供宏观指导

第一，信息资源建设政策为图书馆信息资源建设模式提供指导。信息资源建设模式，是对图书馆信息资源建设所做的方向性、原则性的规定，对信息资源建设全过程起着决定性的作用。不同类型的图书馆，由于其任务、服务对象的需要及客观条件的不同，所确定的信息资源建设模式是不同的。因此，确定信息资源建设模式是一项十分重要而又复杂的工作，需要进行认真的调查研究和全面综合的考虑，切忌主观随意。而信息资源建设政策指导图书馆要在考虑本馆的特点、中心任务、发展方向、客观条件及由此而决定的整体发展战略的基础上，确定本馆信息资源建设的最佳模式。由此可见，图书馆信息资源建设的政策对信息资源建设模式的确定起着重要的指导作用。

第二，信息资源建设政策为图书馆信息资源建设目标的确定提供指导。信息资源建

设目标包括数量目标、质量目标、特色化目标等，每一项目标都包含着丰富的内容。这是一个复杂的目标体系，而影响这些目标的主客观因素也非常多。因此，确定信息资源建设目标必须进行科学的论证，分析各项目标的必要性和实现的可能性，切不可盲目草率。这项重要而复杂的工作，必须在信息资源建设政策的指导下进行。

第三，信息资源建设政策为确定重点藏书发展领域提供指导。确定重点藏书发展领域，就是从众多学科领域中，选择对完成本馆的主要任务和满足本馆主要服务对象需求具有决定性作用的某些学科或专题，对这些学科或专题的各种信息载体完整系统地收藏。重点藏书是图书馆藏书的核心，反映图书馆信息资源建设的水平。

图书馆要根据本地经济建设及科学、教育、文化发展的需要和本馆承担的主要服务任务，本校的重点专业或本单位的主要科研方向，本馆主要读者或用户的需求，原有藏书基础及各馆重点藏书分工协调等因素，确定本馆重点藏书的发展领域。这也是一项影响图书馆信息资源建设方向和水平的重要工作，必须通过政策进行宏观指导。

（二）信息资源建设政策为图书馆信息资源建设提供标准和规范

信息资源建设不仅需要政策的宏观指导，而且需要政策进行具体规范。随着信息环境的变化，图书馆的文献采访策略、选书原则、复本标准、购书经费分配方法、文献获取的具体方式等，都发生了明显的变化，对此，都需要制定明确的政策加以规范。例如，购书经费的分配问题，一些图书馆对各门学科、各种类型、各种语种、各种载体的文献资料采集的经费分配比例缺乏合理的标准。在经费使用中，还存在着经费充足时突击购书，经费短缺时又随意中止应订书刊的情况，由此，如何合理分配经费便是必须通过信息资源建设政策加以规范的问题。

信息资源建设是一项延续性很强的事业，它的现状既受历史因素制约，同时又对未来产生决定性的影响，所以工作中的失误往往给信息资源建设带来难以弥补的损失。因此，信息资源建设必须改变那种单纯凭经验办事的做法，要加强政策的规范作用，避免信息资源建设中的盲目性和随意性。同时使信息资源建设不因图书馆决策者和采访人员的工作变动而改变，也不因他们个人的看法和兴趣的改变而改变。

（三）信息资源建设政策为图书馆资源建设质量提供重要保证

信息资源建设政策是图书馆资源建设人员的工作指南。资源建设政策将全馆的信息资源建设放在了一个统一体中，这有助于统一和规范资源建设中的各种业务行为，从而使资源建设从传统的分散个体行为转变成规范的团体合作行为，在集中资源建设力量的基础上保证了资源建设的质量。信息资源建设政策是图书馆资源建设质量的评估依据，具有权威性与约束性。它是由图书馆内各部门有经验的专家参与，经过充分的调查研究提出，经馆内权威部门审批后颁布实行的，是图书馆资源建设质量的重要保证。

（四）信息资源建设政策为信息资源共建共享提供依据

信息资源共享就是以网络环境为依托，以现代信息技术为支撑，使信息资源在最大范围内、最可能的情况下、最方便快捷地为全社会公众所享用。随着信息技术的迅速发展，影响信息资源共建共享的技术因素正在逐渐消失，然而各种人文、社会因素不但没有消失，相反变得日益复杂，这就需要政策发挥调节作用。

制定信息资源建设政策，就其微观而言，它可以使各馆的信息资源特色更加鲜明，结构更趋合理，从而为馆际合作、资源共建提供基础。例如，馆藏特色化和馆际合作之间存在着辩证关系。馆藏特色化是馆际合作的基础和前提，如果没有各馆明确的馆藏特色，馆际合作就无法进行。制定信息资源建设政策，就是要明确本馆信息资源的特色，并按特色化的要求设计和调整信息资源结构，从而为信息资源共建共享创造良好的基础和前提。

制定信息资源建设政策，就其宏观方面来看，可以明确参与信息资源共建共享的各馆的权利和义务，建立一种利益的平衡机制，以保证参加合作的成员馆都能得到实惠，调动其积极性。从馆际合作、资源共享的实践来看，建立平衡机制是十分重要的。虽然从整体上看，信息资源共建共享对所有图书馆都有利，但从局部上看，如果没有一种利益平衡机制，就很难保证参加共建共享活动的每个成员都能获得与其投入相应的利益，有的甚至会相差很远。于是那些投入多、利益少的成员就会失去积极性。因此，要有效地开展信息资源共建共享活动，就必须制定正确的政策，建立一种利益平衡机制，使各图书馆之间都能依据它们在资源共建共享中的投入和贡献，获得相应的利益。可以说，信息资源共建的关键在于制定既符合客观事实，又有一定灵活性，能适应情况发展变化的信息资源建设政策。

在网络时代，图书馆之间的距离和获取文献的时间都缩短了，信息资源建设政策的规定和实施，有利于图书馆信息资源的共建共享。信息资源建设政策制定的基础是基于内外环境对图书馆需求的分析与研究，对图书馆资源建设做出的指引和规定，是资源建设合作与共建共享的基础。

二、图书馆信息资源建设政策的主要内容

（一）图书馆信息资源现状分析

图书馆信息资源现状是信息资源建设的现实基础。制定信息资源建设政策必须以此为依据，这就要求政策制定者必须全面调查统计图书馆信息资源的状况。

当今图书馆赖以提供服务的资源基础，不仅有印刷型文献，而且有各种电子出版物；不仅有为图书馆所“拥有”的实体馆藏，而且有并非图书馆所有，但需要时可以便捷地为图书馆所用的虚拟馆藏。因此对图书馆信息资源现状的分析：应该既包括对传统文献的分析，又包括对数字资源的分析。一方面，要了解馆藏文献中各学科出版物在类型、语种、水平程度等方面的品种数量及比例关系，掌握原有馆藏的优劣与薄弱环节，弄清现有馆藏文献被利用的程度和对读者需求的满足程度，预测未来馆藏的发展方向，以及经过努力可以达到的水平；另一方面，应对各类电子信息资源状况进行分析，如各种载体形态、各种内容形式、各种文献类型的电子出版物的数量及其比例，图书馆引进的各类数据库的情况，图书馆对网络信息资源开发利用的情况等。

在分析的基础上应充分了解到：国家是否有明确的建设方针政策；图书馆是否有自己明确的建设政策，以及自己的共建共享方针。而对于原有的资源优势，要注意保持和发展；对薄弱环节，要加以充实；对原有馆藏格局中已经不适应发展变化了的图书馆任务和读者需求的部分，要进行调整和修正。

（二）图书馆信息资源建设规划

1. 建设目标

信息资源建设目标，是图书馆对经过一段时期后信息资源建设应该达到何种水平所做的规定，包括下面几个方面。

1）数量目标

数量目标，即在一定时期内图书馆拥有和可获取的信息资源增长应达到什么目标，对各学科文献的覆盖率应达到什么比例。必须指出的是，由于现代图书馆信息资源结构的变化，信息资源建设数量目标已绝不仅是印刷型文献入藏的数量目标。它至少应该包含以下内容：①各学科图书的种数、册数；②期刊的种数；③其他特种文献资料的种数；④音像资料和缩微资料的数量；⑤电子出版物的种类和数量；⑥可“拥有”的数据库的数量；⑦通过网络可远程检索的数据库的数量。

2）质量目标

质量目标，即对入藏文献信息内容的科学价值、现实使用价值提出明确的标准，对入藏文献信息应达到的广度、深度、新度和各类信息载体的比例提出明确的要求。所谓广度，主要表现在文献覆盖的学科、类型、语种及参考工具书的配备是否全面广泛和相互联系。核心书刊的完备程度、相关书刊的广泛程度、外文书刊的比例、期刊及内部资料品种的丰富程度、各种参考工具书和检索工具的配备程度，各种信息载体的比例及各种文献数据库、事实数据库、数值数据库的覆盖面等，这些都是衡量藏书广度的具体标准。所谓深度，主要指重点专业文献的系统完整程度，包括各个时期、各个国家、各种主题范围、各种代表性著述的文献是否齐备。所谓新度，主要是指各学科领域最新书刊、新学科资料和新型信息载体的资料在藏书中所占的比重，以及能否反映各学科的新进展、最新研究成果及最新的知识信息内容。

3）特色化信息资源建设目标

特色化信息资源建设目标是现代信息环境对图书馆信息资源建设的客观要求。图书馆应根据本地区的地理、历史与文化特点，本地区、本单位赋予图书馆的服务任务，本馆读者的需求等因素，确定本馆的特色藏书与特色数据库，并对评估特色化信息资源建设目标达成的各项指标做出具体的规定。

2. 图书馆信息资源结构的规划

图书馆信息资源结构是组成图书馆信息资源体系的各种不同部分的联系、组合形式，而不同成分的信息资源，其联系、组合的形式多种多样，因此，图书馆信息资源结构是一个由多种构成面形成的结构。一般认为，信息资源的学科结构、等级结构、时间结构、语种结构和载体类型结构是信息资源体系的几个基本的构成面。

信息资源结构是信息资源建设中极为重要的问题。因为图书馆信息资源是一个系统，而这个系统功能的发挥，不仅取决于系统的组成要素，即各种成分信息资源的质量，而且取决于这些信息资源的构成、组合状况，即信息资源结构的合理程度。因此信息资源结构的规划应当成为信息资源建设政策的重要内容。

关于信息资源结构理论，在本书第二章第三节中已做详细阐述，在此不多做解释。

（三）各类型资源具体的建设政策

传统图书馆是以馆藏为中心的，因此馆藏建设是传统图书馆中最重要的一项工作。即使当今以读者为中心的观念已深入人心，馆藏建设也还是向读者提供服务的基础和首要环节，当然其含义、内容、方法、原则会随时代的变化而发生一定的改变。

1. 印刷型馆藏建设政策

1）印刷型馆藏采访政策

文献采访政策作为一个馆文献采访工作的基本政策和行为准则，其名称可能不同，如采访规则、采访条例、采访指南等，但其内容应涵盖本馆文献采访工作的方方面面。我国国家图书馆 1996 年重新修订的《书刊文献采选条例》可谓一个范例，其内容有七个方面，即总则、通则、各类型出版物、国际书刊交换、接受赠书、采选工作规则、采选工作的岗位要求。参照这个《书刊文献采选条例》，一个较为完整的文献采访政策的内容应该包括以下几个方面。

第一，文献采访总则。总则主要是对本馆的性质与任务、馆藏文献的品种与结构、文献收藏的层次与重点、文献选择的基本原则、文献采访经费的来源、经费使用分配原则等，进行说明和规定。

第二，采访文献的类型与级别。这一部分是对本馆采访文献的类型和级别加以规定。例如，确定哪些类型的文献是本馆的采访重点，哪些类型要全面采访、重点采访、适当采访或不宜采访，各类型文献采访复本量，等等。

第三，文献采访方式。这一部分是对本馆文献的主要获取方式进行说明和规定，如呈缴、征集、受赠、购买、交换等。对于具有一定规模馆藏的图书馆来说，其文献的获取渠道和采访方式一般都较稳定，不会轻易改变。

第四，文献采访工作程序。文献采访是一个过程，涉及文献的选择、获取、验收、登记、移交等多个环节。不同的文献其采访程序可能不同，不同馆文献采访操作过程也可能不同。这一部分的内容是对本馆采访工作的各个环节加以规定。

第五，采访部门的责任与要求。这一部分内容是对本馆有关文献采访工作的组织（采访委员会）、部门（采访部）、个人（采访馆员）的工作责任和工作要求加以规定，使本馆文献采访的各个方面、各个层次有序决策和协调发展。

2）书刊交换与接受赠书政策

书刊交换与接受赠书，是扩充和丰富馆藏、节约经费和获取难得资料的有效途径。在书刊交换方面，应规定交换对象的原则、交换书刊的专业学科范围、以什么出版物进行交换、从对方交换来什么书刊资料，以及书刊交换的方式。

国外图书馆在制定藏书发展政策时，一般专列出“赠书”一章，明确规定接受或拒绝赠书的原则，什么是不能接受的附加条件等。我国图书馆在制定信息资源建设政策时，也应对国内外书刊交换和接受赠书做出相应的规定，应规定接受赠书的原则、范围、可以接受或不能接受的条件等。

2. 数字馆藏建设政策

数字馆藏又称电子馆藏，是指以数字形式储存在光、磁等介质（如 CD-ROM、磁盘）上，并可通过计算机设备读取使用的出版物。它是信息时代的产物，具有存储信息量大、占地小、查找方便等优点。随着现代化、网络化的发展，电子型出版物将占有越来越重要的地位。在今天的图书馆，印刷型文献资源和数字馆藏共同构成了图书馆信息资源体系。因此，数字馆藏建设政策无疑是图书馆信息资源建设政策的重要组成部分。

1）数字馆藏建设政策模式

（1）综合型。综合型模式的数字馆藏建设政策涉及数字资源建设政策的方方面面，主要内容包括政策的目的、范围、选择标准、各种载体和复本、许可使用、存档、责任和图书馆部门合作、应用和评价。这种模式的数字馆藏建设政策体系完整，有指导原则，有具体目标，充分考虑了数字资源与印本资源的不同特点，具有很强的针对性，因而影响很大。

（2）专门型。专门型模式是根据数字资源载体制定数字资源建设政策，如数字图书建设政策、数字期刊建设政策、Internet 资源建设政策等。每项政策都包括某种特定载体的数字资源建设政策的各个方面。

（3）混合型。混合型模式是将数字资源建设政策体现在图书馆馆藏建设政策或者图书馆战略计划中。

（4）流程型。根据数字资源的生命周期和其在图书馆中被处理的业务流程来制定数字馆藏建设政策。这种模式的数字馆藏建设政策内容一般包括数字资源的选择、经费预算、技术、员工分配、许可使用、授权用户、编目、保存、剔除、存档等。

2）数字馆藏建设政策的内容

（1）数字馆藏采访政策。数字馆藏采访政策是选择数字资源时应遵循的一系列原则和标准。数字资源的选择准则与传统的印刷型资源并没有本质不同，基本的指导原则是一致的。但数字资源有不同于印刷型资源的一系列特征，选择时除了考虑设备、检索方式、购买方式及技术等因素，需对主题、用户需求、资源质量进行广泛而深入的了解。数字资源的选择原则，一般包括用户需求，资源的内容，使用的方便程度，使用、运行的环境，成本效益和后续服务等。

（2）数据库自建政策。特色数据库是图书馆特色资源的集中反映，是图书馆吸引读者、提高社会影响力的核心资源，它不仅充分展示了图书馆的个性，也成为图书馆提高信息服务竞争力的重要品牌。因此，图书馆要根据本系统本地区的社会信息需求和本馆的技术力量、经费等条件，选择合适的主题，系统地将馆藏资源中的特色文献制作成独具特色的文献数据库或专题数据库，在统一的宏观调控下，按统一的标准来规范数据库的工作，坚持标准化、规范化和质量第一的原则，长远规划，合理布局，并搞好前期准备工作以确保数据准确。在制定数据库自建政策时，要正确分析本馆资源的特色和优势是什么，要建设什么类型的特色数据库（专业特色、主题特色、地方特色等），要达到什么目标，以及计划采取哪些措施与步骤。

（3）网络信息资源开发政策。互联网传输着极为丰富的信息资源。图书馆根据读者需求搜索、选择互联网上的信息资源，下载到本馆或本地网络中，或者链接到图书馆的网页上，以方便读者迅速检索到自己感兴趣的、有价值的网络信息。在图书馆信息资源建设政策中，对网络信息资源的开发与组织应明确：①网络信息资源开发与组织的方式。网络信息资源的开发与组织方式包括网站评价与导航、专业信息指南系统建设、信息资源指引库建设等。图书馆应根据需要和可能的条件，来决定开发与组织网络信息资源的方式。②网络信息资源的选择标准。网络信息资源一般应考虑的标准是用户的信息需求、信息本身的内容质量（如信息的实质性、真实性、权威性、完整性、时效性等）、信息的形式特征、使用的方便程度、使用和运行环境、成本效益等。

（4）数字馆藏建设中图书馆各部门的合作。数字馆藏建设涉及图书馆的多个业务部门，需要各部门的协调与合作。因此，在数字馆藏建设政策中对此应该进行专门的规定，规定应包括在数字资源的评估、选择、采访、续订方面各部门的合作，相关技术支持和维护方面的合作，对馆员和用户开展培训方面的合作等。

（四）图书馆信息资源管理方面的政策

1. 组织管理政策

馆藏信息资源管理包括印刷型馆藏文献的管理和数字馆藏的管理。其中，印刷型馆藏文献管理包括传统的馆藏文献的清点、保护，馆藏文献布局调整等内容。图书馆信息资源建设政策要明确提出馆藏文献的保护目标和任务，确立保护的原则，落实保护的经费，制定保护的技术标准和措施等。馆藏文献的布局调整是改善信息资源构成质量，保持信息资源利用活力的重要保证。图书馆必须使更新馆藏、剔除呆滞书刊的工作经常化、制度化。为此，信息资源建设政策应对馆藏文献布局调整的目标和任务、标准和范围、方法和程序都加以明确的规定。

在数字环境下，数字馆藏已经成为图书馆信息资源体系的重要组成部分，数字馆藏的管理也成为馆藏信息资源管理的重要内容。数字馆藏管理不同于印刷型馆藏文献的管理，它既有技术的因素，又有法律的因素，还有经济的和管理的因素，因而比印刷型馆藏的管理更为复杂。数字馆藏管理主要包括四方面的内容：选择什么样的模式存放数据；选择什么样的方式组织信息；选择什么样的策略供读者访问；选择什么样的思路保证馆藏的可持续发展。

2. 评估、维护政策

信息资源评估是对图书馆馆藏资源的整体状况及其功用进行分析与评价，为图书馆的信息资源建设和发展提供指导。在信息资源建设政策中明确馆藏信息资源的评估内容、要求，确定文献信息的剔除要求，确定文献信息的剔除、更新和维护的相关规定，有助于保障图书馆馆藏资源建设的健康发展。这里的馆藏信息资源包括“实有”馆藏和“虚拟”馆藏。“实有”馆藏的评估、维护、剔旧的内容，可以沿用传统图书馆的相应做法。“虚拟”馆藏中的电子文献的评估和维护，是图书馆信息资源建设的新课题。特别值得重视的是，可以规定相应的评估体系和操作方式。通过评估，了解建立的馆藏信息资源是否符合发展目标，总结经验教训，提高工作质量。

3. 经费分配政策

经费问题无疑是影响信息资源建设的至关重要的问题。尤其是在经费有限的情况下，以最小的经济代价，获取最大的文献信息利用效益，已经成为经费分配政策追求的目标。因此，信息资源建设政策中应该根据本馆的性质、任务和读者的文献信息需求状况，确定经费的使用原则、目标和方法。怎样合理安排“实有”馆藏和“虚拟”馆藏等各种不同的文献形式、信息载体的经费投入比例，已经成为经费分配政策最值得研究的问题。

传统的经费分配主要是书刊经费比例、中外文书刊经费比例的划分问题。而图书馆提供服务的网络信息资源则需要缴纳相关的费用，如入网费、检索费、租借费等。随着信息时代的到来，传统图书馆的经费预算分配使用从单纯的购买资料的形式，转变为购买、租借、联网检索等相结合的形式。图书馆用于购买印刷型图书和期刊的一次性投资将减少，而用于使用与检索联机目录、全文数据库、电子期刊等数字化资源的连续性投资将增加。

因此，图书馆信息资源建设政策应该明确地指出选择印刷型文献和电子文献及网络信息资源时使用的标准和策略，应该就购书经费如何在拥有馆藏和存取两方面保持恰当的比例给以指导性的说明。

上述四大方面构成了图书馆信息资源建设政策的主要内容。这是一个开放的体系，随着信息环境的变化，它也将不断接纳新的要素，同时更新和充实各要素的内涵。

三、图书馆信息资源建设政策的制定与维护

（一）图书馆信息资源建设政策的制定原则

1. 客观性原则

从实际出发，实事求是，是制定各项政策的基本原则，也是制定信息资源建设政策必须遵循的原则。它的具体要求如下。

首先，信息资源建设政策必须符合图书馆的任务与读者的实际需要。不同类型的图书馆，其服务任务与读者的需求是不同的，因而它们制定的信息资源建设政策也应该是不同的。

其次，信息资源建设不能脱离图书馆可能的条件。一是经费条件，二是设备和技术条件，三是资源条件。例如，数字信息资源建设需要有大量经费投入，但图书馆不能不顾自身条件片面追求“数字化”，图书馆必须根据现有的或在可以预见的时间内能够具备的设备和技术条件等去制定信息资源建设政策。

2. 系统性与协调性原则

系统性是事物本身固有的相互作用、相互依赖，共同结合成一个具有特定性质和功能的有机整体的特性。图书馆是一个整体系统，信息资源建设是这个整体系统的组成部分。信息资源建设政策要服从于和服务于图书馆的整体发展战略，协调好与图书馆其他子系统的关系。

协调性是事物之间相互补充、配合，相互依托、制约的特性。制定信息资源建设政策，不仅要协调好与图书馆其他子系统的关系，而且要着眼于信息资源整体布局，注意与其他馆的协调与合作。各馆都要将本馆的信息资源纳入整体信息资源系统，通过分工协调，规定各馆信息资源建设的责任和范围，使不同学科、不同主题或不同类型的文献由不同图书馆分担收藏，通过馆际互借、文献传递，实现资源共享。

3. 可持续发展原则

可持续发展不仅要求我们坚持稳定性原则，还要着眼未来。图书馆信息资源建设是一项连续性很强的事业，它的现状既受历史因素制约，同时又对未来产生重要影响。因此，在制定信息资源建设政策时，一定要对原来的有关政策进行研究，吸收其合理的内

容，同时对出台新的政策要十分慎重。而政策一旦制定，就要保持它的相对稳定性，不能朝令夕改，否则，这些资源的使用价值就会大大降低。

政策的制定不仅要以现状为基础，而且要对影响馆藏发展的各种因素及发展趋势进行科学的分析和预测，如信息技术的发展，信息载体的变化，图书馆服务任务及读者需求的变化，社会经济、政治、文化发展的影响等。只有对这些因素进行科学分析和预测，才能使信息资源建设政策不仅具有现实指导意义，而且能适应未来环境的变化。

（二）图书馆信息资源建设政策的制定程序

制定信息资源建设政策必须有一定的程序，以保证政策的正确性和科学性。政策制定是一个有序的动态过程。美国图书馆学家富特丝在《馆藏发展政策与程序》一书提到制定馆藏发展政策的四个步骤：建立制定政策的筹备委员会；收集做出各项正确决策的各类信息；拟定草案并广泛征求意见；批准草案形成正式的政策文件。这一程序的逻辑顺序对我们来说也是适用的。一般来说，制定信息资源建设政策包括以下几个环节。

（1）成立工作小组。信息资源建设政策的制定应该由图书馆馆长决定，并组建一个专门的小组来负责制定政策的具体工作。这个小组的成员必须具备图书馆的专业知识和图书馆服务领域的其他学科知识，熟悉出版情况和文献类型，了解图书馆所服务的社区和读者的信息需求，确定这个工作小组的负责者、工作任务、完成期限、经费等。

（2）收集决策信息。工作小组应深入调查研究，收集和图书馆相关的个人或团体、读者、社区等信息，以做出正确决策。这些调查包括对馆藏现状的调查，以摸清家底，了解本馆各学科文献收藏的强弱情况；对读者利用本馆文献现状的调查，以了解读者对馆藏文献的使用状况；对图书馆服务的社区读者学习和科学研究的文献信息需求的调查；对读者获取知识、信息常用的方法的调查；对文献时效要求的调查等，并对这些调查的结果进行定性和定量的分析、评价和确认。

（3）拟定政策草案。由于政策文件不仅是本馆的工作文件，而且要向读者公布，因此应该用通俗而明白的语言阐述政策的内容。

（4）征求修改意见。馆务会议应对政策文件草案进行讨论，并向馆员和读者公布，征求修改意见。制定信息资源建设政策要有图书馆员和读者的参与，这是因为图书馆信息资源建设的目的是更有效地为读者提供文献信息服务，读者的满意程度是评价图书馆信息资源建设的一个重要指标。

（5）修改政策草案。根据馆员和读者的意见对草案进行修改，并提请图书馆咨询委员会（如大学里的图书馆工作委员会）进行讨论，再次进行修改。

（6）报批政策草案。由于信息资源建设政策规定着图书馆未来信息资源建设的方向和经费的需求和流向，因此获得图书馆上级主管部门的支持是非常必要的。在大学，信息资源建设政策必须得到以校长为代表的领导层和学校有关职能部门的参与和支持。没有上级主管的审核与批准，信息资源建设政策的作用将是十分有限的。

（7）公布政策文件。它是指将正式审核通过的信息资源建设政策以各种形式向全体馆员和读者公布，并向有馆际协作关系的图书馆公布。

（三）图书馆信息资源建设政策的维护

社会环境的变化，图书馆所服务的社区或机构的目标、任务的变化，图书馆所能获取的条件的变化，读者对象及其需求的变化，以及图书馆协作组织的变化等，都会对信息资源建设产生影响。信息资源建设政策应定期修订和维护，以适应这种变化，保持其生命力。

第三节 图书馆信息资源建设的采集方法

图书馆等文献机构要实现最大限度满足信息用户需求的目的，就必须依据一定的原则标准，通过各种途径采集各种类型的信息资源。科学的信息资源采集方法是采集到高质量信息资源的保证。由于现代图书文献数量庞大，类型复杂，学科广泛，出版发行分散多头，有商品性的、有交流性的、有公开的、有内部的。因此，信息资源采集必须采用多种渠道、途径和方法。信息资源的采集主要有以下几种方式。

一、购买

购买是图书馆向出版发行单位和个人有偿获取文献信息的方式，是补充藏书的主要方式和经常性来源，是保证图书馆有计划、有针对性入藏文献，建设系统的藏书体系的主要方式。下面，将从传统资源和数字资源两个角度来阐述。

（一）传统资源

1. 传统资源的购买方式

1）订购

传统的订购就是预订，是指文献采访人员依据出版发行部门提供的征订目录进行圈选，然后送交出版发行部门，按预定计划购买文献资料的方法。它包括期货文献预定和现货文献订购两种方式。传统的预订是某出版商在出版书籍之前，向图书馆或其他相关单位征求其订购数量，以确保出版书籍的销售渠道，这种方式与出版商的利润联系紧密，却忽视了这本书对图书馆的利用价值。传统的文献采集方式明显存在着弊端，因为文献采集人员获得图书出版信息的唯一来源是各类征订目录。随着出版发行行业的发展，传统的预订已经不存在，出现了几种新的订购方式，如网购、委托代购等。

随着市场竞争的激烈，网络技术的广泛应用，越来越多的出版社开始进行网上销售，网上书店的数量和规模也不断扩大。图书馆已不再通过书目征订这种单一渠道，网上选购为图书馆文献采集方式带来了革命性的飞跃。采集人员利用书目信息进行鉴别、筛选后可在网上直接订购或向出版社、图书进口公司订购。网上选书、订书的优势是能迅速准确获得所需图书，而且漏购率低，时间短，还可节省购书经费，因为大多数网上书店会提供一些优惠。但利用网上书目直接选书、购书的工作方式将大大地增加信息采集人员的工作量及工作难度。

委托代购是指文献采访人员委托他人在外地或国外选购所需文献材料。一般来讲，代购的文献都是具有一定价值或信息用户急需而本地又没有货源的文献材料。代购的形式有两种：一是临时性代购，就是委托他人按照所列书单到外地、外单位选购文献资料，如是外文文献资料则可委托出国人员或外文书店采购人员代购。二是长期性相互代购，就是委托外地有友好关系的单位按一定的范围和数量代购当地的信息资料，建立起长期互相代购的关系。采用这种方法的优点是及时有效，但委托他人代购必须开列书目和限量，要注意避免错购和重购。

出版社、书店、邮局、图书进口公司、内部书刊编印单位，凡是计划发行的或所拥有的各类出版物，都要预先编制征订目录，向各单位和个人用户征集具体订数，图书馆根据需要选择，并在预订单上填写所需文献的名称或编号、所需份数等，在规定的时间内向文献出版发行机构返回订单，待文献出版后出版发行机构按预定的种数、册数供应订户。图书馆是各种大宗出版物最主要的单位订户之一。

预订是图书馆等文献信息机构有计划采集文献比较可靠的方法。其优点是文献信息来源保障率高，文献采访人员和出版发行部门都能够掌握主动权，不至于重复和遗漏。但这种方式也有局限性：一是征订目录的著录过于简单，采访人员单凭书目订单根本不能完全了解图书的内容和水平，加上有时带有广告色彩，就容易错购或漏购；二是目录所登载的文献仅是计划出版，因此会出现因订数过少而不出版的情况，从而影响图书馆的文献采集计划；三是通过预订的文献到馆周期过长，预订手续复杂，这些都给文献采集带来困难；四是各种各样的书店书社、图书中心、发行公司及出版社、编辑部乃至著者本人，纷纷将订单寄到图书馆采访部门，使得工作人员无法得到准确的出版信息，同一选题重复出版、同一种书在不同书目中重复征订不做说明的情况，很容易造成重购。因此，图书馆要搞好预订工作，要求文献采访人员熟悉发行渠道，掌握书源信息，广泛收集征订书目和出版状态，科学地选择所需书刊品种与复本，合理地分配购书经费，注重品种与复本数量适当，及时准确地填报征订单。图书馆还可与出版发行机构签订合同，规定预定文献出版后到馆的期限，对过期未到的文献可通过其他的方式、渠道补购，同时做好预订的准备、检查、验收和登记工作。

2）现场采购

现场采购即现购，是指文献采访人员直接到书店、书市或出版销售部门选购书刊。这种方法能获得预定所得不到的书刊，如有些发行量小的书、内部发行的图书、古旧图书、地方出版物等，往往不经过征订就直接在市场上销售。有些漏订的书、预订不足的书，以及需要临时补配的书，都需要到书店、书市、出版社及有关单位直接选购，因此文献现场采购成为文献补充和采集的重要方式。随着现代信息技术的飞速发展，以前采访人员在现购时面临的重购问题迎刃而解，采访人员只要通过笔记本电脑或电子信息网络就可解决查重的问题。

现购的方法有两种：一是在本地区直接选购，图书馆可与各类图书发行机构建立长期购销关系。书商根据图书馆提供的藏书范围、重点和复本基数预留新书，采购人员定期去书店购买所需图书品种与复本，经过筛选后不需要的图书可及时退还。二是到外地采购，主要是利用书展和书市的机会前去采购。文献采访人员在外出采购时，必须先要熟悉馆藏，明确外出采购补缺范围，编制补充采购计划等。

现购可以弥补预订方法的不足，一些漏订的文献和发行量小的文献都可以通过现购的方式来获取。更重要的是，现购能看到实物，并据此进行鉴别和选择，了解其内容与质量，以决定取舍，简便而迅速。但由于现购受文献服务部门拥有的品种数量的限制，在采购时偶然性大，很难保证文献采访的完整性和系统性。所以，直接选购图书的方法对于小型图书馆来说，是一种主要的购书方法，而对于大中型图书馆，仍是一种辅助的购书方法。

3）招标采购

招标采购也是图书馆在采购信息资源时常用的方法。1999 年《中华人民共和国招标投标法》及 2002 年《中华人民共和国政府采购法》的先后出台，为图书馆的规范采购提供了法律依据，各高校图书馆基本都实行了招标采购。招标采购是图书馆向书商公开交易条件，以征询书商最佳报价的图书采购方式，招标方式将市场竞争机制引入图书馆图书采购过程中。

招标采购主要有五种方式：一是公开招标。公开招标是指采购人以招标公告的方式广泛邀请不特定的供应商参加投标。二是邀请招标。邀请招标是指采购人依法从符合相应资格条件的供应商中随机邀请 3 家以上供应商，并以投标邀请书的方式邀请其参加投标。三是竞争性谈判。竞争性谈判是指采购人通过与符合相应资格条件不少于 3 家的供应商分别进行谈判，商定价格、条件和合同条款，最后从中确定成交供应商的采购方式。四是询价。询价是指采购人从符合相应资格条件的供应商名单中确定不少于 3 家的供应商，向其发出询价通知书让其报价，最后从中确定成交供应商的采购方式。五是单一来源采购。单一来源采购是指采购人直接与唯一的供应商进行谈判，签订合同的采购方式。

图书馆图书采购招标工作首先应做好前期准备工作，包括确定招标原则，确定招标标的。其次，根据各图书馆的有关规定组织评标小组专家，主要由纪检、审计、财务等部门以及图书馆的相关人员组成。招标工作的具体实施操作步骤如下：①组建图书采购招标工作小组，由工作组拟定投标内容、方式、招投标日期。②由招投标工作组制定评标标准，并经各方讨论后确定。③拟定图书采购邀标书，邀请符合资格条件的图书发行商积极参与投标。④认证投标书商资格、确认参加投标的商家，通知经确认具备投标资格的投标单位，进行述标答辩，结束后招标工作小组进行开标议标，统计结果并公布招标结果。⑤图书馆与中标单位进行商务谈判并签订合同。

招标采购具有以下优点：第一，采购质量有了基本的法律保障，有利于将图书采购工作规范化。通过招标，图书馆与供应商双方的合作得到了法律的保护，图书资料的采购质量有了基本的法律保障。图书招标采购有利于将图书采购工作规范化，并纳入采购工作整体管理的范围，这也符合《中华人民共和国政府采购法》中对大额固定资产采购的管理规定。第二，有利于提高图书采购透明度。从随机抽取委托招标公司，至整个图书招标采购过程均严格按政府和单位采购的有关规定程序去操作，实行“公开、公正、公平”的竞争原则，以往供应商用“回扣开道”的做法已行不通了，折扣率成为阳光下的行为，避免了暗箱操作和图书馆领导及采购人员在经济问题上的尴尬处境，国拨经费完全用于馆藏建设，树立了图书馆的良好形象。第三，最大限度地发挥图书经费的效益。虽然每年的购书经费都有不同程度的增长，但与日益增长的图书价格和读者需求还存在着很大的差距。因此如何发挥现有资金的最大效益是每一个图书馆都必须面对的问题。实行文献公开招标采购，引入了市场竞争机制，市场上的各类图书发行商，为了争取图书馆这类大用户，会在图书价格方面让步，并在服务方面尽量满足图书馆的要求。图书馆可以用较少的资金购得更多的图书，并得到一些附加的服务，如部分供书商为招标单位提供所供图书的编目加工及上架服务等。

虽然采购招标具有很多优点，但是仍有许多问题需要我们重视：第一，图书购置的时效性降低。招标程序复杂、周期长、成本高、效率低。从着手准备前期资料、部门人员安排拟草招标书等有关方面的准备工作，到招标成功开始业务运作，需要一到两个月的时间，如果每年都搞招标，每次外地现采都搞招标，图书馆将陷入招标的泥潭中，采购人员也无法集中精力于业务工作上。第二，招标采购不专业。虽然有法律和文件制定了评分标准与招标流程，但招标过程中图书馆方的主张往往不能得到充分体现，在与馆配书商签订合同之后，图书馆的控制能力就十分有限了，图书馆必须依靠馆配书商获得采访数据，数据是否适合该馆的需要、是否完备、是否及时高效，图书馆都很难把握。本该作为主体的图书馆专业人员在招标小组中的所占比例非常有限，非图书馆专业人员所占比例过大，造成整个招标过程中图书馆的话语权无法得到有效保证，导致整个采购过程不够专业化。

4）其他

除上述几种传统资源的采集方式外，还存在其他的采购方式。

（1）邮购。邮购也称函购，是指文献采访人员根据有关的广告、书目、订单等直接与外地书店的邮购部、出版社的读者服务部、有关单位的图书经销部挂钩。按照所开列的书目或范围数量要求，采用邮寄托运的方法购买所需文献资料。邮购的对象一般都是在本地脱销或购买不到的出版物，这种方式能起到补漏、补缺的作用，是一种辅助性购书方法。

（2）复制。复制是指采用多种复制方法获得复制品。对图书馆来讲，复制也是一种补充稀缺书的好方法，如孤本、善本、无法购入的原版本等，均可通过复制获得，这样复制品可代替原版书刊为读者使用。复制的方法包括抄录、照相复制、缩微复制、录音录像复制、扫描仪扫描、光盘刻录复制等。复制文献虽然通常需付一定的费用，但却是获得珍贵书刊和罕缺资料的好形式。另外，复制文献亦需注意解决版权问题。

2. 传统资源的购买流程

图书文献采选一般要经过三个流程，即选书阶段、订书阶段和验收阶段。各阶段都有具体程序和要求，彼此间相互衔接，构成科学合理有序的文献采集流程。

1）选书阶段

选书阶段是订购前的准备阶段。这一阶段的工作主要包括：制订采访工作计划；研究图书市场，调查书源信息，收集有关书目；调查读者需求；研究书目进行初选；查重；审核初选书目。

图书馆进行文献采选，首先要制订采访工作计划。计划内容包括：一定时间内的采访目标；确定学科范围、语种结构、文献收藏级别；各种介质文献的比例关系（类型结构）；文献采访协作及其对本馆采购工作的影响；文献选择的标准和基本原则；采选模式与采选程序；采访人员的责任与权限；文献经费预算与分配；工作进度。其次是对各种征订目录的收集。书目信息齐全，才能有更好的选择余地，对同类书刊通过比较来选择比较优秀的进行订购，才能使购书经费得到更有效地利用。另外，还要对读者需求进行分析，确定大体用户群。再次，要对征订目录上的文献进行初选，选择的文献是否合适，直接关系到馆藏文献资源的质量。最后，采访人员对经过选择决定采集的文献进行查重，即检查核对本馆以前是否订购过某种书及订购的数量，以免重复浪费，并对确定的订购书目进行审核。随着计算机在图书馆的普及与应用，用计算机进行查重已十分方便快捷，以目前我国公共图书馆使用的图书馆自动化集成系统（integrated library automation system，ILAS）中的，采访子系统为例，它提供了文献名、责任者、国际标准书号（international standard book number，ISBN）号等检索途径，文献采访人员只要将所需查重的文献从任一检索途径按照要求输入相应的内容，就可以很快地得到结果。

在选书的程序中，查重是较为重要的一环。图书的查重也叫“查复本”。《现代汉语词典》中对“复本”一词的解释是：“同一种书刊收藏不止一部时，第一部以外的称为复本。”我们所做的采访查重工作，其目的就是核查有无“复本”和“复本”的多少，以决定欲订购图书的取舍——控制书刊的复本量，保证订购数量与质量，节约购书经费。

采购查重主要有两个方面：一是现采过程中的查重，书商把中央数据库拷贝，在图书订货会上用采集器扫描 ISBN，将采集到的未重复的 ISBN 号码形成文件输出，根据这个 ISBN 再进行系统查重。二是书商定期给图书馆发送新的书目数据，图书馆工作人员利用自己的自动化系统逐条对照去重，再向书商反馈书单。

在具体查重操作中，可利用 ISBN 号、正题名、图书责任者等进行查重。利用 ISBN 号查重具有便捷、可操作性强的优势，但一本书可能有不同的版本、不同的文种和不同装帧，会导致 ISBN 号的不唯一，容易导致漏查。利用正题名方式查重，精确率高但是查重速率滞后、难度大。依据图书责任者进行查重相对快捷、较准确，但具有多个责任者或者对于一些丛书、套书而言，容易发生误查的现象。在查重的实际操作中，应具体问题具体分析，保证查重的准确性。

提高查重的准确率有以下几个基本条件：一是选择合适的查重方法；二是依靠图书馆自动化管理系统丰富的设计功能和书目数据库各种检索点制作的完备性、规范化来提高其准确率；三是要提高采编部工作人员的总体素质，责任到人，严把质量关。

2）订书阶段

初选和查重之后，由采访人员进行综合平衡，确定合理的复本数。准确制定具体图书的复本数量，采访人员必须掌握各类藏书的流通与滞架情况，掌握读者的使用与需求信息，掌握藏书的使用效果反映，掌握有关书刊复本标准及经费分配比例。这就要求采访人员到读者工作的第一线去调查研究，到外借处、阅览室、目录室、咨询室接触读者和工作人员，征求他们对藏书补充的意见和建议；到各种书库调查各类书刊的流通率和滞架数量，并对各种统计材料进行认真的综合分析，研究判断，验证和修订补充计划、复本标准，以便合理地确定具体书刊的品种与复本量，合理地分配经费比例，使数万乃至数十万元购书经费得到合理使用。

目前，国外文献信息机构多通过网上书店购买选定所需文献，国内则较少。网上订购方式要采访人员将所选文献放入“购物篮”，并查看购物篮内所选的文献，然后提交订单，书店收到订单后会很快给用户发出“订购确认”的电子邮件，如果用户发现订单有差错，可以及时纠正。这种方法便捷有效，而且还可享受打折优惠。

3）验收阶段

图书馆预订的书到馆后，要及时进行验收。验收包括三个步骤：一是按发票验收，即验收人员用发票或清单核对拆包书刊，查清单价、种册数、总金额；二是提样本核对预定目录，即将核对过的书刊，每种书抽出一册样书逐一核对预定目录，仔细检查收到的书刊是否与预订品种、册数完全相符合，如发生多发、少发、漏发、错发及搭配等问题，必须及时向发书单位反映，纠正差错；三是财务报销，核对完毕后，在预订目录上注明“已到”标识，在发票与清单上办理盖章手续，进行书款结算，并在文献的书名页和特定的书内页上盖上馆藏章，然后将验收好的文献成批移交给登录人员，完成验收程序。以现场采购为例的简易结构图见图 3.1。

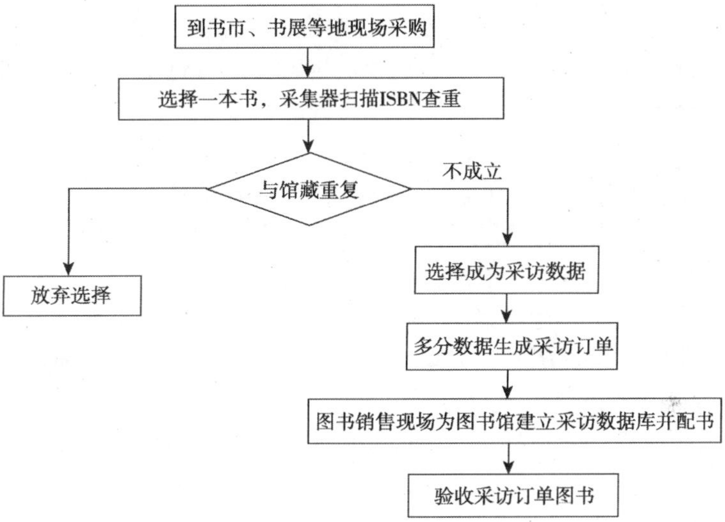

图 3.1　以现场采购为例的简易结构图

随着计算机在图书馆的广泛应用，图书馆员传统馆藏文献采访工作程序也发生了改变，更多的大中型图书馆采用了计算机文献采访系统，这些系统一般都具有处理订单、制作预订卡、查重、登录、验收、统计等多项功能，初步实现了文献采访的现代化管理，提高了工作效率和质量。

（二）数字资源

1. 数字资源的采购方式

图书馆在采集数字资源时，主要有以下几种采购方式。

（1）单独采购。单独采购是指独家图书馆购买方式，要有充足的资金实力为前提。但在单独采购时，又出现许多问题。首先，计价模式的紊乱。图书馆和厂商谈判的工作非常艰辛，其中一个重要因素是电子资源的价格模式趋于多变，不仅基本价格模式不同，各种附加条件更是多样而复杂。其次，厂商将电子与纸本期刊绑在一起计价，造成垄断市场。

（2）捆绑采购。捆绑采购是指图书馆在采集信息资源时将纸质信息资源与网络数据库捆绑在一起，一并加以购买的方式。其分两种情况：一种是以购买一定金额的纸质信息媒体为前提，同时购买网络数据库。另一种是以购买网络资源为前提，同时获得优惠购买该资源的纸质或光盘型信息资源的权利。

（3）协调采购。协调采购即分工协调与合作采购，它是信息资源共享的需要，是指一个地区或一个国家内不同的信息资源机构，或相邻的不同国家之间共同制订信息资源采购计划，分工协作采购信息资源，以建立一个完整的信息资源保障体系。协调采购的合作方式主要有三种，一是集中式，二是分散式，三是集中和分散相结合的方式。协调采购不仅能使信息资源机构有重点地采集信息资源，避免重复浪费，节省人力、物力和财力，完善信息资源保障体系，更好地满足信息用户的需求，实现信息资源共享，而且还能节省大量的资金，这对一些采集资金紧张的信息资源机构来说，确实是非常好的资源采集方法。

协调采购被国内外的信息资源机构广泛采用，在网络时代协调采购变得更为重要。如在引进网络版数据库方面，许多信息资源机构就可进行合作，联合购买，这样既节省了经费，又可引进更多的数据库，实现信息资源的共享。

（4）集团采购。由于数字资源，尤其是电子出版物采购费用昂贵，单个图书馆购买能力有限，信息资源机构可以建立电子出版物联合采购机制进行购买，如集团采购模式。集团采购是指由多个图书馆自愿组成集团，联合采购某种电子资源，共同承担电子资源的购买费用，以最少的经费，获取最优价格、最佳服务和最符合需求的电子资源，主要包括地区集团、全国集团、行业集团三种形式。它已成为电子资源尤其是网络数据库的主要购买方式，是图书馆资源共建共享在网络环境下产生的一种新模式。

2. 数字资源的采购流程

数字资源采购流程主要包括三个阶段，即采购前的准备阶段、采购进行阶段、使用跟踪阶段。

（1）采购前的准备阶段：成立专门的“数字资源采购小组”，其成员主要包括馆长、采访人员、参考咨询人员、技术保障人员等。该小组负责对图书馆引进的数字资源进行全方位深入调研，并参与同数据库商的协商谈判。采购前准备阶段的主要工作是确定数字资源采购的需求分析，制定符合本馆实际的采购原则。在数字资源采购过程中，一般以读者需求导向，注重质量、协调性、特色化及成本效益等。

（2）采购进行阶段：主要是和数据库商进行谈判，对数据库购买的订购方式、价格、服务等进行实质性洽谈，签订合同，完成数字资源的购买行为。采购进行阶段的规范化操作，将为数字资源采购的规范化提供程序方面的保障。数字资源采购按照资源语种一般分为外文数字资源和中文数字资源两大类。

（3）使用跟踪阶段：主要工作是图书馆配合读者服务工作，了解数字资源使用过程中出现的各类问题，对数字资源使用的效益进行分析评价，为以后数字资源采购提供可靠的依据。使用跟踪阶段是对前面两个阶段的总结、验证、评价，也为下一次数字资源的采购提供了全面的依据。

以集团采购为例，其具体流程如图 3.2 所示。

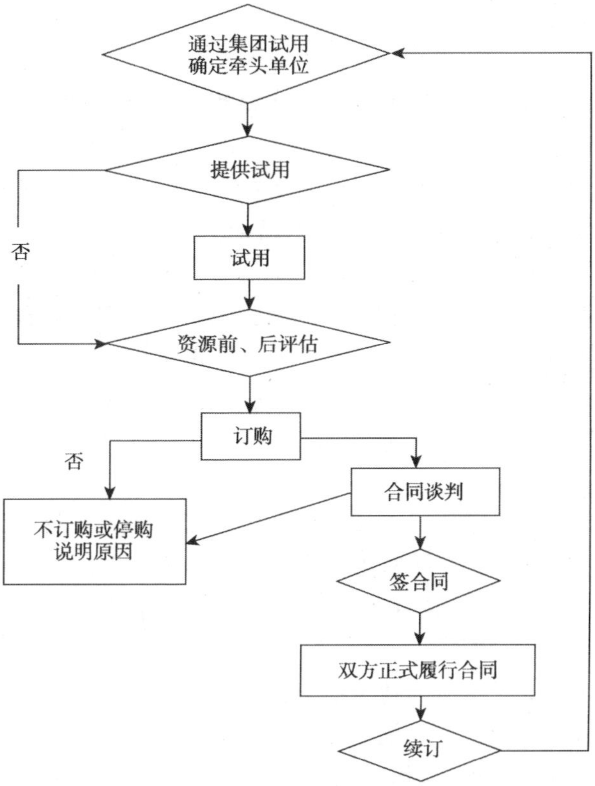

图 3.2 集团采购流程图

二、自建

前面所提的购买主要是针对传统资源或数字资源的采购，在此主要针对的是数字资源的自建。

（一）自建数据库类型

除了购买以外，各图书馆还可以把本馆的文献资源数字化，形成自建数据库。自建数据库可以分为两类：一是馆藏书目数据库；二是特色馆藏或专题数据库（即特色数据库）。

1. *书目数据库*

书目数据库的资料主要来源于各馆的回溯书目数据库和添加的新数据库。回溯数据库的建设又称回溯建库，即将书目文献信息资源数字化，并采用科学的方法将它们合理组织成相互关联的数据组合，存放在计算机的存储器中，便于有关软件的存取，供用户随时在网上查询利用。我国书日数据库建设主要有三种模式：一是自建数据库；二是购买标准数据库套录；三是套录与自建相结合。还有较多的图书馆采用联机编目合作建库与业务外包方式。

1）自建数据库

自建数据库，即将本馆图书书目数据逐条输入计算机中形成馆藏书目数据库。通常有两种方式：一种是使用编目子系统的录入功能，直接形成馆藏书目数据库，又称原始编目。另一种是通过格式转换将标准 MARC 格式数据转入系统形成馆藏书目数据库，大批量回溯建库，可采用此模式。

2）套录标准源数据

套录标准源数据，简称套录，即通过对外来数据源进行查对，将符合馆藏记录的数据进行补充、修改，并加注馆藏信息的过程。将外来数据源作为本馆回溯建库套录依据，其质量的好坏，必然影响到本馆书目数据的质量。因此，在选择外来数据源时，一定要选择编制机构力量强、权威性高、严格按 CNMARC 格式著录的标准化、规范化数据库。

3）套录与自建相结合

先通过套录外来数据建库，对于套录不到的图书，采用自建数据库方式，这种方式即套录和自建相结合的方式。建设书目数据库应尽量利用现有的标准书目数据，对现有的标准书目数据上没有的书目，应集中力量，统一标准，联合建库，将书目数据库上网开展联机编目，实现信息资源的共建。一般来说，联合编目大都采用这种方式。

4）联机编目合作建库

联机编目是指利用计算机和网络环境，由多个图书馆共同编目，合作建立具有统一标准的书刊联合目录数据库，在此基础上实现联机共享编目，即任何一个授权成员馆将入馆新书刊编目上载以后，其他馆就可以在网上查询下载。

5）业务外包方式

编目业务外包是指图书馆与书商（信息公司）之间通过合约，由图书馆将其编目的整个工作委托给书商（信息公司）代为加工。业务外包可以分为两种模式：一是外送加工模式，是指图书供应商按图书馆的要求将图书资料在供应商自己的经营加工场地进行加工的一种模式。图书加工所需的辅助材料和人工费用都由供应商承担。书商在图书加工完毕后，将图书送到图书馆，由图书馆验收上架。二是到馆加工模式，是指图书供应商根据图书馆的要求，派出专业的图书编目加工人员来到图书馆帮助完成图书分类、编目、加工等工作的一种模式。图书加工所需的材料成本和人工费用仍均由供应商提供。

2. 特色数据库

特色数据库是指依托馆藏信息资源，针对用户的信息需求，对某一学科或某一专题有利用价值的信息进行收集、分析、评价、处理、储存，并对照一定标准和规范将其数字化，以满足用户个性化需求的信息数据库。

建设特色数据库要注意以下三点：第一，独特性。使建成的数据库具有其他数据库不具备或很少具备的特点。第二，全面性。保证建立的数据库的数据完整全面。第三，标准化。

一般来说，特色数据库可以分为以下几种类型。

（1）根据本校重点专业和馆藏特色建立的数据库，如“通信电子系统与信息科学数据库”等。

（2）为本地区经济、文化建设服务而建立的数据库，如“巴蜀文化数据库”“长江资料数据库”“东北亚研究文献数据库”“上海作家作品资料”等。

（3）为抢救各种濒临湮灭的珍贵史料而建设的数据库，如清华大学图书馆搜集整理有关中国工程技术史文献资料而建设的“中国科技史数字图书馆资料库”等。

（4）为各种专题提供循证的数据库，如在医学方面、法学方面、史学方面等建立循证数据库，以高效的信息服务给用户提供最佳证据。

（二）自建数据库基本流程

这里以特色数据库建设为例，简单介绍自建数据库建设基本流程：选题—资源调查分析—功能调查分析—技术与规范的准备—数据库建库结构的确定—数据库的整理存储—数据库的发布信息—数据库的管理维护。在建设特色数据库系统时，应遵循关于数字化加工、资源描述、资源组织、资源互操作和资源服务等方面的标准和规范。中国已经开始了《中国数字图书馆标准规范建设》的研究工作，特色数据库具体建设过程中特别注重了建设流程的规范问题，并为与其他特色数据库进行信息资源共享打下基础。

其具体流程图3.3所示。

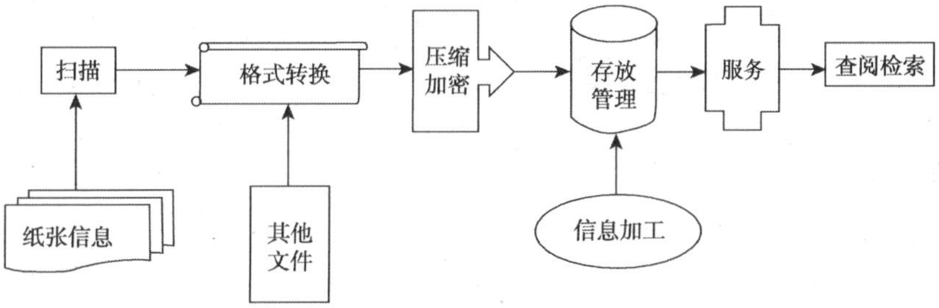

图3.3　自建数据库基本流程图

（三）自建数据库存在的问题

在数字时代，数据库建设已经成为图书馆信息资源建设的重要内容。在许多图书馆，用于数据库购买、建设和维护的费用已经与纸本文献购买的费用相当，甚至一些已经超过了纸本文献购买的费用。其中，除了购买商业性数据库之外，自建数据库作为信息资源建设的一种形式发展迅速。

图书馆自建数据库是图书馆充分利用自身信息资源、人力资源和技术资源自行开发建设的数据库，也被称为特色数据库。图书馆自建数据库已经形成了一定的规模。但由于自建数据库发展还不成熟，其中存在很多问题。本书对中国图书馆自建数据库建设现状进行了一次梳理，然后针对存在的问题，来探讨推进图书馆自建数据库建设的举措。

1. 数据库规模较小

从调查中发现，中国图书馆自建数据库规模较小，绝大部分自建库包含内容较少。而规模较小带来的问题很多，如使用效果不好、开发效率不高、成本较大。

2. 数据库建设质量不高

绝大多数的自建数据库还是以馆藏常规文献为基础，以书目、文摘为主要方向，全文、多媒体及事实性数据库较少。总体来看，数据库建设还停留在浅层次的文献资源收集的层面。这种建设实质上还是以传统图书馆文献资源组织的模式进行，并没有过多地考虑到读者需求的问题。

3. 数据库建设不标准、不规范

标准化与规范化是数据库质量及资源共享的重要保证。尽管中国《数字图书馆标准与规范建设》项目推荐了在建设数据库时应该遵循的规范格式及著录规则。但是在调查中发现，大多数数据库存在格式不规范的问题，许多数据库在数据处理过程中并没有按照 CNMARC 格式处理，造成了数据共享和二次开发的困难。

4. 维护更新不及时

许多数据库在建设时集中了大量人力、物力的支持，但是缺乏后期的维护和更新。例如，四川大学的教学参考书系统中的信息停留在 2004 年，海南大学的学位论文数据库在 2008 年后就没有了更新，海南师范大学的海南现代文学馆直接出现了服务器到期的提示。这些都充分说明了自建数据库在后期可能会出现维护更新不及时的现象。

5. 使用率较低

许多图书馆并没有突出显示自建数据库的链接。另外，IP 封锁和不允许外网使用的现象十分严重。这两种情况的存在严重影响了自建数据库的使用率，而使用率的低下其实是偏离了自建库建设的初衷。

（四）图书馆自建数据建设的对策

1. 科学规划，共建共享

在数据库建设前期，筹划者应该明确数据库的规模。如果数据量太少，不成体系，就不宜独立建设。这时，就应该走联合建设的道路。

2. 建设标准规范化，提高二次信息的开发力度

数据库建设的过程中，建设者应该提前将建设流程规范化、数据处理标准化，严格按照国家通用的原则进行数据处理。如果图书馆缺乏技术实力，可以采用开源或商业化的系统来组织和建设数据库。中国目前常用的信息组织系统有阿帕比数字资源系统、畅想之星信息系统和博文非书资料管理系统等。除了自建数据库建设标准化和规范化之外，积极地进行深层次的信息挖掘，建设二次信息和三次信息的数据库是未来的发展方向，因为这些数据库的价值更大，需求更多。

3. 加大宣传力度，提高使用率

自建数据库目前存在使用率较低的问题，这一问题出现的一个重要原因是用户对自建数据库的不了解。根据经验，用户在图书馆进行资料检索时，使用的往往是知网、万方、Web of Science 等常见的数据库。图书馆应该加大宣传力度，让用户熟知自建数据库。常见的方法包括：在图书馆网站页面上增加显著的导航链接和说明、在入馆教育和文献检索课程中增加自建数据库教育的内容等。

4. 引进专业技术人才，提高馆员素质

由于诸多因素影响，现阶段馆员的素质普遍不高。尽管近年来，各图书馆提高了人才进入的门槛。但既熟悉文献资源加工，又熟悉计算机技术和数据库技术的人才还是十分匮乏。图书馆应该加大引进专业技术人才的力度，尤其是具有跨学科的研究生层次的人才。在大力引进人才的同时，还应通过时常业务培训、定期讲座和进修等方式努力提高馆员的综合素质。

三、其他采集方式

除采购和自建外，还存在许多信息资源采集方式。

（一）呈缴

呈缴（deposit）本制度是指一个国家或地区为完整地收集和保存全部出版物，用法

律或法令形式规定所有出版机构或承担出版责任的单位，凡出版一种出版物，必须向指定的图书馆或出版主管机关免费缴送一定数量的样本。此样本叫呈缴本、样本或缴送本。而接受呈缴本的图书馆大多是国家图书馆、其他大型图书馆或专门建立的版本图书馆。呈缴本是这些图书馆馆藏的固定来源。这种制度即出版物呈缴制度。目前已有 100 多个国家和地区确立了出版物呈缴制度。

1537 年 9 月 28 日法国国王弗兰西斯一世（1494—1547）发布《蒙彼利埃敕令》，规定凡是在法国境内出版的出版物，必须呈缴一部给皇家图书馆。这是世界上最早的一部图书呈缴法。此后，其他各国相继颁布呈缴法。1611 年，T. 博德利爵士和伦敦图书出版公司达成协议：该公司每出一书都要向牛津大学博德利图书馆交纳 1 册。

18 世纪上半叶英国皇家图书馆享有呈缴本特权。

在俄国，向国家免费呈缴出版物始于 1783 年。

帝国公共图书馆（1795 年建立）于 1810 年开始接受呈缴本。

1917 年十月革命后规定，全苏免费呈缴的出版物包括苏联国内出版的一切类型、一切学科和一切文字的印刷品。

美国的呈缴本制度最早可以追溯到 1790 年的《著作权法》，该法规定所有有著作权的书刊资料均要送缴国务院。

日本的呈缴图书制度虽起源于江户时代，但具有明确规定的呈缴图书制度始于明治时代。明治二年（1869 年）5 月 13 日发布了出版条令，规定“出版后可以 5 部送学校收取”（指昌平、开成两校）。

中国在宋代就有呈缴出版物的要求，南宋淳熙十三年（1186 年）孝宗皇帝下诏敕各地政府将《中兴馆阁书目》中未收书的印本缴送秘书省，以“广秘府之储”。清宣统二年（1910 年）颁布的《大清著作权律》规定，“凡以著物呈请注册者，应由著作者备样本二份呈送民政部”。1914 年 12 月 5 日北洋政府公布了出版法，规定出版物在发行或散布前要送 1 份给警察署，1 份给内务部备案。1927 年国民政府大学院公布的《新出图书呈缴条例》、1930 年教育部公布的《新出图书呈缴规程》都是呈缴出版物的规定。中华人民共和国成立后，1952 年 8 月 16 日政务院公布了《管理书刊出版业印刷业暂行条例》，同年 11 月，出版总署根据这一条例制定了《征集图书期刊样本办法》，完善了中国的出版物呈缴制度。1955 年 4 月 25 日，文化部又制定《中华人民共和国文化部关于征集图书、杂志样本办法》，确立了版本图书馆及中国国家图书馆（北京图书馆）获得图书和杂志的保存本的权利。1979 年 4 月 18 日国家出版局又发出了《关于修订征集图书、杂志、报纸样本办法的通知》。20 世纪 80 年代末，中国所有出版社、杂志社、报社都要向中华人民共和国新闻出版署、中国版本图书馆、中国国家图书馆（北京图书馆）缴送出版物样本。

中国目前基本的、全国性的、相对比较完备的呈缴本制度体系是基于出版法规的呈缴本制度体系。它以国务院《出版管理条例》和《音像制品管理条例》为母法，由行政法规、新闻出版总署的规章和规范性文件、地方政府规章和规范性文件构成。《出版管理条例》（国务院令第 343 号，2001 年 12 月 25 日颁布、2002 年 2 月 1 日实施）第 23 条规定：“出版单位发行其出版物前，应当按照国家有关规定向国家图书馆、中国版本图书馆和国务院出版行政部门免费送交样本。”（注：本条例所称出版物，是指报纸、期刊、图书、音像制品、电子出版物等。)《音像制品管理条例》(国务院令第341号，2001年12月25日颁布、2002年2月1日实施）规定：“音像出版单位应当自音像制品出版之日起30日内向国家图书馆、中国版本图书馆和国务院出版行政部门免费送交样本。”

根据其性质可将呈缴本制度分为三类：一是法律呈缴，为了检查出版物是否有违法的记载；二是著作权呈缴，为了取得著作权的保护而承担缴送其作品或出版物的义务；三是文化呈缴，为了保存国家民族文化而将其出版物送到一定的机构，以供保存利用。呈缴受体即接收呈缴本的单位，主要有国家图书馆、中国版本图书馆和国务院出版行政部门。国家图书馆是国家总书库、国家书目中心、国家古籍保护中心。履行国内外图书文献收藏和保护的职责，指导协调全国的文献保护工作；为中央和国家领导机关、社会组织及社会公众提供文献信息及参考咨询服务；开展图书馆学理论与图书馆事业发展研究，指导全国图书馆业务工作；对外履行有关文化交流职能，参加国际图联及相关国际组织，开展与国内外图书馆的交流与合作活动。版本图书馆是隶属国家新闻出版广播电视总局的单位，是收集新中国成立以来出版物的单位。由于我国目前还没有一部图书馆法，新中国成立后，国家图书馆收藏呈缴本的法律依据是新闻出版总署制定的一个呈缴条例。而作为隶属于文化部的国家图书馆，目前还没有有效的方式，要求隶属于国家新闻出版广播电视总局的各出版社及时按量地呈缴出版物，需要通过国家新闻出版广播电视总局获得呈缴书，国家图书馆各类文献缴送率，都远远达不到完全缴送的需求。

中国的出版物包括出版社的正式出版物、其他出版者经批准出版的内部出版物，呈缴者应当包括出版单位和其他出版者，呈缴物应当包括正式出版物和内部出版物。呈缴物（各类出版物）界定为报纸、期刊、图书、音像制品、电子出版物等，基本涵盖了所有出版物（没有明确提到网络出版物）。从实际执行看，国家图书馆收到的呈缴物中包括图书、报纸、期刊、音像出版物和电子出版物，但电子出版物中没有数据库。

（二）交换

交换是指信息资源机构用自己采集的信息资料同其他相关部门之间直接展开交换，或通过协调机构间接开展交换，以达到互通有无、调剂余缺的目的。这种方法是获取内部文献资料和难得文献资料的主要来源。文献资源交换类型多样，从范围上可分为国内交换和国际交换；从时间上可分为长期固定交换和短期临时性交换；从形式上可分为直接交换和间接交换。具体的交换方法有三种：一是对等交换，即书换书，小册子换小册子，杂志换杂志；二是等价交换，即在一定时期内，交换者双方互相提供同等价值的出版物；三是不对等交换，即交换者双方互相根据实际情况，不定期不定量地自由交换信息资源。

（三）接受赠送

赠送一般是指社会团体或个人向信息资源机构赠送一定数量的文献或信息设备，以支持社会文化、教育事业的发展和交流图书、产品信息。这也是丰富馆藏信息资源的重要形式之一。赠送大致有以下几种：一是知名人士在晚年或去世后将其著述或藏书赠给信息资源机构；二是国外友好人士和社团为促进文化交流而进行的赠书；三是一些出版发行商及个人著者，将其出版发行的书刊赠给信息资源机构；四是一些厂商或企业信息部门为了推销自己的产品，常无条件地赠送作为广告用的文献，如产品样本、产品说明书、产品目录、厂刊、专刊等。通过各种展览会和博览会获得这些文献是较好的途径。

中国许多图书馆都受到大量的来自不同方面的捐赠书刊，有的图书馆还为此设立了专藏，如国家图书馆从 1954 年开始，先后接受了著名作家学者，如章太炎、王国维、鲁迅、郭沫若、茅盾、闻一多、老舍、巴金、曹禺等的手稿，分别设立了个人手稿专藏。中国著名革命家、教育家徐特立的个人藏书，于 1983 年正式赠送给湖南省图书馆，该馆为此设立了专藏。著名文学家、翻译家戈宝权将其个人藏书捐赠给南京图书馆，南京图书馆为此设立了专藏。著名图书馆学家杜定友的个人藏书及手稿，于 1962 年全部赠送给武汉大学图书馆学系资料室收藏保存。日本岩波书店，定期无偿地将他们出版的新书，赠送给中国的国家图书馆、北京大学图书馆、武汉大学图书馆、中山大学图书馆和东北师大图书馆等单位。这些赠书，不仅丰富了馆藏，而且加深了彼此的友谊，促进了中外文化交流。

（四）调拨

接受调拨是无偿获得大批藏书，迅速增加藏书量的途径之一，尤其是新建馆和基础薄弱馆补充大宗藏书的有效方法。调拨单位与调拨性质有三种类型：第一种，变动撤销单位或无保存藏书任务的单位，将所收集积累的藏书，移交给有关图书馆保存利用。第二种，基础雄厚的图书馆，将部分藏书支援给基础薄弱或新建的图书馆。第三种，有大批多余复本和积压品种藏书的图书馆，将部分有价值的藏书调拨给缺藏的图书馆，以充分发挥藏书的作用。

书刊的调拨，大部分是在行政主管机关的领导之下的一个系统内的各馆之间，有计划地相互调拨。接受调拨的图书馆，应有针对性、有选择地接受，不应盲目地接受不需要的藏书，避免因接受不实用的藏书造成后患。

（五）征集

征集主要是对非正式出版单位出版的内部书刊资料，采取主动发函或上门访求的方法，有针对性地进行征集，也可采取在报纸上刊登广告或征书启示的办法征集有关书刊。征集的对象主要是政府机关、学术团体、厂矿企业、学校、科研单位、商业部门等非正式出版单位。征集的内容主要是上述单位出版、编印的内部资料、学术论文、科研成果、试验总结以及产品样本、目录、价格表等难得的书刊资料。

做好出版物的征集工作，要求采访人员了解书源，经常查阅检索资料，参加有关专业会议和学术活动，掌握资料线索，主动开展各种形式的征求收集活动。具有主动精神和社会活动能力是采访人员做好征集书刊资料的关键。

（六）索取

索取是信息资源机构直接用通信联系或派人上门去取回自己所需文献信息的一种方法。这种方式虽比较经济，但也不能盲目索取，否则会给文献资源的筛选和鉴别造成不必要的麻烦。

第四节 图书馆信息资源建设的组织管理

图书馆信息资源的组织与管理是图书馆信息资源建设的基本内容之一。它是将图书馆收集并加工的文献，按照一定的要求，进行合理的布局、排列及科学的管理，使馆藏文献与读者需求能在适当的地方得到相互沟通并有序结合，从而达到对馆藏文献积极利用和有效保存的目的。

一、图书馆信息资源的组织

图书馆信息资源的组织是为了实现图书馆有效保存和积极利用文献信息资源的目的，而对馆藏文献进行整序、布局及科学管理，使之成为有序化的科学的文献资源的过程。图书馆信息资源组织的意义在于，使图书馆的资源始终保持良好的结构状态和可持续发展的生命力。图书馆的信息资源不仅包括传统的实体馆藏资源，也包括虚拟的数字资源。

（一）传统资源的组织

分类法、主题法和集成法是人们在长期的文献组织中创建的基本的组织方法。

1. 分类法

分类法是按学科知识的系统性分门别类地组织与揭示文献的方法。分类法按学科专业或范畴领域，组织与揭示信息资源，具有很好的稳定性与系统性，不仅适用于文本信息，而且适合于非文本信息、超文本信息等。要有效地对信息资源进行分类，需要了解信息资源的本质属性和非本质属性。信息资源的本质属性是指载体上所记录的科学知识内容，它从根本上体现信息资源的价值、使用价值。信息资源的非本质属性是指与本质属性相对应的属性，一般体现在信息资源的形式特征上，如载体、语种等。信息资源分类具有以下作用：一是揭示信息资源，就是对信息资源的内容特征和形式特征等进行比较、分析、研究、评价，并进行揭示的过程。二是区分信息资源，就是根据揭示出来的信息资源的内容特征和形式特征，将不同类型的信息资源的内容特征或形式特征进行比较，从而将信息资源区分开来。三是组织信息资源，就是将区分开来的信息资源，按照一定的标准（如分类标准等），将信息资源及其相关记录存储于文献体系的逻辑系统中。

分类法是自古以来人们在信息资源组织实践中常用的方法，如西汉末年刘向、刘歆父子在整理官府藏书时编成的《七略》，其作为中国第一部官府藏书分类目录，开创了文献分类的先河。四部法也是古代占主导地位的一种图书分类体系，如《隋书经籍志》和《四库全书总目》的分类体系。中国文献分类法经历了一个比较漫长的过程，至 20 世纪初期，开始受到西方新学的影响。从早期分类思想的萌芽到现代分类法的发展，无不体现了价值取向、社会环境、学术面貌、编制技术、知识体系的发展与进步。

通过对国内外文献分类法的编制方式、类目体系，以及类目的内涵等方面进行分析，文献分类法主要包括三种类型，即等级列举式、分面组配式、半分面分类法。

2. 主题法

主题法是从具体事物、对象和问题的主题名称字顺来揭示文献的知识内容。主题法打破学科界限，建立了文献知识内容之间的内在关联，把同一主题的相关文献集中，用户查找快捷方便，而且文献信息的对口性更强，查准率更高。主题法实际上有两种含义：一种是指信息资源的主题整序方法，用语词标识标引信息和组织检索系统的方法。另一种是指主题标引语言，也就是说，主题法包含主题标引语言和主题标引，主题词就是该语言的主体，而主题标引是指对信息进行主题分析，用主题语言表达分析出的主题，赋予主题检索标识的过程。目前，国内外采用的主题法类型很多，其基本的共同特征有：直接以语词作为检索标识；以字顺作为主要检索途径；以特定的事物、问题、现象，即主题为中心集中信息资源；往往是通过详尽的参照系统揭示主题词间的关系。

主题法在信息资源组织中的作用，主要是用来处理信息资源、编制各种检索工具及检索系统。与分类法相比，两者都是揭示信息内容，都需要对信息进行主题分析，一般都使用预先编制的专门语言工具（分类表或词表），赋予的检索标识都是对信息主题概念的表达。但是，分类法与主题法之间因使用不同类型标引语言而存在一些差异。主题法也有其自身的规律和特点，它的特点是可以集中与一个主题有关的各个方面的信息资源，检索的直接性、通用性好，使其适用于进行各种专指检索，在性能上具有与分类法相互补充的特点。

3. *集成法*

相对于分类法、主题法而言，集成法是指一种通过对多种方法进行整合后形成的一种新的结构模式或方法，主要表现在以下几个方面。

首先是信息组织工具的集成。信息组织工具的集成就是通过各种组织工具结构上的有机配合及兼容转换，集多种信息组织工具的功能于一身，既能使作为单一信息组织工具的原有功能得到进一步保留和加强，又能通过各种组织工具结构上的有机配合，产生出更加强大的信息组织及检索的总体功能。

其次是分类主题一体化集成方式，它是指分类系统与主题系统实现完全兼容，既能充分发挥各自特有的功能，又能互相配合，发挥最佳的整体效应。它包括检索系统的分类主题一体化和检索语言的分类主题一体化。

最后是元数据集成方式。网络信息资源组织标准的提出，有关元数据的映射、复用和集成一直是解决互操作问题的主要关注点。信息资源的种类和数量成倍增加，要实现资源的无缝集成，不同的信息系统、不同格式和不同渠道的信息应该有一个互操作框架和标准规范。从目前的互操作来看，集成方式主要包括：不同的元数据标准通过元素之间的映射来进行互操作；通过构建应用说明体系来进行实际应用中元素的互换和映射，来实现复用和集成的功能；通过元数据标准与分类法或主题词表集成，来提高元数据信息资源描述的规范控制效果。

（二）图书馆数字资源的组织

数字资源整合不是简单的“库集合”和“库连接”，而是依据一定的需要和要求，通过中间技术（指数字资源无缝链接整合软件系统），把不同来源和不同通信协议的信息完全融合，使不同类型、不同格式的数字资源实现无缝链接。通过整合的数字资源系统，具有集成检索功能，是一种跨平台、跨数据库、跨内容的新型数字资源体系。

数字资源整合要建立在知识组织的基础之上，以知识组织的理论为指导。知识组织是对知识的本质及知识之间的关系进行有序地揭示，主要利用面向对象数据库、数据仓库、数据挖掘与知识发现等技术，能够对异构数据对象内容进行整合，实现不同资源系统间的资源共享。其目的是组成结构优化的知识库，提高知识的利用，促进知识的创新。知识组织强调系统化地处理和利用信息和数据，发掘知识内涵。其形式主要是建立不同学科、行业的知识资源库和知识网络系统。它所提供的是具有规律性的信息及具有内在联系的信息链和知识链。以基于数字图书馆的资源整合方式为例，就是利用知识组织原理和技术，对不同渠道、不同类型、不同学科、不同形式的知识加以整合，按数字资源的逻辑关系，对资源进行分解、重组，按知识体系的关联性和整体性组织成相互联系的、立体网状知识体系，以实现数字资源的有效组织和共享利用。

数字化信息与物化文献信息的载体虽不同，但内容实质却依旧如故。分类法、主题法、集成法依然是网络信息组织的主流方法。图书馆信息资源的组织比较重要，因此有专门的课程讲述，读者可参阅冷伏海主编的《信息组织概论》、叶继元主编的《信息组织》等文献。

二、图书馆馆藏文献的组织

图书馆馆藏文献的组织主要通过布局和排架实现，布局与排架是否科学，将直接关系着馆藏能否被充分地利用，能否更好地满足读者的需要，关系到图书馆服务质量的高低和图书馆社会效益的好坏。在此我们主要介绍图书馆馆藏资源的布局。

（一）图书馆馆藏文献资源布局

图书馆馆藏资源布局是图书馆信息资源建设的重要组成部分，对整个图书馆事业的发展有重要影响，其目的就在于通过有效、合理地布局馆藏资源，使馆内信息资源及设施的作用得到有效的发挥，以提高图书馆的服务质量和管理水平，促进知识的交流和传播。在社会的不断进步及馆藏资源布局实践的不断发展中，馆藏资源布局理论主要有以下几种方式。

1. 基于馆藏空间的布局

（1）展开式水平布局。20 世纪 30 年代以前，由于藏书不多，世界上大多数图书馆的建筑规模也不大，图书馆的书库、阅览室、工作人员办公区等三个主要部分建筑共处于一个水平面上，这种布局就称为展开式水平布局。此布局适用于直接面向用户的开架流通的小型书库，比较灵活，便于用户接近馆藏信息资源，提高馆藏信息资源的利用效率。不足的是占据较大空间范围，限制了馆藏信息资源的自动化传递。并且为了使得在同一平面上的任何地方都能摆放沉重的书架，不得不提高图书馆等信息机构建筑的造价，经济效益不高。

（2）塔式垂直布局。20 世纪 30 年代以后，图书馆等信息机构的建筑出现了高层式垂直布局。此布局将空间因素放到首位，使得塔式书库与图书馆的其他建筑分开，通过专门的通道或运输线路，把被阅览室环绕的书库与其他部门连接起来，又或者把与阅览室连接的书库与其他部门连接起来。此布局的优点在于：第一，使馆藏信息资源在最小的空间范围内得到了最大的集中；第二，塔式书库与图书馆的其他建筑的分开，有效保持了馆藏信息资源的安全状态，使馆藏信息资源接近阅览室。不足之处在于每层书库需设管理员，劳动效率不高，运输设备占用空间大，馆舍建筑费用高。

（3）立体交叉式混合布局。20 世纪 70 年代以后，许多馆藏信息资源结构复杂的图书馆纷纷采用了立体交叉式混合布局的方法。所谓立体交叉式混合布局，就是把水平布局与垂直布局两种方法结合起来，取其长去其短。其实质是区分馆藏信息资源，不同的馆藏信息资源采用不同的布局方法，把常用馆藏信息资源尽可能地放在与阅览室处于同一水平面上的书库，使用户能够直接利用这部分馆藏信息资源，把利用率低的书籍放在与阅览室不在同一水平面的垂直位置上。此种布局管理难度大，对空间需求大。

2. 基于功能的布局

传统的藏书布局方式是把图书馆藏书划分为基本书库、辅助书库和专门书库。这三种书库各有其独立性，但又彼此联系和结合，组成图书馆的完整馆藏。大型图书馆多以基本书库为中心，以辅助书库和特藏书库为分支。

（1）基本书库，也称总书库，是图书馆藏书的基础和主要藏书区。它是全馆文献集中收藏存放处，容纳文献的数量最多、知识门类广，一般包括推荐性的常用文献、供研究用的参考文献、使用很少的档案性文献和提存的保密性文献等。基本文献库具有全面收藏、长期保存、临时调阅利用、适时剔除等功能。其内容、范围、品种、数量、质量可反映该文献情报机构的文献资源的性质、规模及其满足读者需求的能力，常作为划分图书馆规模的衡量指标。基本书库对辅助书库、专门书库可起到调节作用，如前者常为后者提供必要文献并接受从后者移送来的文献。由于基本书库入藏的文献内容复杂，类型较多，为充分发挥各类文献的作用，通常采用分层、分区存放各种文献的管理方法。例如，按文献性质和使用范围，划分为普通书库、内部书库、提存书库。还可以按语种、学科、文献类型来划分为不同的书库。为了保存文献和满足读者的需求，一些图书馆、情报机构将每一种文献或将常用的文献抽出 1~2 册作为保存本，并设置保存本库或复本库。

（2）辅助书库。辅助书库通常可分为三种，即外借处辅助书库、阅览室辅助书库和参考研究室辅助书库。各种辅助库所配备的文献多以读者经常使用的为主，具有现实性、参考性、针对性较强，利用率较高，流通量大的特点。凡是过时的、失效的、不对口的、呆滞的文献，均应及时从书库中抽出，送回基本书库中去。建立辅助书库以方便读者使用为原则，一般可按读者对象、文献类型、文种等设立辅助书库。辅助书库所藏的文献应既有相对的稳定性，又有一定的时效性。应不断补充新的文献，以适应特定读者的需要。

（3）专门书库。专门书库是为了适应一定范围读者的特殊需要，或是为了适应某一类型出版物和某一特藏在管理与使用中的特殊要求而设立的。特藏的文献主要用于专门参考和对特种文献的管理。专门书库的收藏范围包括珍本、善本、手稿、地方文献、音像文献、缩微资料等，它们多是经过长期积累起来的，可在一定程度上反映文献情报机构的收藏特色。对专门书库的收藏使用往往有特殊规定，多不外借。专门书库可按文献的形式特点设立，如金石库、舆图库、善本库、报刊库、缩微书库、音像书库等。各图书馆可根据实际需要和客观条件设立专门书库，如国家图书馆常设有手稿专藏及抄本、刻本、善本专藏等，大中型公共图书馆的地方文献专藏、历史文献专藏、古籍善本专藏。专门书库在一定程度上反映一个图书馆的藏书特色，所藏图书比较珍贵，要求特殊保管。

3. 基于借阅方式的布局

基于借阅方式的布局方式一般分为两种：开架布局和闭架布局。开架布局又可分为全开架和半开架。

（1）全开架式布局。全开架布局方式是相对闭架而言，读者可以到书库的书架上直接挑选图书。

（2）半开架式布局。半开架方式布局是介于闭架和开架之间的一种书刊布局方式。半开架是将书籍陈列在带有玻璃的书柜里，书背向外，玻璃中间留有一小条空隙。读者能看到书名和书的外貌，但不能自取。借书时读者可以从玻璃空隙中指明要借哪一本书，由馆员取出，再给读者办理借阅手续。

（3）闭架式布局。闭架布局方式是指图书馆藏书采用封闭式管理，读者不直接接触藏书，由工作人员根据读者填写的索书单在架上取书，读者还书时再由工作人员将书归架。闭架方式有利于藏书的保护。

4. 基于服务方式和功能的布局

1）三线典藏式布局

三线典藏式布局是指图书馆把利用率最高的文献组织到一线书库（阅览室、外借书库）实行开架借阅；把利用率较高的文献组织到二线文献库（相当于辅助书库），实行开架或半开架借阅；把利用率低的文献组织到三线文献库（相当于基本书库），采取闭架借阅。实行开架或半开架的阅览室或书库多按文献出版形式、学科、语种及出版时间进行划分，如中文期刊阅览室、西文书库、过期期刊库、现期期刊阅览室等。开架的书库和阅览室采取藏书与阅览相结合的形式，即书库中能阅览，阅览室中有文献。三线典藏制将馆藏中常用的文献和不常用的文献区分开来，既方便读者使用，又充分发挥文献的作用，也利于对文献的管理。三线典藏制是按照读者的借阅需求和借阅方式进行布局的，它反映了文献利用分布高度集中与相对分散的规律。三线典藏制是以美国图书馆学专家特鲁斯韦尔提出的馆藏利用的“二八定律”为理论依据的，即图书馆的全部馆藏信息资源中，有20%是常用的，能够满足读者80%的需求，其余的80%的资源仅能满足20%读者的需求。根据这一理论，三线典藏制按照馆藏资源的新旧程度及利用率的高低，结合服务方式方法，将全部馆藏资源划分为利用率最高的、利用率比较高的、利用率较低的三部分，并依次组成一、二、三线书库的布局方法。在这种布局模式中，一线书库是馆藏资源布局的主体，实行全方位开架服务，是馆藏利用率最高的工作区，主要收藏利用率最高的文献资料，具有针对性强、现实性强和推荐性强的特点；二线书库是读者借阅率较高区，主要收藏参考性强、利用率较高的近期出版的文献资料，以供读者参考和检索，可以实行限制开架服务；三线书库的馆藏利用率最低，主要存放各种罕用的馆藏及内部备查资料，一般实行闭架借阅。馆藏资源根据利用率的高低变化在一、二、三线书库间运动，并非一成不变地固定在书库的某个位置，而是呈现出一种动态的典藏。三线典藏的布局模式是运用本位思想的反映，顺应现代图书馆管理的潮流，显示出了藏本位思想为主的传统布局所无法比拟的优势。首先，该模式按照馆藏的利用率来划分书库，使利用率高的馆藏尽量接近读者，大大方便了读者有目的、有针对性地利用馆藏，提高资源的利用率。其次，三线书库的划分便于根据服务的需要配置人力资源，有利于图书馆用户服务的科学管理，提高服务质量。再次，由于只是在一线书库或二线书库实行开架服务，而馆藏量最大的三线书库实行集中管理和闭架服务，所以有利于节约空间，缓和书库空间紧张状况。虽然三线典藏制在理论上相当完善，但这种模式特有的典藏要求却使其具体实行起来较复杂：其一，馆藏文献的利用率在手工条件下难以统计，使动态典藏没有实践依据；其二，馆藏资源的组织和揭示变得非常复杂和烦琐，而且极大地增加了典藏人员的工作量。这两个原因使得该模式没有在我国图书馆界得到普遍推广。

2）藏、查、借、阅一体化布局

藏、查、借、阅一体化布局（简称一体化布局模式）是一种全开架的馆藏布局模式，它充分利用现代信息技术，采用零增长理论统筹管理的方式，即大开间、少间隔的建筑布局，整个图书馆只设一个进出口，除特藏文献和现刊外，其他文献不单独设立阅览室，文献资料尽量按学科、知识门类组织集中起来；在书库内设有足够多的检索终端和阅览桌椅，读者可以在图书馆内随意浏览、任意检索、自由取书、随时阅览。其努力营造以阅为主、其他为辅，人在书中、书在人中的综合功能空间。一体化布局抛弃传统布局中藏、查、借、阅功能独立，互不联系的弊端，正确处理藏与用的辩证关系，以读者利用为中心，做到藏中有阅、阅中有藏，以最大限度地满足读者需求。

一体化馆藏布局模式的优点表现在如下几个方面。

第一，方便了用户，提高了馆藏资源的利用率。这种全开架、全方位、多层次的一体化模式，按照学科专业集中组织书、刊、报、光盘等各种馆藏资源，实现读者与馆藏资源的零距离接触，不但避免了读者为查找文献而在各楼层之间奔波，大大节省了读者的宝贵时间，最大限度地方便读者；而且提高了馆藏资源的利用率，很好地遵循和诠释了“书是为了用的”这一图书馆工作的基本原理。

第二，减少复本数量，节约资源建设经费。经费不足是图书馆普遍面临的问题。减少复本量是应对这一问题的解决办法之一。一体化布局模式很好地适应了这种要求，最大限度地减少了复本量。一方面，一体化模式对资源进行集中组织，减少了因空间结构的刻意划分而产生的复本量要求；另一方面，当读者只需查阅资料而无需将文献借出时，可以直接在书架旁阅读、抄写或复印，以阅代借，既省略了读者的借、还手续，又降低了对文献复本量的要求。

第三，增强了读者与馆员之间的相互了解，提高服务质量。一体化布局模式将传统布局模式中的若干小阅览室合并成一个大开间，所需柜台管理人员大为减少，更多的图书馆员有更多时间接触读者，了解读者的需求倾向，从而更好地为读者提供参考咨询和阅读指导服务。改变了图书馆员与读者之间的关系，增进双方相互了解。

第四，取消读者身份限制，真正实现了读者自由、平等地利用馆藏资源的权利。国际图书馆协会联合会（International Federation of Library Associations and Institutions，IFLA）呼吁图书馆和图书馆员坚持知识自由，不受限制地获取信息和表达自由的原则；承认图书馆用户的隐私权；应为所有的用户平等地提供资料、设备和服务，不应该有任何种族、宗教信仰、性别、年龄或其他因素的歧视。这一理念在实行中却并非一帆风顺。例如，目前大多数的高校图书馆都设有教师阅览室，只有凭借教师工作证才能进入使用其中的资源，而作为用户主体的学生则被拒之门外。一体化布局模式能够打破各借阅区界限，所有读者均可利用图书馆所有资源，无障碍地享受最优质服务，使有限的资源得以充分有效利用。

一体化馆藏布局模式的不足表现在以下几个方面。

第一，馆藏资源的组织不尽合理，影响检索效率，检准率较低。该布局模式按学科、知识门类组织并集中馆藏，将各种载体形式的资源，不分新旧程度、不分流通利用率高低混合集中在一起。读者直接面对几万册、几十万册甚至上百万册的文献，虽然能够享受自由选书的乐趣，但极大地增加了检索查找文献的困难，浪费了用户的时间。因为对用户个体而言，无用的文献在馆藏资源中占绝大多数，那些有利用价值的只是其中的一小部分。此种布局方式增加了读者查找文献时的盲目性，从而也加重了图书馆参考咨询工作人员的工作负担。

第二，不能有效利用书库，浪费图书馆空间。在此种布局模式中，馆藏资源通常是按学科知识门类进行组织，实行分类排架法，文献不能密集排架，必须预留空位，不能充分利用书库空间。另外，图书馆为方便读者随时阅览，在各处设有桌椅，而且还要为读者预留足够的活动区域，对书库空间提出了更高的要求。以上两方面因素使本就存在的书库危机加剧。我国目前对图书馆事业的投入还严重不足，大多数图书馆特别是基层图书馆普遍存在经费短缺和馆舍紧张问题，图书馆还必须继续将书库空间问题作为馆藏资源布局的重要因素加以考虑。

第三，对工作条件提出更高的要求。采用一体化布局模式的图书馆建筑是按 20 世纪 30 年代美国建筑师麦克唐纳提出的模式原则建设的，大空间建筑格局要求全部采用人工照明，机械通风，集中空调。能源消耗大，造价比较高，不太适合中国国情。图书馆应扬长避短寻找适合的方式。例如，在机房、电子阅览室等实施人工照明、安装空调，在藏书区采用人工照明，阅览区以自然照明为主。

5. 基于知识系统的布局

基于知识系统的布局即信息共享空间（information commons，IC），是指经过特别设计的一站式服务中心和协同学习环境，综合使用方便的互联网、功能完善的计算机软硬件设施和内容丰富的知识库，在技能熟练的图书馆参考咨询馆员、计算机专家、多媒体工作者和指导教师的共同支持下，为读者的学习、讨论和研究等活动提供一站式服务，培育读者的信息素养，促进读者学习、交流、协作和研究。IC 在空间和资源的基础上为用户提供丰富多样、完备周到的服务，如联合咨询服务、一站式服务等。其中一站式服务是指用户能够在一个平台上获得各种形式、内容的资源，享受各种范围、层次的服务，从而方便、快捷地获得对各种问题的解答，于是用户在学习、研究过程中对信息的识别、获取、汇聚、分析、加工、展示、传递等都可以在 IC 中一站式实现，完成知识管理的所有过程，同时帮助用户提高信息素养并促进学术交流，从而为用户节省了大量的时间与精力，极大地提高了图书馆的信息服务质量。

1）信息共享空间的基本原则

对于构建信息共享空间的基本原则，2005 年 3 月在上海召开的“第三届中美图书馆合作会议”上，美国图书馆专家 R. A. Seal 将其归纳为四个方面：普遍性（ubiquity），即每一台计算机都有相同的检索界面，及其辅助检索数字资源的软件设备；适应性（utility），旨在满足所有用户的各种需求；灵活性（flexibility），适应需求变化和技术变化的需要；群体性（community），有助于进行共同合作的场所。根据国外信息共享空间的理论和实践研究，本书认为其基本原则主要由以下三方面构成。

（1）需求动态性。随着用户信息意识的增强，用户的需求呈现动态多元化发展趋势。

首先，获取信息途径多元化，用户除自己查找、借阅，更多的是依赖馆员的主动传递；其次，由于学科的交叉渗透及边缘学科的兴起，用户信息需求内容多元化，服务知识化。这就要求信息共享空间能够及时对用户的信息需求做出反应，采用先进的信息服务技术来满足用户的动态需求。

（2）服务集成性。信息共享空间是图书馆中研究、教学、学习和消遣的场所，应该为用户提供集参考咨询、多媒体服务、研究型服务和技术服务于一体的集成信息服务。用户通过集成服务机制“一站式”地获取所需信息，并以最小的代价在最短的时间内获得所需信息。

（3）知识共享性。信息共享空间能够满足用户的个性化信息需求，为用户提供了能够协作和自由交换信息的共享平台，这在传统图书馆服务中是不存在的。在这样一个协同工作的空间中，用户可以通过直接与用户、工作人员、技术专家进行交流获取信息，也可以利用信息共享空间中配备的各种信息设备，获取网络信息资源。它是用户获取知识、共享知识及进行知识创新的重要场所。

2）信息共享空间的模式

尽管信息共享空间已经成为图书馆的一种服务模式，但对于信息共享空间模式的研究，学者和专家各有自己的观点，其中代表性较强的有两层次模式和三层次模式。

（1）D. Beagle 的两层次。美国北卡罗来纳大学的 D. Beagle 是两层次模式的主要倡导者，他在自身实践的基础上，于 1999 年提出了“information commons”这一概念，认为信息共享空间是以数字化信息资源环境为背景、为信息供需双方特别设计的一个协同工作空间，它可以使用户与馆员、用户与用户之间进行显性和隐性知识的交流，通过对组织、技术、资源和服务进行有效整合，实现用户的信息交流。他将信息共享空间划分为虚拟空间（virtual space）和物理空间（physical space）。虚拟空间主要是指数字资源的网络环境，使用户通过友好的图形用户界面（graphical user interface，GUI），利用搜索引擎从各个工作站点获取数字信息服务，服务的内容不仅包括本馆的馆藏书目信息，更多的是各种数字信息资源。物理空间通过对馆内的工作场所及提供的各种服务进行组织，为虚拟的数字资源环境提供物理空间上的支持。

（2）Bailey 和 Tierney 等的三层次。Bailey 和 Tierney 认为信息共享空间由宏观、微观和综合三个层次构成。宏观信息共享空间（macro-commons），是指对全世界的信息，特别是网络信息资源建立起来的共享空间，这是一种广义的概念。微观信息共享空间（micro-commons），是指一个拥有计算机或数字技术，以及各种外围设备、软件支持和网络基础设施高度集中的场所。综合信息共享空间（integrated commons），是指能够集成各种数字信息资源，为研究、教学和学习提供相应的信息空间。此外，J. Duncan 和 L. Woods 也提出了三层次的概念，即物理层（physical layer）、虚拟层（virtual layer）和支持层（support layer）。D. Bollier 将信息共享空间分为物理层、逻辑层和内容层三个层次，并分析了不同层次上存在的应用壁垒。例如，对上网计算机的管理、为各种软件设置许可协议和序列号、对数据库的访问采用 IP 地址限制、对图片等多媒体加入数字版权管理（digital rights management，DRM）控制等均妨碍了信息的自由流动和共享。尽管学者和专家提出的模式不尽相同，但基本的思想是一致的，即信息共享空间是为用户提供一站式服务和协作学习环境的场所，它整合了图书馆中各种软、硬件资源，数字信息资源及图书馆人员，为用户提供了一个可以进行信息检索，并能进行交流、学习和协作的空间。

3）构建面向集成服务的信息共享空间

（1）信息共享空间的战略规划。信息共享空间提供的信息服务模式，应该是各部门之间以整体优化的方式来提供的服务功能。因此，在战略规划上要强调各部门之间在功能上的协作，减少组织管理层次，使组织机构体系逐步呈扁平的网状管理结构，以促进部门之间的沟通和协作，使图书馆的管理工作更加高效化。信息共享空间的信息服务充分考虑了用户的需求特点，以分布式多样化数字信息资源的整合为出发点，从而充分体现了图书馆的服务特征。在 D. Beagle 提出的战略协作的基础上，R. Bailey 等进行了修改，提出了如图 3.4 所示的功能集成图，可以作为图书馆构建信息共享空间战略规划的参考图。在这个战略规划图中，圆圈代表的是图书馆提供的各种服务功能，对于比较重要的服务则用实线圆圈来表示。而实线连接表示的是功能部门之间存在直接的关系，虚线连接表示的是功能部门之间存在间接的关系。在图 3.4 的功能集成图中，处于功能中心的是信息服务台（information desk），是用户在使用信息共享空间之前所需要的首要服务中心，它通过电话、电子邮件、万维网等向用户提供关于图书馆的各种资源和服务，以及解决用户的各种咨询问题。信息服务台的工作人员的配备，既需要有图书馆员，也需要有学科专家和技术专家的协作。

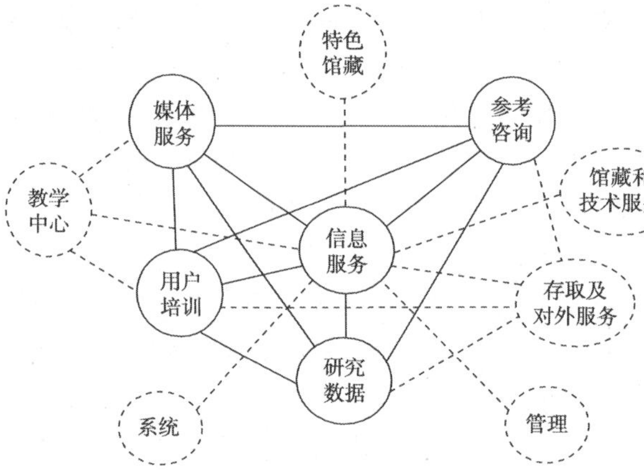

图 3.4　功能集成的战略规划图

（2）信息共享空间的构建要素。

其一，物理空间。对于信息共享空间，首要的就是为用户提供一个舒适的学习和交流的物理空间。空间的构建可以是多媒体的电子教室、供小组交流的讨论室、提高研究水平的咨询区、进行独立创作的单独研究室等。在卡尔加里大学的图书馆中，就设有 1 个大的教学区和 10 个大小不等的合作学习研究室，为老师的教学和学生的协作式学习提供了便利的条件。

由于每个人都有自己的学习方式和习惯，在构建物理空间时，要充分考虑到每个用户的需求。美国得克萨斯州立大学（Texas Christian University，TCU）图书馆的 Koelker 根据用户的不同需求，通过区分个人与集体、有计算机环境和无计算机环境，对物理空间进行了划分，如图 3.5 所示。其中，空间Ⅰ：无计算机环境的个人空间，这种空间适合个人在不受任何打扰的情况下进行阅读、思考和学习；空间Ⅱ：有计算机环境的个人空间，适合于个人需要配备笔记本电脑和无线网络进行单独的学习；空间Ⅲ：无计算机环境的集体空间，集体成员可以进行面对面的讨论、交流；空间Ⅳ：有计算机环境的集体空间，集体成员可以通过计算机进行交流。

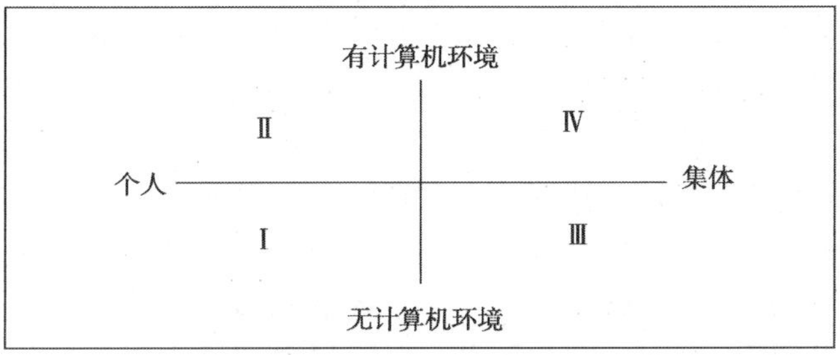

图 3.5　信息共享空间概念图

在这四种类型的空间中，空间Ⅳ可以说是信息共享空间中最重要的一类，它可以为更多的用户提供一个协作的工作或学习环境。

其二，资源。信息共享空间是整合信息资源、各种软硬件设施于一体的综合性服务模式。除了提供传统的馆藏资源（如印刷型图书、资料和工具书），信息共享空间必须具备丰富的电子资源（如电子期刊、电子图书）、专业数据库、多媒体文件及网络信息资源等。硬件方面，不仅具有计算机，通信设备（有线连接和无线连接），同时要提供复印机、打印机、扫描仪、摄像机、投影仪等外围设备。硬件设施还包括在物理空间中配置的各种舒适的桌椅、沙发等家具设施和宽敞的休息室。软件方面，要求具备获取电子资源的软件，同时也要提供各种办公软件和多媒体播放软件。信息共享空间的工作人员必须不断地更新各种电子资源，根据用户实际需求增设各种软、硬件设施，这样才能保证信息共享空间成为知识管理及提高用户信息素养的一个重要场所。

其三，服务。在数字化环境下，要求信息共享空间提供的服务是集传统的图书馆服务与数字信息服务于一体的集成服务。通过对信息技术、信息资源、服务功能、服务人员、服务机构等各种信息服务要素进行整合，实现整体功能的优化，使用户得到动态的、全方位的、多层次的、多元化的信息服务，用户只需要在信息服务台就能够获取一站式的信息服务。服务功能主要包括文献借阅传递服务、信息检索服务、数字参考咨询服务、信息发布推送服务、知识导航服务、馆际互借服务、实时咨询服务和用户教育培训服务。具体到不同的服务，又可以进行多元分化，如信息检索服务可以分成光盘检索、联机检索、数据库检索、联机公共查询目录（open public access catalogue，OPAC）检索和智能代理检索；知识导航服务可以具体为分类导航、学科导航、主题导航和资源类型导航；用户的教育培训，可以是检索培训、图书馆利用培训和信息素养培训。同时，要加强与国内外公共、高校及科研院所图书馆的合作，在联合采购、联合编目、馆际互借、公共检索、资源导航、合作咨询、联合培训等方面，以充分共享资源的方式，来提升图书馆的综合服务能力。

其四，人员。信息共享空间在空间、资源和服务上的实现，需要相应的信息共享空间工作人员的支持，因此，人员也成为信息共享空间的构建要素。信息共享空间人员的构成主要包括：①参考咨询馆员，负责资源使用方面的参考咨询；②信息技术专家，负责计算机软、硬件和网络技术的支持；③多媒体工作者，开发多媒体软件，并能指导多媒体的制作；④指导教师，利用各种资源进行教学和研究，并能进行一对一的指导。信息共享空间这一服务模式，对人员素质的要求较高，不仅要求工作人员具有与自己的服务相关的技能和技术，还要具备很强的学习能力、领悟能力和实践能力，要能随着信息技术的发展和用户的需求，不断更新自己的知识结构，提高服务水平。因此，图书馆要对工作人员进行定期培训，不断提高他们的综合素质。

4）信息共享空间的目标

无论信息共享空间采取哪一种模式，它在图书馆中的应用要实现的目标如下。

第一，提供一站式、个性化服务，以满足用户信息获取和学习知识的需求，允许用户自由选择并获取硬件设备、软件资源、多媒体及网络信息资源，充分实现图书馆资源的有效利用。第二，用户可以从图书馆员、计算机专家及多媒体工作者那里获得各种帮助和咨询服务，在信息共享空间工作人员的指导下进行学习和研究，充分体现了图书馆以“用户为中心”的服务思想。第三，强调集中式学习或研究，为用户相互合作的工作方式提供一个良好的学习、研究、交流的空间。第四，培养用户检索、评价和使用信息的能力，从而提高用户的信息素养。第五，作为协助用户学习和进行知识管理的工具，可以提高用户进行知识创造的能力。

5）信息共享空间的效果评价

在构建信息共享空间之后，最重要的步骤就是对这一服务进行评价，建立起以用户为中心的信息共享空间服务质量评价体系，保障信息共享空间的有效运行。评价内容具体应综合考虑信息共享空间的四个构建要素，即物理空间、资源、服务和人员。具体方式可以是向用户发放反馈表格，进行网上调查，或是两种方式结合，正确地了解、分析和评价用户对服务质量的感受和要求；也可以采取收集人员培训结果和信息共享空间工作人员在实际工作中的切身体会等方式。根据评价结果，可以发现服务中存在的不足，不断改善服务设施，改进工作方法，提高服务质量，从而更好地满足用户的需求。

（二）图书馆馆藏文献的排架

馆藏文献排列也称馆藏文献排架，是将馆藏文献有序地陈放在书架上，并形成一定的检索系统，使每一种文献在书库及书架中都有固定的位置，图书馆员及读者能准确地按这个位置取书或归架。馆藏文献排架方法，按出版物的特征标志，可分为两大类型：第一类是内容排架法，第二类是形式排架法。

1. 内容排架法

内容排架法是指以文献内容为排架标志进行藏书排架的办法，具体分为分类排架法和专题排架法。

（1）分类排架法。分类排架法就是把文献按照学科分类号的次序，编排和确定在刊架上的方法，是国内外图书馆最普遍和最基本的排架方法。分类排架法最大的优点是集中同类文献，形成一个有内在联系的、有逻辑性和层次级别的科学体系，便于读者按类检索，使得读者可以按照学科体系检索与阅读。读者按照学科集中查找的同时可发现更多相关的信息，无形中给读者带来更多查找的机会，拓宽了利用资料的范围。缺点是现代学科错综复杂使文献内容跨度广、主题多、交叉频繁，馆员在分类标引方面不易把握，分类有一定的难度。书籍排架时预留空间习惯于只多不少，大面积的预留架位，易产生空间浪费。

（2）专题排架法。专题排架法是将出版物在一定专题范围内集中排列，用来向读者宣传某一专题。专题排架法在纵向上打破了学科隶属界限，是辅助性内容排架法，只能排列部分藏书。

2. *形式排架法*

形式排架法是指按藏书的外部特征对藏书进行排列的方法。其主要方法有以下六种。

（1）字顺排架法。字顺排架法是一种按出版物的书名或著者名称的字顺排列藏书的方式。它的优点是管理简单、易查易懂、借还迅速，又能体现藏书的连续性和完整性；缺点是当读者有目的地检索某学科领域的有价值期刊时，除非已知书名，否则很难精确查找到所需文献。

（2）年代排架法。年代排架法即按出版物出版年代顺序排列藏书的方法，是一种辅助性组配排架方法。年代排架法的优点是节省排架空间，基本不需要倒架，便于管理和剔旧工作；缺点是割裂了出版物的内在联系，破坏了连续出版物的完整性，影响读者对期刊连续性的需求。

（3）登记号排架法。登记号排架法主要是指按图书馆为每一本书刊编制的个别登记号的顺序排列藏书。这些登记号只反映出版的先后顺序或入藏的先后顺序，而不管它们的内容归属。按个别登记号排列出版物，简单清楚，一书一号，方便取书、归架、清点，但不能系统地反映出版物的内容范围，不便直接在书架上进行检索利用。

（4）固定排架法。固定排架法即按照出版物的固定编号排架。图书馆给每本书刊按入藏先后编制一个固定的排架号，这个固定排架号由四组号码组成，即库室号、书架号、层格号、书位号。固定排架的优点是号码单一、位置固定、易记易排、节省空间、不会产生倒架现象。其缺点是同类同复本书不能集中在一起，不便在书架上熟悉、研究和检索藏书。

（5）语文排架法。语法排架法即按出版物本身的语言文别，排列各种外文文献。这是一种辅助性组配排架法。文别排架号通常由两组或两组以上的号码组成，即文别号、分类号、著者号，或文别号、年代号、字顺号等。

（6）书型排架法。书型排架法即按出版物的外形特征，分别排列特体规格或特殊装帧的书刊资料，是辅助性组配排架法。这种排架法，将不同类型、不同规格的出版物区别开来，并用不同的字母标示特殊类型、特殊规格书型出版物。

三、图书馆信息资源的评估

（一）基本概念

图书馆信息资源的评估是指对图书馆的信息资源体系状况、功能及其作用发挥的情况进行分析和评价。通过这种分析和评价所取得的信息可作为图书馆制定资源发展政策、控制资源发展过程提供客观依据，从而建立更有效的信息资源体系，提供更有效的信息服务。

（二）信息资源质量的评估原则

图书馆在对信息资源质量进行评估时，应遵循以下几个原则。

第一，时效性。随着现代科学技术迅速发展，新的知识不断取代旧的知识，信息资源的有效使用时间日益缩短，文献老化速度加快，失去利用价值的老化的图书馆信息资源要及时更新。

第二，完整性。信息资源的系统性也是信息资源结构体系完备性的组成部分，主要表现在是否有系统地、连续地采集和积累信息资源，以充分发挥信息资源的效用，尤其是重点和特色资源的收藏，能否保持系统、连续和完整。此外，图书馆实体资源和虚拟资源的比例是否合理也是衡量图书馆信息资源完整性的一个重要指标。

第三，信息资源的利用率。其在实体信息资源方面包括：信息资源的布局是否合理，指示是否明确，借阅手续是否烦琐，开放时间和借期是否足够，等等。其在虚拟信息资源方面包括：信息设备的数量和布局，网络开通时间的长短，免费还是收费以及收费的高低，是否有明确的指示和介绍，手续是否烦琐，网络速度的快慢和设备是否稳定，等等。

第四，信息资源的共享能力。信息资源的共享能力包括两个方面：第一，馆际互借能力。其表现为图书馆等信息机构是否与其他信息机构签订馆际互借协议，每年通过馆际互借获取的资源数量，向其他信息机构提供的资源的数量，馆际互借中信息资源传递的方式，从提出馆际互借申请到获得信息资源所需的时间和费用，从接受其他信息机构的申请到对方获得信息资源所需的时间和费用等。第二，对外合作能力。图书馆间的合作日益广泛，其目的是促进信息资源的共建共享。对外合作能力表现为信息机构参加合作或联盟的数量，合作的内容，共建的资源内容和数量，可共享的信息资源的存取方式等。

四、图书馆信息资源的复选与剔除

（一）基本概念

馆藏文献复选与剔除是指图书馆根据一定的原则和标准，将长期滞留在书架上，利用率极低，或已经失去利用价值的文献，从馆藏文献体系中分离出来，并按不同情况分别进行处理。它也是图书馆信息资源建设的重要环节，实际上是按照信息资源建设的基本原则，对馆藏文献的科学价值、实用价值和参考价值等再次进行评价、选择和处理的过程。

（二）馆藏文献复选与剔除的原因和意义

馆藏文献复选与剔除的原因有四个方面：第一，知识更新速度加快，文献的使用寿命越来越短，致使很大一部分文献的利用率很低乃至完全失去使用价值。这是馆藏文献复选与剔除的本质原因。第二，文献数量急剧增长，使图书馆出现“书满为患”的书库危机，这是馆藏文献复选与剔除的直接原因。第三，图书馆服务任务与服务对象的变化，导致馆藏文献中会有一些不再符合本馆任务和读者需要的多余书刊，这是馆藏文献复选与剔除的又一重要原因。第四，初购不当，收藏了本馆收藏范围以外的文献，对此，有必要加以剔除。

馆藏文献复选与剔除的意义体现在：第一，优化馆藏结构，提高馆藏文献质量。第二，活化馆藏文献资源体系，提高文献利用效率和图书馆工作服务效率。第三，缓和书库紧张状况，有利于书库管理科学化。第四，实现藏书的重新发现与重新利用。第五，对整个图书馆业务工作系统起重要的调节作用。

（三）馆藏复选与剔除的方法

在进行馆藏复选时，往往需要综合运用多种复选方法。纵观国内外，目前常见的主要的复选方法有以下几种。

（1）经验判断法，又称主观判断法，是指由参加复选的专家或工作人员，根据文献的外观、印刷质量、使用频率、复本数量的标准、语种、读者的利用倾向等客观事实和参选者自身的知识结构、工作实践经验，决定馆藏文献的去留。对于复本过多、长期压架、内容陈旧过时、残缺破损严重已无法流通的图书都应该予以剔除。在剔除旧书时，可以先把书单送给有关学者过目，尽量避免把有用的图书剔除或遗漏。不常用的书不一定没有价值，有些书很有价值，可是利用率不高，图书馆不能轻易剔除。这种方法虽然简单易行，但由于参选者个体之间在知识结构和对文献认识方面存在的差异，不同的馆员或专家对同一种文献可能会做出不同的处理；甚至即使是同一馆员，在不同阶段或不同的环境下对同一种文献也可能会采用不同的处理方法。因此，此种方法主观性较强，缺乏一个量化的指标，可靠性较低。

（2）书龄法，是指将图书出版日期、印刷日期、采购日期等作为馆藏文献取舍标准的一种方法。文献出版年代越近，其利用率越高；出版年代越早，其利用率越低。“文献半衰期”理论是体现知识老化与更新的基本规律，可以作为一线书库藏书复选的一个重要依据。不同学科的文献有不同的半衰期，因此，可依据学科的内容、性质等因素，结合本馆的实际情况，为各学科献确定最佳的流通年限，超过年限的文献，可以迁出一线书库，安置在高密度储存库中。但是相同书龄图书的利用率也是千差万别的，如果单纯以书龄决定藏书的取舍，就有可能把一些经典的、有价值的、使用率高的旧书剔除出去，而留下一些书龄较短、读者利用率低的图书。此外，由于“文献半衰期”理论也只是对实际情况的一种理想化的概略性的量度，有它不合理的成分。因此，在文献复选过程中单一使用半衰期测定法也存在着一定的局限性。

（3）统计法，即统计某时间段内的图书流通记录，分析每种图书的借阅频次，将文献利用频次作为复选的依据，这是指导复选工作比较客观的依据。根据图书的使用情况确定图书的去留，这符合阮冈纳赞的“书是为了用的”观点。假设确定图书馆内一本书对社会的价值，正确的方法是看该书的使用情况。一册馆藏图书若从未被读者使用或极少被读者使用，那么它对图书馆或社会就没有价值，就应该撤出一线书库。但是面对具体的藏书，具体问题还需具体分析，对有剔除意向的图书还需请专家审、鉴别。很多书刊上架后，长期无人问津，并不完全是书的内容和价值问题，有可能是采编人员一时疏忽，将分类号给重，造成异书同号，或将连续出版的图书给出不同的类号致使读者查找困难；读者不了解图书馆的馆藏结构，不清楚学科体系的结构和图书分编的次序，甚至对分类号和排架不熟悉，导致相当数量的优秀的图书未被揭示出来而长期闲置和浪费。因此，虽然运用统计法进行藏书复选比较全面和客观，但统计的工作量较大，而且对于某些伟人的专著、全集、选集、稿本、善本、经典名著和价格贵的书不适用，所以在复选实践中还需结合专家的经验判断。

（4）滞架时限法，即根据一本书在两次流通之间滞留在书架上未被使用的时间来确定藏书是否应剔除的方法。它是确定“呆滞书刊”的标准，也是预测图书将来使频率的重要依据，这是目前应用较广的一种藏书复选方法。但使用频率的高低只是判断馆藏图书是否有使用价值的一个方面，使用频率的高低并不一定与使用价值的大小完全等同，滞架书刊中不乏有一些内容特殊对少数读者有特殊用途的书刊，对于这类文献不应轻言剔除，可将其移入二线书库或贮藏书库，以便在特定情况下，为读者的特殊需要提供服务。

（5）书目比对法，是指将本馆的馆藏目录与一些标准书目、核心书目或权威机构制定的馆藏目录进行比较，对馆藏进行复选的方法。例如，可以把本馆的馆藏目录与 CALIS 联合书目数据库、国家图书馆书目数据库、中国科学院图书馆联合目录、标准新书目等进行比对，复选出缺藏图书，形成学科缺藏书目清单，交给采访部门补充。对于拒借率较高的图书，也要及时补充完整。对一些重点学科或新增学科，可参考相关的发展较好院校的学科馆藏书目补充完整。此种方法是以补充缺藏为目的的复选，是采访工作补充馆藏缺藏文献的新途径。

（6）调查问卷法，即通过座谈会、个别访问、表格调查、网络调查、电子邮件等用户调查方式，听取有关部门和文献使用者对馆藏的总体或个体的评价与建议，是复选的重要参考依据。调查的对象可包括本专业的专家学者和一般读者。通过调查问卷，可了解本馆的馆藏哪些已经不符合读者的需要，可以剔除；哪些需求量大，复本不足，需要补充。另外，也可以将计划剔除的书刊资料编成目录，发给有关工作人员和读者，广泛征求意见。问卷法比较直观，而且结果一般都可以量化，便于统计处理和分析，现在也有大量的统计分析软件可以帮助我们进行数据分析。通过 E-mail 和网络进行的调查更方便，可以降低成本，可以从问卷上了解被访者的基本态度和行为，这种方式是其他方法不可能做到的。而且问卷调查可以周期性进行而不受调查研究人员变更的影响，可以跟踪某些问题用户的变化。但是设计问卷比较难，因为问卷主体内容设计的好坏，直接影响整个调查价值。还有填写问卷的结果是否是用户随意填写的，得到的结果是否是用户真实的想法和情况等都对调查结果的质量产生影响。问卷调查必须保证一定的回收率，否则数据的代表性就会受到影响。事实证明，调查问卷的回收率一般都不太高，受访者的热情一般都不够，所以这种方法的质量也是很难保证的。

（7）出版社比对法，是指将馆藏的核心出版社的书目和该出版社网上书目、国家图书馆收录的出版社书目进行比对，复选出本馆缺藏的书目。同一类书如果很多出版社的版本都有收藏，可只保留核心出版社出版的，剔除其他出版社出版的文献。以高校图书馆为例，与学校专业性质相符的核心出版社所出版的图书一般信息密度比较高、学术声誉好，比其他出版社更正规、专业，所以通过这种方法进行图书的复选，可以保障馆藏文献的质量，提高文献的利用率。

（8）目的筛选法。使用此法的图书馆的图书主要分为三类：欣赏、消遣阅读；拓展知识面的普及性阅读；专业学习及学术研究阅读。每一类书的使用规律不同，在图书复选工作中应区别对待，有所侧重。欣赏、消遣类图书具有时代气息，这类图书的出版和版本更新，以及老化速度都较快，在短期内利用率较高，可采用滞架时限法和统计法相结合进行复选。对于经典性名著，其知识内容不会老化，主要表现为载体老化，可根据物理载体形态进行剔除或增补。普及类图书老化速度较慢，主要体现为载体老化，相同内容的图书出版较多，版本更新比较快，因此，该类图书可通过物理状态及核心出版物比对法进行复选。对版本更新速度较快的出版物，可采用滞架时限法和统计法相结合进行复选。而对于专深的学术著作和工具书，这类图书知识老化速度较慢，在流通中所占比例较小，借阅率低，有的可能多年没有流通记录，这类图书不能简单使用量化的标准予以剔除，可根据知识老化的速度，以及专家判断法决定图书的去留。对于一些具有史料价值的文史哲类图书，应该放入特藏书库永久保存。此外，还有复本量标准、保障标准等，各种方法各有千秋，在藏书复选的实践中，我们还需要依据具体情况，借助于图书馆员、图书馆读者或有关专家的知识与经验，结合复选的要求和目标，摸索出更加科学、方便、合适的复选方法。在使用统计、书龄、滞架时限等方法分析的基础上，形成馆藏复选或剔除标准的宽泛性规定，再由专家和馆员复选时结合主观经验判断，列出剔除或补充书目清单，通过问卷调查得出最终的复选书目。

五、图书馆自动化管理系统

（一）图书馆自动化管理系统的发展背景

图书馆自动化管理系统（library automation management system）是图书馆信息资源建设的重要内容之一。20 世纪 90 年代以来，西方发达国家的图书馆正朝着网络化、数字化的方向发展。它们借助于通信网络和高新技术的发展优势，使图书馆的发展出现“质”的飞跃。数字信息的检索与提供，已成为越来越普遍的服务方式，提出的“无墙图书馆”（library without walls）、“数字化图书馆”（digital library）和“虚拟图书馆”（virtual library）的概念，在逐步成为现实。这一变化引起了国人的思考，中国图书馆自动化应朝着什么方向发展，既要吸收国外图书馆自动化发展的经验，又要根据中国的国情，走出一条多快好省发展图书馆自动化的道路？发达国家的图书馆自动化有三个发展阶段。第一阶段可以称为图书馆自动化发展的初级阶段，即图书馆自动化管理集成系统发展阶段。自 60 年代末 70 年代初起，以美国国会图书馆正式发行 MARCⅡ型的机读目录为标志，它在北美得到广泛应用，开创了书刊机读目录在世界上正式使用的新时期，使图书馆正式步入图书馆自动化的阶段。第二阶段（或称过渡阶段）为图书馆在网上进行全球性、整体化的电子文献信息服务的新阶段。这一阶段发生在 1985 年左右，以 CD-ROM 光盘和局域网络开始在图书馆得到应用为主要标志，使人们可以在图书馆、办公室、实验室甚至家中访问图书馆的书目机读目录、单位局域网上的光盘数据库和大型文摘社及检索系统，使 70 年代出现的大型文献信息中心发挥了效益，特别是 90 年代互联网的迅猛发展，将图书馆网上的电子文献信息服务推向了全球性服务的新阶段。第三阶段是图书馆自动化的高级发展阶段，也称数字化图书馆阶段。数字化图书馆是一种用数字技术处理和存储各种文献的图书馆，它实质上是一种用多媒体制作的分布式信息系统，能把各种不同载体、不同地理位置的信息资源用数字技术存储，以跨越区域面向对象的网络查询和传播，专家、学者、图书馆工作人员将在数字世界中漫游，不但在本地图书馆，而且在它以外的“虚拟图书馆”中寻找到自己需要的文献信息资源。人们可以真正实现“秀才不出门，全知天下事”的梦想。例如，目前中国国家数字图书馆、国家少儿数字图书馆、中国盲人数字图书馆等数字图书馆已经得到了社会公众的认可和支持。

（二）图书馆自动化系统的构成要素

建立开发一个图书馆自动化系统，必须具备硬件、软件、数据库、人员、环境五个基本条件，或称五个基本要素。这些条件都是图书馆自动化系统建设所必不可少的，缺少任何一个条件，在系统开发、引进或运行中都会或迟或早出现问题，系统不能真正投入实际运行。硬件是指图书馆自动化的主要技术设备，主要是电子计算机。这是图书馆自动化系统的基础，是系统的载体，也是系统建设中经费主要投入之处。软件是相对硬件而言的，软件是计算机完成任务所编的程序、文件、规则及网络等与计算机操作有关的信息的统称。软件是计算机不可缺少的组成部分，它扩大了计算机的功能，提高了使用效率。计算机软件由程序设计语言、系统软件和应用软件三部分组成。数据库是图书馆自动化处理的内容，有完整的数据库是系统投入使用的基本条件之一。从系统开发的全局来看，设备购置、软件开发与数据库建立相比较，前者投入的财力和技术较大，而后者所需的人力和时间较多。图书馆自动化系统所涉及的数据库有两种形式：一种是文献数据库，包括书目数据库和文献型数据库；另一种是供图书馆业务工作使用的数据库，如采购、分编、借阅、读者档案等数据库。第一种数据库靠自建，也可购买市场销售的MARC磁带。第二种只能自建。

建设图书馆自动化系统，人员是关键性因素。建立一个系统必须要有以下人员。

（1）业务领导人员，包括馆长及系统建设的领导成员。

（2）系统建设技术人员，包括系统分析和设计人员、程序设计员、硬件维修人员。

（3）系统操作人员，包括机器操作人员、数据输入人员等。

（4）图书文献管理人员，包括数据准备人员和各部门使用系统的人员。

图书馆自动化系统的建设是对传统图书馆服务内容、服务手段、服务方式的变革，因此它跟所处的环境条件有着非常密切的关系。这些环境条件主要表现为：第一，与系统建设相协调的工作气氛。系统建设是一项复杂的工程，绝非技术部门独立可以全面完成的，需要得到全馆各方面的配合、支持和参与。第二，与系统转换相衔接的工作方式。为了保证图书馆自动化系统与传统工作的正常转移，实现图书馆自动化系统建设的根本目标，图书馆应认真做好传统业务的标准化、规范化工作。第三，与系统运行相适应的知识准备。为保证系统安全可靠的运行，要在图书馆工作人员中普及计算机应用知识、普及图书馆自动化系统等的有关知识。

（三）RFID在图书馆自动化中的应用

目前，全国大多数图书馆已经从纯手工管理方式过渡到使用图书馆集成系统、采用条形码识别的自动化管理模式。虽然采用了许多现代化技术，但实际工作中，仍有许多问题困扰着图书馆。例如，图书的借还、清点、查找、整理等问题一直没有找到很好的处理方式，阻碍了图书馆管理与服务水平的提高。图书馆界也一直在努力寻找更为先进的技术来提升图书馆的服务。

虽然在未来较长时间内，条码加磁针的模式作为一种廉价而且成熟的管理方式，还会是国内图书馆的主流方式。但是无线射频识别（radio frequency identification，RFID）将会是图书馆自动化的发展趋势。RFID技术的应用可以使图书馆的管理和服务水平得到显著的提高。国外图书馆的RFID应用起步较早，发展也很快，尤其是在美国、新加坡、英国、德国、瑞典、日本。目前全美已有300家大学图书馆使用了RFID系统；2004年新加坡图书资料供应中心建立RFID系统，藏书150万册；同年，马来西亚科技园及泰国设计创造中心也投入RFID图书馆管理系统。国内的图书馆，如国家图书馆、深圳图书馆、杭州图书馆等已经完成或正在进行图书馆RFID的系统建设。

1. RFID 的工作原理

RFID 技术也称无线识别系统。它是一种非接触式的自动识别技术，通过射频信号自动识别目标对象并获取相关数据。作为快速、实时、准确采集与处理信息的高新技术和信息标准化的基础。RFID 已经被世界公认为是 20 世纪十大重要技术之一，在生产、零售、物流、交通等各个行业有着广阔的应用前景。一套完整的 RFID 系统，由三部分组成：第一，射频卡，也称电子标签（TAG），代替图书馆现在使用的条形码和磁针。第二，阅读器（reader）或读/写器，用于读取（在读写卡中还可以写入）标签信息。第三，应用软件系统。

2. 图书馆 RFID 自动化系统的组成

1）RFID 图书编目系统

RFID 图书编目系统是将 RFID 唯一识别号与图书唯一编码实施绑定，将 RFID 技术与现有图书馆集成系统对接，实现对图书、读者详细信息的访问，从而将 RFID 技术集成到现有图书馆集成系统中。图书馆 RFID TAG 里可写入的信息有图书编号、书名、所属图书馆或分馆信息、所属书架信息等。通过 RFID 图书编目系统处理，使每一本书上 RFID TAG 标签的信息代表每一本书的唯一身份。以后在图书流通的每一环节，RFID 系统将都能利用相关的读写装置自动添加相关信息，不需要人工干预。

2）自动借还书系统

自动借还书系统允许读者在没有图书馆管理员的帮助下，自动完成借还书过程。自动借还机的触摸屏会通过交互式的界面来引导读者完成借还书过程。读者将书和借书卡一起放在自主借还书机上，按照屏幕提示输入读者证密码后，系统自动处理借阅手续并上传至服务器，在处理结束的时候，系统会打印一张收据，上面写着读者已经借出的书籍和将要归还的日期。

自动还书过程非常简单，读者只需要把书放入自动还书机上，自动还书机会自动识别被还书本上标签的相关信息，并自动办理还书手续，打印还书凭条。如果所还书籍超期，则会自动计算超期罚金并提示读者做相关处理。

3）智能安全门禁系统

智能安全门禁系统是安装在图书馆出入口处对带有 RFID TAG 的图书进行侦测的系统。通过该系统实现图书的侦测防盗。安全监测系统具有识别距离远、识别速度快、声光报警、零误报等特点。目前智能安全门的识别距离可达 2 米以上。

智能安全门禁系统可以有效阻止没有读书卡的读者进入、阻止未办理借阅手续的图书被带出，也可与摄像设备连接自动截取报警时图像信息。此外，可进行读者数、书籍流通量的统计数据工作。

4）馆藏整理系统

馆藏整理系统是专门用于整理书架，清点馆藏的系统。由于少量读者的不良借书习惯，造成图书错架摆放严重，使整架工作遭遇困难。RFID 的应用可使错架图书的查找、乱架图书的整理工作变得简单容易。馆藏整理系统由便携式图书点检仪和后台数据库软件组成。管理员拿着便携式图书点检仪先读取书架标签选定书架，然后沿书架移动，系统会自动识别书本的相关信息，判断该书是否属于该书架，如果不属于，则会示警并提醒工作人员把书拿到合适的位置。使用这套系统还可以对馆藏进行快速的清点，统计书库内的藏书量，使工作人员对馆藏数量做到心中有数。同时，还可以使用该系统来快速查找指定的一本书或一类书。由于该系统可以大幅减轻管理员劳动强度，很容易保持高整架水平，从而读者更容易通过图书查询系统检索到图书的准确架位，快速找到图书。

3. 图书馆 RFID 自动化系统的优点和缺点

与目前使用的图书条形码加磁针的管理方式相比，RFID 系统具有以下优点。

第一，资料可更新，简化借还作业。条码印刷之后就无法修改，RFID TAG 内存储的信息则可不限制次数地新增、修改、删除。借书时图书 RFID TAG 内信息自动注记为“已借”，还书时自动注记为“已还”，免除磁针的充磁消磁工作。

第二，非接触识读，进一步简化借还作业。由于 RFID TAG 使用时不需要和读写器接触，所以借还图书时，不用打开书页扫描条码，只要图书从读写区域经过即可完成借还图书操作，节省了借还图书的操作时间。

第三，多目标及运动目标识别，加速借、还及盘点作业。RFID TAG 具有很强的抗干扰性。当多个 RFID TAG 同时进入读写区域时，不会产生数据干扰，即一次同时可以处理多本图书；系统还可以对运动物体上的标签进行识别；此外射频信号可以穿透非金属包装材料，读写器可以发现经过读写区域的被藏匿图书。

第四，储存信息容量大。一维条码的容量是 50Bytes，二维条码最大的容量可储存 2~3 000 字元，RFID TAG 最大的容量可达数 MB，RFID TAG 除了作为一本书的唯一标识外，还可存储更多信息，如题名、作者、索书号、价格、架号等。

第五，可重复使用。条码常随着图书的寿命结束而结束，RFID TAG 因为本身信息可更新，因此可以重复不断地使用，RFID TAG 可读写 10 万次。

第六，不受环境影响。RFID TAG 表面受到污染后仍然可以读写，并且不受高温、潮湿、重压等恶劣环境的影响，RFID TAG 具有更强的耐用性。

RFID 系统的主要缺点有：第一，RFID 整体成本较高。第二，RFID TAG 缺乏隐蔽性，一般贴在书的扉页上，容易被发现和撕毁。安全性及隐私保护方面有一定的缺陷。

总之，RFID 作为一种技术手段，不仅仅是一种条形码和词条的替代品。图书馆在积极引进、应用国外 RFID 技术的同时，结合图书馆的工作实际，以先进的文献服务理念和馆藏管理模式为先导，打破原有的传统束缚，使 RFID 技术成为图书馆提高服务水平、实行馆藏文献管理智能化的有效手段，进而解决全行业性的难题，使图书馆读者乃至整个社会普遍为此受益。

➢ 思考题

1. 简述图书馆信息资源建设的主要内容及影响因素。
2. 简述图书馆信息资源建设的作用及地位。
3. 什么是图书馆信息资源建设政策？简述图书馆信息资源政策的重要作用。
4. 论述图书馆信息资源建设政策的主要内容。
5. 介绍几种主要的信息资源采集方式、途径和方法。
6. 分析图书馆自建数据库存在的问题，并为其提出建设性的改进措施。
7. 论述信息资源质量的评估原则。

8. 什么是馆藏文献复选与剔除？简述馆藏文献复选与剔除的原因和意义。

参考文献

陈传夫. 2010. 图书馆学研究进展[M]. 武汉：武汉大学出版社
冷伏海，徐跃权，冯璐. 2008. 信息组织概论[M]. 北京：科学出版社
李朝民. 2005. 试论图书馆的信息资源建设政策[J]. 深图通讯，(1)：27-28，32
杨肥生. 2005. 文献采访政策研究[J]. 图书馆建设，(6)：52-54
杨建永. 2006. 图书馆学知识在企业信息资源规划中的应用[J]. 科技情报经济与开发，(23)：40-42
俞平. 2004. 论网络环境下高校图书馆馆藏资源建设[J]. 遵义医学院报，(2)：204-206
周建清. 2011. 网络环境下图书馆信息资源建设政策的思考[J]. 中国科技信息，(2)：169-170

扫一扫

海峡两岸知识产权保护合作协议

中华人民共和国民法通则

中华人民共和国著作权法

数字图书馆推广工程

文化部办公厅关于印发“数字图书馆推广工程”省级、市级数字图书馆硬件配置标准的通知

中华人民共和国招标投标法

中华人民共和国政府采购法

中华人民共和国政府采购法实施条例

教育部高等教育司关于加强中国高等教育文献保障系统二期工程(CALIS)服务体系建设的意见

出版管理条例

音像制品管理条例

第四章　政府信息资源建设

政府信息不同于图书馆信息、企业信息等其他形式的信息，它包括了政府活动中一切相关的信息内容，如政策法规信息、计划指导信息、统计信息及因社会管理产生的各种信息。政府活动涉及社会的方方面面，影响到千家万户，在社会活动中具有非常重要的地位。政府通过各种途径和方式获取、收集信息，以便在对社会事务的管理中掌握大量信息。同时，政府也通过公开方式提供各种信息，以满足社会的信息需求。

政府信息的使用频率和可靠性较高，具有较大的利用价值。如何使这些数量庞大，权威性强，与社会管理、公共事务、公众生活紧密相关的信息资源被充分利用，引起了各国政府的广泛关注，政府信息资源建设的问题也由此产生。

第一节　政府信息资源建设概述

本节着重介绍政府信息资源及政府信息资源建设的定义、类型、特点等，并对我国政府信息资源建设的发展进行系统性的总结与展望，概括性地提出政府信息资源建设的目标。了解政府信息资源及政府信息资源建设的相关概念及理论知识，对研究政府信息资源和政府信息资源建设具有重要意义。

一、基本概念

（一）政府信息资源的概念

政府信息资源（government information resource，GIR）的界定是相对于政府以外的其他社会组织的信息资源而言的，并且有狭义和广义之分。从狭义上讲，政府信息资源是一切产生于政府内部或虽然产生于政府外部但却对政府各项业务有影响的信息的统称。政府在履行政府职能过程中输入、输出的各种信息的集合构成政府信息资源，包括政府部门为履行管理国家行政事务的职责而采集、加工、使用的信息资源，由政府投资建设的信息资源及由政府部门直接产生或管理的信息资源。依此，会议讨论记录、听证记录、政策文件、外交文书、调查统计资料等各种形式的、有价值的信息，都应纳入政府信息资源体系中。

从广义的角度可以将政府信息资源理解为政府行政工作中所产生和利用的信息资源及其相关的人员、设备、技术、环境和资金等要素的集合。因此，除了上文提到的狭义的政府信息资源外，广义的政府信息资源具体还包括系统分析员、程序设计人员、信息处理人员、信息专家、计算机、电话、传真、投影仪、计算机技术、通信技术、信息加工技术、网络技术等，以及信息处理和软硬件维护等方面的资金投入。

本章着眼于政府信息资源本身，介绍狭义概念上的政府信息资源相关内容。政府信息的主要特点为权威性、时效性、价值性。

（二）政府信息的基本类型

科学的分类是全面认识事物的前提。政府信息资源是一个多维的、复杂的研究对象，对政府信息资源的分类可依照多个分类标准进行研究。

1. 根据政府信息资源的功能划分

（1）决策信息，是指决策过程所需要的各类信息。决策必须以信息为前提，没有信息就不可能有科学的决策。制定决策是政府管理活动的中心环节。政府职能转变，要求政府更多地以立法和政策为导向管理社会和经济事务，使其置于政府的政策范围之内，按照政府的整体思路和要求开展工作。例如，网络信息林林总总，政府官员要培养善于捕捉和掌握决策过程所需要的各类信息，善于从信息中找到需要解决的问题。

（2）预测信息，是指一类特殊的决策信息，是根据客观事物过去和现在的信息对未来进行预测、计算和研究所获得的关于该事物未来发展的描述性信息。例如，国家信息中心预测三季度物价延续温和上涨。

（3）统计信息，是指反映社会经济现象和过程的各类资料。统计信息是用统计学方法收集、整理和分析而获得的，它是制定社会经济发展决策的依据和政府管理的重要工具。例如，对空置房、房价、居民收入、失业率的统计。

（4）控制信息，是指用于控制或具有控制功能的信息。所谓控制就是按照预定的目标和给定的条件，使系统处于规定的最佳运转状态。从管理学角度来说，控制是管理的一项职能。管理工作的控制职能就是对下属的业务工作进行计量以确定完成情况，从而纠正计划执行中的偏差，最终保证组织的目标及为此而拟定的计划得以实现，掌握充分的控制信息，才能有效地实现控制功能。

（5）反馈信息，是指返回到信息输入端的那部分输出信息。反馈信息是实施控制的必要信息。反馈信息有两类：一类是正反馈信息，另一类是负反馈信息。前者是指从系统输出端反馈到输入端去的反馈信息，具有增强系统输入效应的作用；后者是指反馈信息具有减弱信息输入效应的作用。正反馈信息可以提高系统的灵敏度，负反馈信息可以增加系统的稳定性。事实上，政府管理就是一个借助于反馈信息控制各管理过程实现管理目标的过程。

（6）计划信息是制订计划和实施计划涉及的有关数据、资料和情报等。

（7）行政信息是反映政府整个行政管理活动的各种情报、数据、指令、密码、文字、语言等的总称。行政管理活动中的文件、簿册、档案等是行政信息的载体，人们可以从中获取和利用行政信息。行政机构通过行政信息的接收、传递、加工、处理来控制和管理行政事务，实现行政管理的职能。例如，政府采购消费日渐成为市场经济消费中的一支重要力量，然而在采购的实务中，采购主体与供应商之间，供应商与供应商之间对于行政信息的知晓构成巨大差异，由此产生的一系列权利不平等现状，并经常滋生腐败，严重损害国家利益和第三人利益。

2. 根据政府信息资源的来源划分

根据政府信息资源的来源划分，分为外部政府信息资源和内部政府信息资源。外部信息资源是指产生于政府以外的信息资源，有新闻报道、消息资料、群众信访、提案议案、社会调研等；内部信息资源是指一切产生于政府内部的信息资源，有各种条例、规定、章程、命令、指示、批复、议案、通告、公函、会议纪要、合同、协议书等。

3. 根据政府信息资源的流通范围划分

根据政府信息资源的流通范围划分，可以分为自用型信息资源和社会利用型信息资源。自用型信息资源包括政府内部下达的文件条例等，社会利用型资源主要是指政府向社会公开发放的资源。

此外，还可以根据政府信息的准确性程度，将其分为确定性信息和不确定性信息。

（三）政府信息资源建设的概念

政府是国家最主要的信息生产者、使用者和发布者。目前各级政府部门大约集聚了全社会 80%的信息资源。由于政府总会以某种方式与人们的工作和生活直接或间接相联系，这些信息资源常常比一般的信息资源更有价值，直接关系到国民经济与社会发展的状况和水平。

政府信息资源建设是政府部门依据工作任务和服务对象对政府信息的需求，系统地规划、选择、收集、组织和管理信息资源，建立具有特定功能的信息资源体系的全过程。

（四）政府信息资源建设的结构及内容

政府信息资源建设的结构包括两部分，即纸质文献资源建设和网络信息资源建设。纸质文献资源建设主要包括微观（各级政府）文献资源建设和宏观（国家）文献资源建设的内容、作用、原则和协调、布局。网络信息资源建设又细分为两方面。一是网络信息资源的数字化建设，主要包括：数据库建设，特别是特色数据库的建设；网络信息资源的采集、分类、组织和管理；网络信息资源的评价；信息资源与文献资源的协调与整合等。二是网络信息资源的共建与共享，包括：信息资源共建与共享的作用、原则与规划；信息资源共建与共享的模式；面向政府、社会和企业的信息传递的措施、技术和方法等。

政府信息资源建设有以下三方面的内容。

1. 政府机关内部文件的电子化

政府机关内部是指整个政府系统内部和每一个具体政府机关的内部。电子政务是政府管理活动的重要组成部分。电子政务是政府机关内部公务处理的电子化，政府机关内部公务处理的电子化既是电子政务的核心，也是政府机关内部工作人员开展业务活动的必然要求。

2. 已有印刷型文献的整合

在政府工作中还有很多印刷型文献资源，如政府部门内部的刊物、书籍及政府出版物等。对这类文献资源的整合也是政府信息资源建设的重要内容之一。具体包括对印刷型文献的组织、规范化、归档等。

美国法典中对政府出版物的定义：作为一个单独的文件由政府出资或根据法律的要求出版的信息资源。美国于 1861 年 3 月成立了美国政府出版局，专门负责美国政府出版物的印刷发行工作。美国政府出版局（Government Printing Office，GPO）对政府出版物定义：由政府机构出版发行或由政府编辑、由政府指定出版商出版发行的文献。中国目前尚无统一认可的政府出版物定义，比较通行的有《图书情报辞典》的定义，即“政府出版物”又称“官方出版物”，就是由各国政府部门及其下属机构出版的文献；或是国家机构及政府部门在其公务活动中形成的文献，经指定的或授权的机构出版，或通过官方的渠道公布的通称政府出版物。

《中华人民共和国国务院公报》（简称《国务院公报》）是1955年经国务院常务会议决定创办，由国务院办公厅编辑出版的面向国内外公开发行的政府出版物。《国务院公报》集中、准确地刊载：全国人民代表大会和全国人民代表大会常务委员会通过的法律和有关法律问题的决定；中华人民共和国主席令和任免人员名单；我国同外国缔结的条约、协定及我国政府发表的声明、公报等重要外交文件；国务院公布的行政法规和决定、命令等文件；国务院批准的有关机构调整、行政区划变动和人事任免的决定；国务院各部门公布的重要规章和文件；国务院领导同志批准登载的其他重要文件。

目前中国的政府出版物具有如下特点。第一，内容可靠，与其他信息源有一定重复。借助于政府出版物，可以了解某一国家的科技政策、经济政策等，而且对于了解其科技活动、科技成果等，有一定的参考作用。第二，政府出版物代表政府立场，因此具有权威性。第三，政府出版物是国家财政支撑下形成的，是一种公共物品，理应由公民共同享有。

3. 服务于企业、公民的公共信息资源数据库及网络

一是标准类数据库，包括：①国家元数据库。其以数据元的规范与标准化国际标准ISO/IEC11179为基础，建立并动态管理所有电子化信息的数据元标准，以便为我国的电子政务数据库体系确立一个统一的信息交换、共享与发布的通用数据识别标准。各行业或部门的元数据库系统必须在国家元数据库的基础上拓展建立起来。②国家标准数据库。在我国加入世界贸易组织之后，各类国家标准（如行业划分标准、地区行政区划编码、经济类型分类等）需要通过国家标准数据库来做进一步调整，并动态维护其内容，以保证国家经济、社会等信息数据的连续性、可比性，逐步与国际标准接轨。③国家基本单位名录数据库。其实对全国所有企业法人、事业单位法人、机关法人、社会团体法人和其他法人及其所附属的产业活动单位建立一个统一规范、信息共享且能适时更新的基本单位名录数据库系统。有关职能管理部门应在第二次全国基本单位普查名录库的基础上，先对各自管理的指标内容进行整理规范，然后综合归纳，剔除过时的、设置重叠或冲突的指标，适当增加一些新指标，并共同制定统一的编码规范、指标解释及更新规则。

二是公用类数据库，包括：①法律、法规数据库。其存储中央及各级地方政府现行的各项法律法规，为全社会建立法制秩序服务。②社会综合统计信息库。其以国家统计局统计信息库为主体，增加其他政府部门应向社会公众发布的综合性统计信息。③自然资源和空间地理基础信息库。自然资源和地理空间基础信息库是国家电子政务基础信息库之一，由国家发展和改革委员会（简称国家发改委）牵头，国土资源部、水利部、中国科学院、国家海洋局、国家测绘局、国家林业局、中国气象局、中国航天科技集团等10个部门和单位共同参加建设。④社会服务资源信息库。其包括涉及居民物质和精神生活的各种社会化服务设施（如交通设施、商业网点、医疗保健、邮政、电信、银行、文化、教育、体育等）的资源分布、使用方法等信息的数据库。⑤人口资源信息库。其以人口普查数据库为基础，结合每年一次的人口变动和劳动力抽样调查数据，再补充公安户籍统计资料和身份证信息库的有关数据，构建一个能反映人口的年龄、民族、受教育程度、婚姻、生育、迁移、就学、就业、住房等状况的基础数据库。该数据库中的个人信息应该与公安部承建的自然人身份认证系统建立一一对应的关系，以利于数据共享与维护。

二、我国政府信息资源建设的发展

我国政府信息资源建设分为起步、推进、发展和高速发展四个阶段。

（1）起步阶段：20 世纪 80 年代初至 90 年代初，中央和地方党政机关所开展的办公自动化（office automation，OA）工程，建立了各种纵向和横向的内部信息办公网络。至 20 世纪 80 年代中期，各部门开始建立纵向和横向的信息系统，如国函〔1986〕25 号文批准建立国家经济信息系统。当时，提出了建设“三库”——数据库、模型库、方法库的思路以及数据库群的具体设想和实施方案。

（2）推进阶段：20 世纪 90 年代初至 90 年代末。1993 年，国务院信息化工作领导小组拟定了《国家信息化“九五”规划和 2010 年远景目标（纲要）》，提出了国家信息化的发展思路。1993 年年底，为适应全球建设信息高速度公路的潮流，中国正式启动了国民经济信息化的起步工程——“三金工程”，即金桥工程、金关工程和金卡工程。

（3）发展阶段：1999~2001 年。1999 年 1 月，40 多个部委的信息主管部门共同倡议发起了“政府上网工程”，其目标是实现 60%以上的部委和各级政府部门实现上网，也为政府提供了一个契机，推动了政府信息公开的发展。

（4）高速发展阶段：2002 年至今。2002 年是政府信息化逐渐“由概念变成现实，由争论转入实施”的一年。2001 年 12 月 26 日，国家信息化领导小组第一次会议做出了“中国建设信息化要政府先行”的重要决策。2003 年 7 月 22 日，在国家信息化领导小组第三次会议上要求以政府信息资源开发利用为突破口，带动全社会信息资源的开发利用，同时要按照统一规划、突出重点、整合资源、统一标准、保障安全的原则，逐步建成电子政务体系的基本框架。2015 年 7 月 4 日，国务院发布《关于积极推进“互联网+”行动的指导意见》和相关工作的推进实施，我国电子政务的发展逐步深入地与互联网的发展相融合，“互联网+政务”成为电子政务的重要发展方向。2016 年 7 月 27 日，中共中央办公厅、国务院办公厅印发《国家信息化发展战略纲要》作为指导和规范未来 10 年中国信息化发展的纲领性文件，提出我国建设网络强国的战略总目标分“三步走”。

从以上四个阶段我们可以看出，在信息公开程度不断提高的前提下，我国政府信息资源建设取得了一定的成绩，具体表现在：①信息资源内容丰富；②数据更新日趋及时；③政府信息资源的电子化和网络化程度提高，政府网站建设取得可喜进展；④政府信息资源的应用越来越广泛，对政府决策、政务管理及企业经营发挥了重要作用；⑤信息共享程度有了一定提高；⑥政府部门数据库建设取得了较大进展。

虽然我国政府信息资源建设有了很大发展，但是目前仍然存在一些弊端，表现在以下几个方面。

1. 缺乏统一的管理协调机构

政府信息资源与国家各个行业密切相关。每个行业既是信息的制造者，又是信息的利用者。政府信息的有效流动促进各个行业的科技进步，因此，政府信息资源的开发利用需要跨部门、跨行业、跨地区的协同。这就需要国家有效地参与、做出有效的管理、规划与协调，保证这一产业链条的有效转动。我国目前缺乏全国性、跨行业、强有力的管理协调机构，这不利于实施国家的发展战略、发展协作性的生产体系和规范行业行为。

电子文件管理部际联席会议制度的建立，为形成政府信息资源的统一协调机构提供了有益的借鉴。该部际联席会议由中央办公厅、国务院办公厅、国家发改委、工业和信息化部、财政部、国务院国有资产监督管理委员会、国家档案局、国家保密局、国家密码管理局、国家标准化管理委员会等相关部门为成员单位，负责组织协调全国电子文件管理工作，建立协同配合机制，促进全国电子文件的统一组织和管理。

2. 政府部门对信息资源的独占性较为严重，信息共享性较差

据统计，目前国内约 80%的社会信息资源由政府部门控制，这种局面是在长期计划经济体制下形成的，改革开放以来，虽然信息服务市场的需求情况已发生了很大变化，但在信息服务供给面、信息资源开发等方面仍以政府为主。虽然国内信息咨询服务市场在开放竞争方面没有政策限制，但是信息流上游环节的封闭状态不能令人满意，大量的信息资源不能从政府手中及时转移到市场上，国内的信息咨询市场也很难健康发展，民间咨询公司就不免要受无源之水的困扰，在供求不平衡的状态下，信息服务市场所需的正常价格机制和经营秩序也难以形成。

有些政府部门认为拥有信息越多“权力就越大”，不愿意把信息发布到网上共享；部分行业、部门各自开发自己的网上信息服务系统；信息产品重复、不足与闲置并存，造成资源的严重浪费，也不能形成规模优势和效益；公用信息与保密信息的界限不明；信息价值无法确定，各有关部门对于利用网络手段开发利用政府信息资源做了一定的工作，但在全国范围内目前还未形成通过网络利用政府信息资源的态势，且缺乏行之有效的组织和办法，网上可利用的政府信息资源较少。

三、政府信息资源建设的目标和意义

（一）政府信息资源建设的目标

政府信息资源建设是一个漫长且艰难的过程，我们必须树立明确的目标并以之为准绳，这样才能加速建设进程，更好地实现政府信息资源公开化。

1. 加强国家宏观调控，统一规划，集中管理

我国地域广阔，政府信息资源的开发利用涉及各个省、自治区、直辖市的各个领域、行业和部门，故应加强国家宏观调控，在统一规划的基础上，重点推进、分步实施、分工合作，以避免重复建设、资源浪费的现象出现。

2. 逐步完善相关法律和制度

政府机构作为信息收集、加工、处理传播和管理利用的主体，其法律地位应当加以保障，其权利义务范围也需加以明确。国家应制定政府信息资源的法律和制度，对开发

信息资源的组织机构及其职责、政府信息的发布和收集等工作做出详细全面的规定，确保政府信息资源的建设能够遵循统一的规定，确保更多真实可靠的信息依法向社会和民众开放。

3. 强化对政府信息资源的开发、利用和管理

1）政府信息资源的开发

政府要根据社会发展的需要来合理组织、规划政府信息资源，确保相关的潜在政府信息资源能及时地、经济地转化为现实的信息资源。要解决好政府信息资源的开放共享与部门所有之间的矛盾。要做好信息资源的深度开发，对社会经济统计、市场调查等信息进行深层次分析，对未来的社会、经济、政治环境等予以预测，对企业和公众的活动予以指导，为企事业单位和个体经济引进项目资金、开展商品贸易、参与全球竞争提供有价值的信息。要对政府信息进行筛选和组织，建设具有本地区或本部门特色的政府信息数据库。此外，应把握政府信息新、准、快、全的特点，信息资源管理机构要主动与政府业务部门和基层单位进行信息交流，获取第一手资料，同时从互联网上查询国际国内最新信息，撰写出有深度、有广度、高质量与高层次的调查报告，为领导决策提供参考。

2）政府信息资源的利用

政府要按照社会化和专业化的原则来合理组织政府信息资源的配置，确保政府信息资源能够得到充分有效的利用。增加政府网站的有效信息量，注重所属数据库的超链接，提供检索功能，将政府部门拥有的数据库充分利用起来，实现公共信息资源的增值服务。政府网站应为不同类型的用户提供所需信息，同时增强网站的互动功能，对公众的提问式查询进行自动标引，分类储存，并纳入政府信息资源数据库。

3）政府信息资源管理机制

政府信息资源管理是特指与政府信息有关的计划、预算、组织、指导、培训和控制活动，不仅包括信息本身的管理，也包括与信息资源有关的人员、设备、资金和技术等资源的管理。就信息本身而言，要制定有关信息获取、存储、传播处理的相关制度，统一数字化信息记录格式的标准，同时还要建立信息内容筛选制度，明确信息审查标准，把握好“保密与公开”的原则。

4）政府信息资源管理人才

在政府信息资源建设中，需要一支具有较高的政治素质和职业道德水准，既懂业务又懂技术的队伍。政府信息资源的开发主体是公务员，因而他们的信息素养将对信息资源的建设产生重大影响。政府要强化公务员的信息素养，提高他们对政府信息资源价值的认识和对信息资源进行收集、筛选、分析、重组的能力，规范他们在信息活动中应当遵守的道德和法律，通过相应的激励机制，营造吸引人才、用好人才和留住人才的制度环境。

（二）政府信息资源建设的意义

政府信息资源建设对于政府本身、社会发展，以及国家的繁荣与复兴有着重要意义。

（1）对政府本身的意义体现在：第一，促进政府职能转变，节约行政成本、提高行政效率；第二，增加政府管理和社会服务的公平、公正及透明度，提升反腐倡廉的能力；

第三，利用政府信息资源，科学合理地配置和利用政府掌握的人、财、物等资源。

（2）对社会发展的意义体现在：第一，促进信息产业发展，加快社会信息化进程，推动工业信息化和国家信息化的建设水平。第二，政府信息资源建设可使政府运用准确、可靠的信息，制定正确的决策，做出理性的判断并采取积极的行动，进而提高政府决策理性和公共政策的质量。第三，促进信息资源的流通利用与社会共享。政府是社会最大的“信息资源中心”，若能实现政府信息资源的流通和共享，必将有助于促进对其他资源的配置效率和利用水平。

第二节　政府信息资源建设规划

规划是在对信息资源管理规律的认识和对管理对象有关信息进行分析和预测的基础上，制订并采取相应行动方案的过程。政府信息资源规划是为了使政府信息资源的开发和利用取得预期效果，达到预期目的。

一、政府信息资源建设规划的概念

政府信息资源建设规划是从宏观层面对政府信息资源建设的整体目标、任务，以及这些目标、任务所需要的方法和步骤的规定，是政府信息资源建设的指导性文件。其具体工作包括对政府信息资源的采集、处理、存储、传输、使用、转换和评价的全面规划，实现政府的数据级集成、应用级集成和业务流程级集成。政府信息资源建设规划是保证实现规划所必需的活动的连贯性、协调性和一致性的工作步骤。它的职能是设计一种组织结构，使参与政府信息资源管理活动的人员明确自己在集体活动中的位置，了解自己在相互协调的系统中的作用，自觉地为实现政府信息资源管理的目标而有效地工作。

二、政府信息资源建设规划的作用

政府信息资源建设规划是政府信息资源管理的起点，通过它可以实现政府信息资源的有效开发与利用，使信息冗余减至最少，使管理成本减至最小，最大限度地增加信息资源的可用性。

具体来说，政府信息资源建设规划有利于政府信息资源建设向科学化、规范化的方向发展；有利于政府信息资源的标准化管理；有利于政府信息资源的共享与集成；有利于强化政府信息资源的安全保障；有利于发挥政府网站群的总体效应。

三、政府信息资源建设规划的体系

长期以来，虽然我国的政府部门掌握着社会信息资源中 80%的有价值信息，但是在全国范围内尚未形成政府信息资源开发利用的态势。因此，政府信息资源规划也仅处于起步阶段，并未形成完整的理论方法和体系。而且，在信息资源建设过程中，各级政府部门之间缺乏有效的联系和沟通，规划方法和标准不一致，出现了大量的重复建设和“信息孤岛”。

（一）政府信息资源建设的目标

1. 为政府信息化建设项目的成功提供保障

目前的政府信息化项目不成功，除了缺乏统一的实施和技术标准，缺乏建设经验之外，一个不容忽视的原因就是缺乏理论和实践上对政府信息资源如何利用规划的方法和研究思路。而解决这一问题就需要通过制定详尽完善的项目规划来明确项目的工作范围，指出为实现既定目标所需完成的工作，并根据项目目标分解到具体的工作范围，这样才能使得政府信息化项目具有方向，从而取得成功。

2. 消除政府的重复建设和“信息孤岛”现状

缺乏对政府信息资源开发和利用的总体规划，导致各级政府部门的信息系统盲目建设、重复投资，使信息资源的开发处于一种无序状态。同时，由于政府部门之间缺少必要的协作和沟通，无法整合已经积累的信息资源，容易出现大量重复投资的现象，形成一座座“信息孤岛”。只有全面认识政府信息资源规划，合理配置人、财、物等有限的资源为政府信息化服务，才能尽快消除重复建设和“信息孤岛”。

3. 提高政府的工作效率

开展政府信息资源建设规划对于提高政府的工作效率有很大影响，具体表现如下。

首先，科学合理的信息资源规划需要通过运用技术手段、经济手段、法律手段和行政手段等对政府信息资源进行全面的优化配置，这样一来必然会使得以传统纵向为主的信息交流方式转变成以横向交流为主的信息交流方式，形成弹性的、整合的、扁平化的行政组织结构。

其次，在政府信息资源规划过程中，还会给政府带来新的技术方法，实现新的政府信息化管理方式，将会大大减少因信息传递不及时或传递失真造成的内部损耗，降低政务运行的成本。

除此之外，政府信息资源建设规划会改变传统的政务模式，规范和优化政府业务流程，推进行政理念、行政方式、行政措施等方面的调整，为转变政府职能，建立行政规范、运转协调、公正透明、廉洁高效的行政管理体制奠定基础。

（二）政府信息资源建设的主要内容

首先，确定信息资源建设的重点和次序。根据国家和地区的经济社会发展水平及信息需求分析的结果确定建设重点和次序，优先建设效益高、成本低、风险低的信息资源。需要注意的是，信息资源的效益包括经济效益、社会效益和行政效益。弱竞争信息的社会效益相对较低，可以暂缓开发。强竞争信息的经济效益高，可以由信息企业开发。

其次，按照政府信息流程划分各个部门的任务。一条在不同部门之间共享的信息记录，需要由相关部门分别加入，共同承担信息采集任务。各部门要明确信息采集工作的分工，避免重复，降低成本，减轻社会负担。各地区各部门要严格履行信息采集职责，遵循相应标准和流程，确保所采集信息的真实性、准确性、完整性和及时性。

最后，明确阶段目标，实施中期考核制度。为了保障信息资源的开发进度，必须明确各个部门的阶段目标，就开发细节制定一整套量化指标，并且定期对各部门进行考核，奖优罚劣。要使政府信息资源开发成为政府各部门的法定任务和日常工作的基本内容，强化部门领导的信息开发意识，确保信息资源开发的连续性和严肃性。

（三）信息公开和信息共享制度化

政府要建立健全政府信息公开制度，进一步完善并深入推进政府信息公开工作；还要充分利用政府门户网站、重点新闻网站、报刊、广播、电视等媒体及档案馆、图书馆、文化馆、博物馆等场所，为公众获取政府信息提供便利。同时要加强政府各部门之间的信息共享。根据法律法规的规定和履行部门职责的需要，明确信息共享的内容、方式和责任，制定标准规范，完善信息共享制度。政府信息资源共享也是电子政务建设的重要内容之一。

信息共享的重点领域有以下几类。

第一类，基础信息资源共享。其包括人口、法人、空间地理、宏观经济等方面的基础信息建设与共享，农村和城市社区数据采集信息资源共享，政务信息资源共享目录体系和交换体系建设。

第二类，城市管理信息资源共享。其包括道路、地下管线等市政设施管理的信息资源共享，流动人口与房屋管理的信息资源共享，城管综合执法、文化综合执法的信息资源共享，综合经济运行监控和管理的信息资源共享，公共安全的信息资源共享，食品、药品安全领域信息资源共享，应急指挥的信息资源共享，领导决策领域的信息资源共享。

第三类，和谐社会和公共服务信息资源共享。其包括政法领域的信息资源共享，个人和企业信用的信息资源共享，信访、监察的信息资源共享，法律法规、档案的信息资源共享，交通、旅游的信息资源共享，科技、教育、公共卫生、文化的信息资源共享，救助、低保、社保、就业等信息资源共享。

四、政府信息资源建设规划的制定

（一）政府信息资源建设规划制定的依据

政府在进行信息资源建设规划时，首先应该考虑的是政治、经济、文化、科学、教育的发展趋势，制定的规划应该适应社会发展的潮流与趋势；其次要考虑的是本单位在本地区所扮演的角色及本单位的特点和中心任务；再次要考虑的是传统文献资源的基础、网络（信息）环境、网络使用者的技能和网络管理者的水平，以及本地区信息资源的分布状况；最后还要考虑的是政府网站所能得到的经费投入，整个规划必须在经费允许范围内制定。

（二）政府信息资源建设规划制定的要求

1. 领导要重视

政府信息资源建设规划涉及政府的长期发展政策及组织机构的改革与重组，这类重大事项的规划只有高层领导才有权决定。在政府信息资源建设过程中，当机构调整和流程改造涉及一些部门利益时，这些部门往往会出于保护自身利益的考虑而对政府信息资源建设持抵触态度，此时也需要领导从全局出发来协调各方面的关系。因此，在政府信息资源开发过程中必须实行“一把手”工程，强化高层领导的直接管理，这是制定政府信息资源规划前提。

2. 计划要合理

政府信息活动的无效性会降低政府的工作效率，进而影响国民经济和社会事业的发展，而政府强大的信息处理能力和有效的信息活动会使得国民经济和社会事业的发展更具活力。因此，合理性与科学性是制定政府信息资源规划的前提，制定规划过程中既要考虑规划的整体性和长期性，又要考虑规划的阶段性和实效性。

3. 控制要有效

政府要建立有效的信息网络，为重要的信息资源建立管理控制系统。政府机构要有共享信息的处理能力，保证信息网络产出的可靠性和有用性。

4. 符合国家政策

政府要采用一体化的信息资源管理方式，就需要制定规范统一、贯彻始终的信息资源管理政策，并监督其执行过程，推进政府信息资源管理标准的制定与实施，对政府机构信息管理活动的绩效进行评估。

（三）政府信息资源建设规划制定的程序

政府信息资源建设规划的过程就是将无序的规划活动组织起来，建立彼此之间的联系。但在实际的政府信息化建设过程中，规划的具体操作远非想象的那么简单，往往会陷入“技术至上”的误区，提出的规划方案可行性不强。因此在进行政府信息资源规划过程中要按照一定的程序和步骤来进行。

1. 需求分析

需求分析是指在充分了解需求状况，包括信息资源环境及信息管理流程后，与需求方共同商讨信息资源管理的具体方案，主要针对其现行体制中的不足及目前所需的信息，制订出一套用户对系统的需求方案。需求分析可以按照由顶至底，由大到小，由粗到精的过程来进行，大体上可分为以下两个步骤来实现。

1）目标分析

进行政府信息资源建设规划，设计政务系统的动机是提高事务处理活动的质量，使信息流通体系协调、顺利地进行，在明确利用目的的前提下建立起适应组织管理，具有扩充性和灵活性的信息管理系统；同时也是为了尽可能快地收集和分析信息，为领导决策和信息资源规划提供信息参考。因此，在进行规划的过程中一定要明确规划的目标。

2）现状分析

要真实地了解业务系统的现状，掌握事务工作及管理工作中存在的问题，就必须在规划前对现行的信息资源状况进行深入的调查。现状分析应当在总结分析国内外政府信息化发展现状的基础上，结合课题调查情况，从政府信息资源建设的基础设施、部门信息化水平、信息化系统建设等方面重点阐述政府信息化现状及其现实需求，并提出实现这些需求的条件和应该达到的标准，这些需求包括以下几个方面。

（1）功能需求：给出开发的系统或者软件所要实现的功能，这是最主要的需求。

（2）性能要求：给出开发的系统或软件性能指标。其包括存储容量、运行时间限制、安全保密性等。

（3）环境需求：系统运行时所需的软硬件环境。例如，机型、外部设备、数据通信接口、操作系统、数据库管理系统等。

（4）可靠性需求：对于重要的系统，或运行失效会造成严重后果的软件，应当提出较高的可靠性需求，以期在开发的过程中采取必要的措施，使产品能够高度可靠地稳定运行，避免因运行事故而造成的损失。

（5）安全保密需求：应当把这方面的需求恰当地做出规定，以便对开发的系统给予特殊设计，使其安全保密的性能在运行中得到必要的保证。

（6）资源使用需求：政务系统运行时所需的数据、软件、内存空间等各项资源。另外，系统开发时所需的人力、支撑软件、开发设备等则属于软件开发的资源，需要在需求分析时予以明确。

2. 可行性分析

在具体项目实施过程中，由于信息资源建设规划本身的系统性和复杂性，加之各个政府部门的规模和条件又各不相同，因此政府在进行信息资源规划时需要考虑到规划的可行性问题。

1）经济上的可行性

经济上的可行性分析主要是对政府信息资源开发项目的投资与效益做出预测分析。即从经济学的角度分析信息资源的规划方案有无开发价值，分析信息资源开发所带来的经济效益是否超过其开发和维护成本。

2）技术上的可行性

技术上的可行性分析主要是确定所提出的规划方案政府在现有技术条件下是否有可能实现。这里所说的现有技术条件，应是指社会上已经比较普遍使用了的技术，不应该把尚在实验室里的新技术和尚不确定的管理方法作为分析的依据，技术上的可行性分析可从设备条件和技术力量两方面来进行。

3）管理上的可行性

管理上的可行性分析是要确定政府是否在管理方面具有信息资源规划和开发运行的基础条件。其内容包括以下几个方面。

（1）政府领导、部门主管对信息资源的规划工作是否支持，态度是否坚决。

（2）与项目有直接关系的工作人员对系统规划的态度如何，配合情况如何。

（3）业务管理基础工作如何，现行系统的业务处理是否规范。

（4）经规划的新系统所导致的业务模式、数据处理方式及工作习惯的改变，工作人员能否接受。

4）环境的可行性

由于信息资源建设规划是在社会大环境中运行的，除了技术因素与经济因素之外，还有许多社会因素制约着规划项目的发展。因此，还要从外部环境上分析信息资源规划的可行性。其内容包括以下几个方面。

（1）社会公众、企业或运营商对准备进行规划的信息资源项目是否支持，新的系统能否为他们带来收益，负面效应如何。

（2）拟待规划的信息系统是否符合政府法规或行业要求。

（3）外部环境的潜在变化对资源项目规划的影响如何。

3. 组建团队

团队是在某一个人能力有限，需要外界的力量来完成特定任务时产生的，它通过合理利用每一个成员的知识和技能协同工作，解决问题，达成共同的目标。团队的最大特点是“1+1>2”，即团队工作的绩效往往大于个人的绩效之和。

组建团队是确保信息资源规划工作顺利进行的组织保证和人员保证。团队成员要有广泛的代表性和充分的兼容性，在制定发展目标时，应该考虑到每个人的优势与劣势，从而达到有效的互补。因此，在组建过程中既要包括定性和定量分析专家、效率和行为专家，也需要有经验丰富的管理者和年轻热血的新手、维持现状者与提倡革新者、激进的技术观察家和保守的信息技术人员等。

建立并完善领导机构和实施机构是团队建设的前提。以地方政务信息化为例，目前我国政府信息部门的团队建设通常是：①成立由该地政府（或部门）正职、主管信息化的副职、办公厅负责人和信息管理机构负责人及技术专家组成的领导小组，统筹领导和协同信息资源规划的全过程。②由主管信息化的副职为首的项目规划执行机构，即确定决策层和实施层的具体机构，负责工作的落实。

一个信息资源建设规划的团队要成功，就必须保持团队成员间良好的沟通，同时积极了解用户真实的信息需求，选择必要的信息资源建设模式，并根据需求的变化，制订出一套有效的解决方案。

4. 规划设计

规划设计是指对项目进行较具体的规划或总体设计，综合考虑多项因素，完善设计方案，提出规划预期、愿景及发展方式等。政府信息资源建设规划的重要内容就是要把分散在各单位的信息资源整合起来，即消灭“信息孤岛”，改变信息资源的部门私有制。这种整合主要是指信息资源在逻辑上构成一个整体，做到信息“源头采集、全局共享”。为了保证共享资源在逻辑上形成一个整体、在物理上分布存储，分工管理，就要求在进行政府信息资源规划时，从分析需求和实际问题出发，明确信息资源建设的预期目标，分析信息资源建设的具体内容，按照应用驱动的原则设计政务信息系统模型，并在政府信息资源规划方案完成后，进行审慎的评估和整体考量，保证规划方案的科学性和可行性。

第三节 政府信息资源采集

政府信息资源得以充分开发和有效利用的基础是政府信息资源采集。政府信息资源采集是指政府信息管理部门依据其信息需求，通过各种方式获取社会信息流中符合既定标准的信息的活动。即在“需求驱动”下，根据目的和要求将蕴含、分布在不同时空的政治、经济、社会、文化等信息挖掘和聚集起来的过程。

一、政府信息资源采集的原则

信息资源涵盖了从个人到组织、从自然到社会，以及新闻出版、档案图书、调查统计、网络资源等各行各业的信息。信息资源的采集，就是从这些浩瀚的信息源中，选择、采集满足信息用户需求的信息资源。随着自然的演化、社会的变迁而产生的信息老化、污染与分散等问题也日趋严重，这就要求信息资源的采集工作遵循以下几个原则。

（一）目的性与及时性

信息资源数量丰富、类型庞杂，所以信息资源的采集必须具有明确的目的性。信息资源的采集要根据各自业务需要，有针对、有重点地采集。同时，由于信息具有时效性，其价值与时间成反比。所以信息采集工作必须迅速、灵敏，及时采集那些反映社会发展的最新动态，以及别人未发现和未使用的、独具特色的信息等。这也就需要信息资源的采集人员具备业务熟练、对信息感觉敏锐及时间观念强等素质。

（二）真实性与可靠性

真实可靠的信息资源是形成正确决策的重要保证。信息失真有三个方面的原因：信息源信息不完全、不准确；信息在编译和传递过程中受到干扰；信宿接受的信息出现偏差。因此，信息资源采集过程必须贯彻严肃、认真的工作作风，实事求是的科学态度，缜密、严谨的采集方法，对各类信息源的信息含量、使用价值和可靠程度等都要深入细致地分析和鉴别，去粗取精、去伪存真，以采集到真实、可靠、准确的信息。

（三）系统性与连续性

系统性是指时间上的连续性和空间上的完整性。事实上，信息资源反映了客观事物的运动状态，客观事物运动既有空间范围上的横向扩展，即空间上的完整，又有时间序列上的纵向延伸，即时间上的连续。空间上的完整，是将与某一问题相关的、分布在各个领域的信息收集齐全，形成对该问题完整、全面的认识；时间上的连续，是对某一事物在不同时期、不同阶段的发展变化情况进行跟踪收集，以反映事物的全貌。信息采集的完整性和连续性是信息分析的基础，只有系统的、连续的信息资源，才能有选择、有比较、有分析地产生决策模型。

（四）经济性与适度性

经济性表现为在信息资源采集过程中，要从经济的角度出发，选择信息源、信息采集途径和信息载体形式，降低采集成本。适度性是指信息资源采集应该限定在适当的数量范围内，过多的信息资源会使人无所适从。

（五）计划性与预见性

计划性是指信息资源的采集既要满足当前需要，又要兼顾未来发展。信息资源采集要根据采集的目的、范围、方式、人员配备、时间限定、经费数额制订详尽的计划。同时，信息采集也要有一定的预见性，要随时掌握社会经济和科学技术的发展动向，制订面向未来的信息采集计划、确定适当的采集方针和采集任务。政府的管理和服务必然要面向未来，因此政府信息资源采集一方面要广辟信息来源，有目的、有重点、有计划地收集那些对当前和今后的发展具有指导意义的信息资源；另一方面，又要持之以恒，长期、持续地，及时、系统地采集信息资源。

二、政府信息资源采集的过程

如图 4.1 所示，政府信息资源采集的过程始于信息需求分析，在明确信息采集目标的基础上选择信息资源的采集渠道和采集策略并进行信息资源采集，将采集到的信息资源进行评估以确定是否满足需求，再根据相关要求对信息资源进行加工处理。

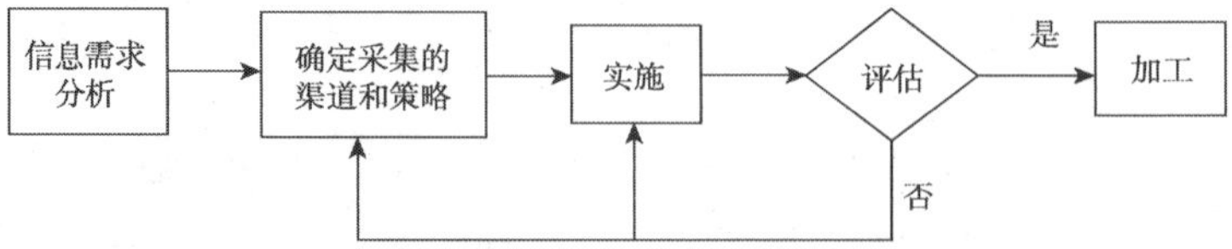

图 4.1 政府信息资源采集的流程

（一）信息需求分析

在进行信息资源采集之前，应该进行需求分析，明确采集的目标，这是整个采集工作的起点，也是整个工作的关键所在。信息资源采集的需求分析至少包括三个部分：第一，明确采集工作服务的对象与目的；第二，明确采集的具体内容；第三，确定采集的范围。

信息需求是某一主体对信息的一种要求，这种要求既反映了主体自身的主观特征，又反映了主体所处环境的客观特征。政府信息资源采集中的信息需求是政府部门对信息的一种需求，这种需求是政府所有需求的一部分，它受到人为因素、政府管理的发展阶段及政府管理的层次三个因素的影响。

1. 人为因素

信息需求是人的需求的一部分。美国人本主义心理学家马斯洛（A. Maslow）首创需求层次论。他认为人类有生理需求、安全需求、归属和爱的需求、认知需求、自我实现的需求。奥尔德弗（C. P. Alderfer）修正了马斯洛的论点，认为人的需求不是分为五种而是分为三种：生存的需求（existence），包括心理与安全的需求；相互关系和谐的需求（relatedness），包括有意义的社会人际关系；成长的需求（growth），包括人类潜能的发展、自尊和自我实现。他指出，当较高的需求得不到满足时，人们就会把欲望放在较低的需求上。国内已有学者借用需求层次论研究图书馆用户信息需求结构，并提出了信息需求的五个层次。

本小节的“人为因素”主要是指当政府工作人员感觉到了在信息和知识方面存在“断层”时，出现信息需求，就会要求进行政府信息资源的采集，以解决相应问题。俄亥俄州立大学布伦达·德温（B. Dervin）的研究，总结出人对“断层”感觉的八种类型，即决定停止、障碍停止、延续停止、冲刷停止、问题停止、感觉嵌入、情况嵌入和社会嵌入。

2. 政府管理的发展阶段

政府信息资源采集中的信息需求取决于政府管理的发展阶段。例如，我国正处于改革开放的关键时期，在实现工业化的同时努力推进信息化建设。因此，政府信息资源采集中的信息需求除了具有一般信息需求的需求类型多样化、需求内容微观化、需求手段技术化的特点外，还有两点特殊性。

第一，需求不断增长。我国著名的信息化专家乌家培认为：政府信息需求激增，这种需求在广度、深度、速度、系统性和综合性等方面都发生了重大变化。原因显而易见，在市场经济环境下，政府的重要职能在于促进经济增长、控制通货膨胀、实现充分就业和保持社会稳定。这就要求政府进一步转变职能，实现政企分开。政府在宏观管理和正确决策中发挥着市场经济手段所不能替代的作用，政府的正确决策，更有赖于政府对信息资源的及时、有效、准确、全面的掌握。

第二，需求难以满足。党的十五大提出要按照社会主义市场经济的要求，转变政府职能，根据精简、统一、效能的原则进行机构改革，建立办事高效、运转协调、行为规范的行政管理体系，提高为人民服务的水平。基于以上要求，政府在进行机构改革转变职能过程中产生的强烈的信息需求往往难以得到满足。

3. 政府管理的层次

政府信息资源采集中的信息需求取决于政府所处的管理层次。例如，政府中高层部门的信息需求具有整体性和典型性的特点。政府高层领导关注的是建立良好的整体观念，形成良好的概念与认知，而对微观的数据并不感兴趣。山东省科技情报研究所的一项调查也验证了这一观点，通过对中央部委中高级干部的信息需求进行调查，发现其信息的焦点都在外部信息上，希望能借助于电子信息服务对外部经济、经济环境有更好的认识，而对于机构内部不同部门间的信息共享并无太大兴趣。也就是说，政府高层信息需求的焦点是对典型案例的感受和对总体数据的把握。综上所述，政府信息资源采集中的信息需求，受人为因素的驱动，同时受政府所处的发展阶段和所处的管理层次的影响。

（二）确定采集的渠道和策略

明确信息需求分析后，要采用不同的采集渠道及其相应的采集策略，然后选择具体的执行方案。

1. 政府信息资源采集的渠道

1）行文渠道

行文是指一个机关单位给另一个机关单位的发文。

机关之间的工作关系是由各自的组织系统或专业系统归属、地位、职责、权利范围等因素决定的。它对行文关系有决定性的影响，规定着公文传递的基本方向。机关之间的工作关系有如下几种类型。

第一类，处于同一组织系统的上级机关与下级机关存在领导与被领导的关系。

第二类，处于同一专业系统的上级主管业务部门与下级主管业务部门之间存在指导与被指导关系。

第三类，处于同一组织系统或专业系统的同级机关之间的平行关系，如全国各省、自治区、直辖市人民政府之间。

第四类，非同一组织系统、专业系统的机关之间，无论级别高低，均为不相隶属关系，如军事机关与各级地方人民政府之间。

根据上述机关之间的工作关系，行文可分为以下三类。

（1）下行文。下行文就是指上级领导机关对所属的下级机关的一种行文。例如，党中央给各个省、自治区、直辖市党委，国务院给各省、自治区、直辖市人民政府所发的文件就是下行文。下行文一般常用指示、决定、通知、批复等。下行文是一种重要的应用文体，也是应用写作学科研究的重要文体之一。

（2）上行文。上行文是指下级机关向所属上级机关的发文，如请示、报告。其行文方式有逐级行文、多级行文、越级行文三种。

（3）平行文。具有平行关系或不相隶属关系的机关之间的发文，主要是函，也包括一些通知、通报、纪要。

2）内参渠道

内容渠道是指供领导者或一定范围内的人员阅读参考的内部情况报道。在政府部门中，很多重要信息都是通过内参渠道传播的，因为很多信息只在某些领导干部内部间传输，不会大范围地扩散，因而内参渠道成为一种重要的政府信息采集渠道。

3）政策渠道

政府颁布的政策是决策中的精华部分，这些政策可以为各政府部门的决策提供参考。政府的很多正式信息都是通过政策渠道传输的，对社会公众来说，这些正式的信息更具影响力和可信度。

4）公共部门交流渠道

现代社会是交流与合作的时代，政府的各部门之间也不是单独存在的，公共部门交流有助于各级部门掌握更全面的信息，从而更好地为公众服务。

5）个人渠道

人是信息的聚集点又是发射源，专家意见或社情民意等信息对政府决策具有重要影响。政府应以网络为中心，针对某个主题，在任何时间、任何地点广泛收集网络讨论的相关信息。除此之外，个人渠道采集信息的方式还包括政府电子邮箱接收 E-mail 及发起网络调查等。

2. 政府信息资源采集的方法

调查法和归档法是政府信息资源采集的两种主要方法。其中调查法是传统环境和网络采集方法的并用，包括直接观察法、现场采集法、问卷调查法。

1）调查法

调查法是各类信息资源管理机构最常用的信息采集方法之一，主要用于获取潜在信息资源和关于现实信息资源的各种信息。调查方法又可进一步细分为文献调查法、问卷调查法、观察法、访谈法、网络调查法、实验调查法等，这些调查方法使信息采集工作达到信度和效度的统一。其中以问卷调查法和访问调查法最为常见。

问卷是为了索取信息而设计的一组问题或变量指标体系，有结构式问卷、非结构式问卷和混合型问卷之分。问卷设计、印制完毕后，可通过邮寄、组织分配、集体当面填答、携问卷登门察访等方式，将问卷分发给抽样选择的样本群体，并设法寻求回答者的合作和尽可能高的回收率。问卷调查法有这样一些特点：它是易于管理且花费最小的方法，可在最短的时间内从在地理上广泛分散的最大限度的人口群体中收集信息；对于结构式问卷，所收集的数据能以一种统一的格式组织起来，因此数据分析相对要容易一些；其有效性比较差，因为人们倾向于回避一些敏感的问题，尤其是在没有监督的情况下，不可靠的回答或数据颇为常见，问卷回收率很低，回收的问卷也不能代表作为整体的调查对象；问卷设计对于调查成功与否甚为重要，问卷必须具有严密的逻辑性，所提问题必须避免模棱两可，在正式调查之前问卷应进行小范围的测试和调整。问卷调查法本身是包含统计调查且便于定量分析的一种信息采集方法，也常常用于用户信息需求的分析和相关信息的获取。

访问调查法又称采访法，是大众传播机构和各类信息公司最常用的信息采集方法。采访法又可分为个别访问、座谈采访、现场观察、参加会议、电话采访和通信采访等多种方式。成功的采访一方面要求采访者认真做好采访前的各项准备，包括选择和了解采访对象，了解和收集背景资料，收集和分析有关报道信息，拟定采访计划和提纲，准备所需采访工具等；另一方面也要求采访者善于应变，善于提问，善于引导，善于观察，善于利用各种先进的现代化采访工具等。采访方法的主要优点是允许做深入的探索，能够就一些复杂的议题展开讨论，并收集到高质量的数据，同时，它又富于灵活性和互动性，能够在很大程度上消除误解和含糊其辞的问题，并赢得很高的回答率。采访方法的主要限制因素是成本太高，因为采访对象和地点较为有限，有时不足以代表作为整体的调查对象；采访还容易因采访者个性和偏见等因素的影响而出现信息失真等。采访方法一般也包含观察调查法，主要用于获取潜在信息资源。

2）归档法

归档，从字面上理解，即“归入档案”，但根据我们对归档术语的解释，将归档的字面意思理解为“归入档案室”可能更确切一些。

归档，并非只是一年一度文书立卷的工作程序，这样理解过于狭隘。归档，也是一种意识活动。在任何时候，只要觉得原始记录材料具有档案的价值，并保存起来，都是归档行为，保存下来的就是档案，这与有没有档案机构、保存在什么地方、谁保管都没关系。同时，归档也不是一次性行为，第一次归档可能有不妥之处，以后仍然可以经过鉴定，将不具有档案价值的“档案”剔出去，或将过去遗漏的补充进来。

《现代汉语词典》将归档解释为：“把公文、资料等分类保存起来。”从这种解释来看，看不出归档有“归入档案”的意思。从专业术语角度看，1989 年的《档案工作基本术语（专业报批稿）》认为，归档是“办理完毕的文件经系统整理归入档案室保存的过程”。2001 年的《中华人民共和国档案行业标准档案工作基本术语》将归档界定为：“办理完毕且具有保存价值的文件经系统整理交档案室（馆）保存的过程。”依据中国档案工作基本术语，归档可以理解为“归入档案室”。档案机构并不是只有档案室或者档案馆这两种形式，因此也可以用归入信息采集机构加以概括。

归档的内涵，实际上应是对档案身份的认定。在现实生活中产生和形成的原始记录材料是档案的来源，但转化为档案是有条件的。我国传统的档案学理论认为文件转化为档案必须具备三个条件，即文件必须是办理完毕的、具有价值的、按照一定的条件集中保存起来的，这也是确定档案身份的基本标准。归档，实际上是用这些标准去检验面对的原始记录材料，从中选择出符合标准的记录材料作为档案保存。这种检验只要是具备资格、符合标准要求，何时、何人、何地“归档”都是没有限制的，并不一定要“归入档案室”。中国当前实施的《机关文件材料归档范围和文书档案保管期限规定》就是检验或鉴定档案身份的一个操作性的标准，按照这个标准，我们就可以随时随地地进行“平时归卷”或“随办随归”，并不拘泥于“归入档案室”，也就是我们的信息采集部门。

上述“归档”的介绍是传统纸质文献信息的归档，然而随着信息技术和网络技术的广泛应用，在各级行政管理、业务管理等活动中产生了大量的电子文件信息。信息采集部门为了采集到丰富有价值的电子信息，就势必要加强电子文件在网络环境下的归档问题。

首先，要确定电子文件的归档范围，这是归档工作的首要任务，是保证电子文件信息质量好坏的关键，因此凡是具有查考利用价值的电子文件都要纳入归档的范围。

其次，要确定电子文件归档的时间。信息采集人员采集到的信息要有其时效性和利用价值，电子文件的归档管理分为逻辑归档和物理归档两种。逻辑归档是指在计算机网络上进行，不改变原存储方式和位置而实现的电子文件向档案部门移交的过程。这种归档方式应随办随归，归档后的信息可供利用者通过网络检索利用，逻辑归档的随时办理可及时甚至实时地实现档案资源共享。物理归档是指把电子文件集中下载到可脱机保存的载体上，向档案部门移交的过程，原则上应参照纸质文件归档时间，在一个工作年度完成后进行，这种归档方式便于实现电子文件的集中管理，有利于保证档案数据的安全。

最后，要明确电子文件归档的要求。其主要包括：①电子文件形成部门随时收集符合电子文件归档范围的电子文件，填写《归档电子文件登记表》；②归档电子文件按照“件”进行管理，逐件编目；③信息采集部门对归档电子文件进行原始性、真实性、有效性和完整性鉴定及检测。由于电子文件的易更改性，加上文件从形成到归档之间有一段较长时间，所以鉴别归档的电子文件是否是当初形成时的原始、真实的有效文件是至关重要的。此外，由于电子文件是由文件信息内容、内容记录载体及电子文件内容所依赖的计算机软、硬件系统组合而成的，所以归档前还必须要检测文件信息模式、记录载体有无病毒感染、有无损坏及软件与硬件平台技术条件是否一致等，这样才能实现归档后的电子文件内容在保管期限内正常的显示和利用。

3. 信息采集工具的选取

信息采集工具类型众多，如扫描仪可将纸制材料扫描成图片，利用光学字符识别（optical character recognition，OCR）文字，照相机主要用于采集图像信息，摄像机主要用于采集视频信息，录音设备（麦克风、录音笔、MP3）主要用于采集音频信息，还有利用网络搜集各种信息。此外，在采集信息（如公众意见）时所制作的问卷、量表等也属于信息采集工具的范畴。目前还没有某一种工具能够全面满足政府信息资源采集的要求，一般只能满足特定领域政府信息资源采集的需要，所以要求我们根据采集信息的需要选择适合的采集工具。

（三）采集的实施

在掌握真实需求的前提下，明确了信息源、采集途径，就可以进行信息资源的采集。采集实施过程中需要及时监控，根据出现的新问题或者根据采集的初步结果进行及时的调整。信息采集的结果是产生大量的信息，工作人员要从大量的信息采集结果中挑选出符合需求的信息，选择信息的原则取决于人的认知方式、人的情感及所处群体的标准和规则。信息选择的结果将改变政府的一些认识，使政府可以对某种状态做出判断、采取行动，这又导致新的信息需求，如此往复，不断地循环下去。

（四）采集结果的评估

在采集工作结束后，应该依据一定的标准对采集结果进行客观评估。传统的政府信息资源大部分是不公开的，政府的文件和档案只有很少的社会成员才能够利用。而政府职能的转变、政府信息公开的紧迫性及政府网站的大量出现要求对政府信息资源建设予以评价。这些评价可以作为以后采集信息源分析、采集途径分析的依据或参考。只有不断地对采集工作进行评估，才能保证采集到满意的信息内容。

（五）采集结果的加工

政府信息资源的加工整理是政府信息工作的重要步骤和关键环节。抓好这个环节，对于提高信息的质量将起到事半功倍的效果。采集到的政府信息资源若不经过分类、加工等序化处理，仍不能满足用户的实际需求。联机政府信息检索系统是一个典型的计算机信息系统，能完成数据收集、分析、加工处理、存储、传递通信、检索信息的全过程。在其存储过程中，也要由系统按照一定的规律对政府信息进行加工处理，并赋予特征标识。

第四节　政府信息资源的组织管理

政府信息资源管理是指与信息内容及其有关人员、设备、资金和技术等要素相关的政策、计划、预算、组织、指导、培训和控制活动。尽管其内容包含了对人员、设备、资金和技术的管理，但它们都是以信息内容的管理和开发利用为核心，因此政府信息资源管理的重点是对信息内容的组织管理。

政府信息资源组织是政府信息资源管理的基本内容之一，是政府信息资源建设的中心环节，是政府信息检索与利用的基础。政府信息资源组织随着政府信息资源建设的出现而出现，因所处的人文环境和技术环境不同，采用的技术和方法也就不同。政府信息资源组织是通过对其外部特征和内部特征的描述与序化，达到控制政府信息资源、有效提供利用的目的。

一、政府信息资源管理的组织结构

为了使政府信息资源建设的工作得以顺利开展，就必须建立与之相适应的、行之有效的组织机构来规划、实施信息化的战略。政府信息化的各项工作离不开政府信息主管的有效推进。基于我国国情和部门设置，在我国政府现行的管理体制中，我国政府信息资源管理的组织结构是以领导小组为主导，主管部门、建设部门和参与部门相互协作的形式。而建设部门又分为统计局和档案馆等。

在我国，承担主管部门的职责及角色的部门通常被称作“IT 主管”“信息（资源）中心主任”“信息处处长”“科技处处长”“信息公开处处长”“信息办主任”之类。这些不同的称谓反映了我国政府信息化建设对于完善的政府信息组织架构的不同需求。目前我国政府主管部门的组织结构主要包括下几种。

1. “信息办+信息中心”结构

这种结构下的政府信息化工作主要由信息化领导小组及“信息化办公室”组成，信息化办公室下设“信息中心”。

2. “信息办”主导型

这种结构下的政府信息化工作主要由信息化领导小组及“信息化办公室”组成，信息化办公室下没有“信息中心”。

3. “信息中心”主导型

这种结构下的政府信息化工作主要由信息化领导小组及“信息中心”组成，没有“信息化办公室”。

4. “职能处室”主导型

这种结构下的政府信息化工作主要由信息化领导小组及相关“职能处室”组成，没有“信息办公室”和“信息中心”。

“职能处室”主导型主要包括两种：一种是以科技处为代表的职能处室主导型；另一种是以办公室或秘书处为代表的职能处室主导型。

以科技处为代表的职能处室主导型的形成原因，是某些单位以前的业务中涉及专业技术的应用，职能部门中有技术处这一部门，因此在政府信息化的时候，就将与信息技术有关的管理工作全部放在科技处下。典型的单位是公检法。

以办公室或秘书处为代表的职能处室主导型，则由办公室或秘书处中的某一个人来承担信息化的工作，这种类型的单位一般是信息化程度比较低，应用相对简单，不需要专门的部门和专门的人员来进行管理。

5. “职能处室+信息中心”型结构

“职能处室+信息中心”型结构也主要包括两种：一种是以科技处为代表的“职能处室+信息中心”；另一种是以办公室或秘书处为代表的“职能处室+信息中心”。

二、政府信息资源组织

政府信息资源组织是政府信息资源得以利用的关键环节，没有信息组织，政府信息资源的利用如同大海捞针。

（一）政府信息资源组织概述

1. 政府信息资源组织的概念和必要性

政府信息组织是随着政府信息化而出现的一个趋于规范化的术语，它是指采用一定的方式，将大量的、分散的、杂乱的政府信息经过整序、优化，形成一个便于有效利用系统的过程。

随着计算机的广泛应用及电子政务的日渐深入，各种印刷型、电子型、网络型政府信息呈“井喷式”剧增。然而信息数量的增长并不意味着信息有效利用，也不意味着政府行政效率的提高，相反，易使人们在信息海洋中迷航。不仅大量的政府信息无法被社会公众所用，政府内部各机构之间也无法充分共享信息资源，这将折损政府信息资源的宝贵价值，损害政府对社会与公众的服务能力，削弱政府高效服务的根基，制约服务型政府的构建。由于人们普遍感受到政府信息的杂乱无序而带来的困难，迫切需要对政府信息进行有效的组织与控制。

2. 政府信息资源组织的基本要求

1）序化信息内容

政府信息采集部门采集到的信息大部分是零散、孤立的，为了使这些信息更好地被利用，必须对其进行序化整理。首先进行分类，按照某种属性（主题、学科、载体等）将信息同其所同、异其所异。其次，划归为同类的信息也不能随意地堆积在一起，要将它们按照某种标识系统化、条理化，以便能表达某种意义。最后要将相关信息单元之间的关系明确出来（不管是否属于同一类），并能产生出某种关联性，或能给人以某种新的启示。

2）明确信息流向

为了达到政府信息作用力的最大化，要认真研究用户的信息需求和信息行为，按照不同用户的信息活动特征确定信息传递的方向，同时要根据信息环境的发展变化调整信息的流向。

3）控制信息流速

政府信息流速的不断加快会让人们感受到巨大的信息压力，纷杂的信息让人“不知所措”，甚至是“被信息绑架”。但政府信息又是人们工作生活、经营管理的重要工具，人们必须利用最新的政府信息。为此，政府信息组织工作必须适当控制信息流速，把握信息传递时机，提高信息的利用效果。

3. 政府信息资源组织的原则

政府信息组织是一项十分复杂的信息管理活动，必须符合信息运动的客观规律。一般来说，政府信息组织必须遵循如下基本原则。

1）共建共享原则

政府信息应为全社会利用，其利用范围越广，信息作用发挥得越充分。随着政府信息化建设的加快，政府信息量空前增长，更新周期加快，加上任何政府机构的信息接受能力和经济承受能力都是有限的，信息组织工作不可能单靠一个政府机构来完成。信息组织的共建共享原则要求通过政府机构的分工合作来进行有效的信息组织工作，保证政府信息资源跨机构、跨组织、跨系统地被充分利用。

2）系统性原则

为了使政府信息资源最大限度地被利用，要求信息组织工作按照系统科学的要求，打破相互封锁、条块分割、各自为政的状况，将政府信息资源整合成相互联系、相互作用的整体。只有这样，才能使政府信息资源管理做到整体大于部分之和。

3）时效性原则

政府信息具有很强的时效性，过了一定期限，其效用就会减少、丧失，乃至成负值。政府信息组织贯穿于政府信息资源建设的整个过程，抓住升值期，并且在时间上有一个提前量，保证政府信息在合适的时机发挥其价值。

4）安全性原则

随着信息共建共享深入人心，信息安全也成为信息组织工作中面临的难题，信息安全涉及领域众多，政府信息组织工作中应强调人的因素，重视技术研究和技术引进，抓紧制定政府信息活动准则，加强综合管理。

（二）政府信息资源组织的技术和方法

政府信息资源组织的具体技术与方法有很多，其中以分类法、主题法和书目控制的研究体系最为庞大。在不同的环境中，政府信息资源组织的技术和方法也有所不同，尤其是随着信息时代的到来，网络环境下又出现了很多新的元素，这也是目前最具有生命力的研究课题。

1. 传统政府信息资源组织的技术与方法

1）分类法

与图书馆按学科揭示信息资源的分类组织法有所不同，政府信息资源分类组织是根据政府信息所反映的内容性质、形式、体裁和用户用途，分门别类地组织政府信息的一种方法。其中包括体系分类法和分面分类法。政府信息分类法组织的结果往往以分类目录的形式表现出来。

2）主题法

此方法与第三章图书馆信息组织提到的主题法类似，用主题词作为概念标识，表达事物更直接、准确、灵活，并可以根据事物的发展灵活地增加新的标识。政府信息主题法组织的结果往往以主题目录的形式表现出来。具体内容可参见第三章第四节。

3）索引法

政府信息的索引法组织有两种类型。一种是按信息的外部特征组织的索引，其结果表现为书名索引、著者索引、引文索引等。另一种是按信息的内容特征组织索引，其结果表现为分类索引、主题词索引、关键词索引等。

4）文摘法

文摘是以提供文献内容梗概为目的，不加评论和补充解释，简明、确切地记述文献重要内容的短文。文摘法组织是对政府信息更加深入揭示的一种组织方法。

2. 现代政府信息资源组织的技术与方法

1）文件法

文件法是利用计算机固有的文件处理模式组织政府信息的一种方法，存储在计算机中的信息是以文件为基本单元存在的。用这种方法组织政府信息的优点在于：第一，简单易实现。计算机技术中关于文件处理的理论和技术已经很完善，按照该方法组织政府信息可充分地利用这些技术，因此容易实现。第二，适于存储非结构化的政府信息。计算机所处理的信息最后都会以文件的形式保存下来，因而对于图形、图像、图表、音频、视频等非结构化政府信息，可以方便地用管理系统来管理。

其缺陷在于：第一，随着政府信息公开的普遍及政府信息量的不断增多，以文件为单位共享和传输信息会使网络负载越来越大。第二，对结构复杂的政府信息的组织与管理显得力不从心。文件系统只涉及政府信息的简单逻辑结构，当政府信息的结构较复杂时，就难以实现有效的控制与管理。

2）主题树方式

主题树方式是基于人工建立的网站分类目录，是网站的分类链接列表。其具体到政府信息组织中，是将采集的政府信息，按照某种事先确定好的概念体系，分门别类地逐层加以组织，用户通过浏览的方式层层遍历，直到找到所需信息的线索，再通过信息线索链接到所需的政府信息。这种方式的优点在于：第一，简单方便。该方式提供了一种基于树型浏览方式的政府信息浏览界面，该界面帮助用户对政府信息进行了梳理，屏蔽了网络信息的复杂性。第二，该方式将政府信息按照一定的体系结构整合到分类目录中，使用起来目的性强，检准率高。

其缺陷在于：为了保证该体系方便好用，其体系结构要有一定的稳定性，并且不能太复杂，每一类下信息条目也不能过多，这与目前政府信息动态多变、数量激增相矛盾。因此，对于小型的政府网站该方式是可取的，若是大型的政府网站，就要更慎重，需要依靠数据库组织方式。

3）数据库方式

数据库技术是对大量规范化数据进行管理的技术。按数据库方式组织政府信息是指将政府信息合理分类和规范化处理之后，以记录的形式存储于计算机中，用户通过关键词及其组配查询就可以找到所需的信息线索（相关站点链接），通过线索再找到相关政府信息。该方式的优点在于：第一，提高了结构化数据的处理效率。数据库技术利用严谨的数据模型对政府信息进行规范化处理，利用成熟的关系代数理论进行信息查询的优化，从而提高了政府信息的处理效率。第二，数据的最小存取单位是字段，可根据用户需求灵活地改变查询结果集的大小，从而降低了网络数据传输的负载。第三，目前以数据库技术为基础，已经建立了大量的信息系统，形成了一套系统分析、设计与实施的方法，这会为建立网络政府信息系统提供经验和模式。

其缺陷在于：第一，对非结构化信息处理难度较大。处理网络中日益增加的多媒体政府信息和表格、程序等非结构化信息较困难。第二，不能提供数据之间的关联。数据库技术讲究严格的数据模型规范，很难提供这种数据关联。第三，关系数据库很难表示出复杂信息对象的语义，无法有效处理结构复杂的信息。第四，缺乏直观性和人际交互性。关系数据库系统的检索结果以记录集合的形式出现，必须由应用程序将之适当处理，缺乏灵活易用的界面机制。

4）超媒体方式

超媒体方式是将文字、表格、声音、图像、视频等多媒体政府信息以超文本方式组织起来，人们可以通过高度链接的网络结构在各信息库中自由航行，找到所需的任何媒体的政府信息。该方式的优点在于：以非线性的方式组织政府信息，符合人们联想习惯和跳跃性思维；节点中内容可多可少，结构可以任意伸缩，包容性和可扩充性较好；可组织各种媒体的政府信息，可以描述和建立各种媒体信息之间的语义联系，政府信息组织不再受媒体类型的限制。

其缺陷在于：当超媒体信息过于庞大时，很难迅速地定位到所要找的政府信息，用户容易“迷航”。

5）数据库与多媒体方式相结合

此方式是现代信息组织技术与方法的发展趋势。数据库与多媒体方式相结合是指将数据库作为超媒体系统中一个独立的、特殊节点，由特殊的链接将其与其他超媒体节点相连。超媒体系统中的其他节点若要访问数据库中的信息，需将访问请求转换成数据库的查询语言，其结果需要转换成超媒体所规定的格式。这种方式在当前的技术环境下最易实现，万维网与数据库的链接大多采用这种方式。

3. 网络政府信息资源组织的方法和技术

1）搜索引擎方式

搜索引擎方式是目前普遍使用的网络信息资源组织方式，是一种主流工具，也是网络政府信息组织的主要方式之一。搜索引擎是由网上机器人等自动代理软件，定期或不定期地在网上爬行，通过访问网络中公开领域的每一个站点，对网络政府信息进行收集，将收集到的网页利用索引软件进行自动分类、自动标引、自动文摘，建立政府信息索引数据库，并以 Web 形式提供给用户一个检索界面，由用户输入关键词、词组或短语等检索项，由其后台的检索代理软件代替用户在数据库中找出相关信息，将建设结果反馈给用户。

2）元数据方式

元数据方式在第三章的图书馆信息资源组织一节中已有讲解，具体方法内容参见上一章。元数据方式组织政府信息可以帮助识别、描述和定位网络政府信息，了解某个网站政府信息资源的类型、某个 Web 页面的标题、作者、主题、关键词、内容摘要及权限管理等信息。

以国外的实例来说，美国在 1992 年提出的政府信息定位服务(government information locator service，GILS)，已于 1995 年 5 月在《文书削减法》(Paper Reduction Act) 中以法律的形式要求各联邦机构以 GILS 来组织和面向公众提供信息，并将其作为美国政府信息基础设施的核心组成部分，确立了 GILS 在政府信息中的任务和作用。GILS 是专门用来描述政府信息资源的元数据，由若干个 GILS 核心元素构成，并可含有应用系统自定义元素或与具体应用系统相容的其他 Z39.50 属性规范中定义的元素，用来描述政府信息资源的内容、位置、服务方式、存取方法等，目的在于提供简单、高效率地检索政府信息资源的途径，帮助用户选择检索策略，以获取所需的政府信息。此外，AGLS(Australia government locator service，即澳大利亚政府资源定位服务)，作为澳大利亚标准 AS 5044 已于 2002 年 12 月出版，澳大利亚联邦政府机构已强制使用 AGLS 作为描述政府信息资源的元数据集。该元数据标准的制定以 DC (Dublin core element set，即都柏林核心元素集) 为基础，根据政府信息资源的特点，又增加了 availability (可获得性)、function (功能)、audience (受众)、mandate (命令) 四个元素，同时还可以利用修饰元素对资源的种类和内涵进行更详细的限制，从而提高了政府信息和服务的可见性、可用性和交互性，为终端用户查找到所需政府信息提供了便利。

三、政府信息资源的保密、公开与共享

（一）政府信息资源的保密

政府信息具有机密性，因此要对政府信息资源采取保密措施。对政府信息的不当使用和公开会带来严重的后果，危及公共安全和国家安全。正因如此，全球几乎所有的国家都设立了行政保密职责和打击泄密、窃密等犯罪行为的国家保密局、安全部、公安部等类似机构。例如，建于 1952 年的美国国家安全机构，其主要任务是监听和破译所有对本国信息安全有价值的外国通信，以及加强本国政府信息资源的保密。

1. 政府信息资源的密级

政府信息资源的保密级别分为绝密、机密和秘密三个等级。绝密级国家秘密是最重要的国家秘密，泄露会使国家安全和利益遭受特别严重的损害；机密级国家秘密是重要的国家秘密，泄露会使国家安全和利益遭受严重的损害；秘密级国家秘密是一般的国家秘密，泄露会使国家安全和利益遭受损害。不论何种级别，其实质都是国家法律保护下的一种信息资源垄断措施。按照各国法律的规定，政府信息资源的保密是有时间、范围限制的。在保密期限内，如同专利权一样，任何人越权占有、使用和处理政府信息，都会受到法律的相应制裁。政府信息资源在超过保密期限后，政府机构有责任将其解密，并向社会公开，如美国许多政府机构都按照法律设置了政府信息解密办公室，负责将超过保密期限的机密信息阶级和对外界公布。我国的相关法律也有类似的规定。

2. 相关法律规定

《中华人民共和国保守国家秘密法》第十五条规定：“国家秘密的保密期限，应当根

据事项的性质和特点，按照维护国家安全和利益的需要，限定在必要的期限内；不能确定期限的，应当确定解密的条件。国家秘密的保密期限，除另有规定外，绝密级不超过三十年，机密级不超过二十年，秘密级不超过十年。”

《中华人民共和国档案法》第十九条明文规定：“国家档案馆保管的档案，一般应当自形成之日起满三十年向社会开放。经济、科学、技术、文化等类档案向社会开放的期限，可以少于三十年，涉及国家安全或者重大利益以及其他不宜开放的档案向社会开放的期限，可以多于三十年，具体期限由国家档案行政管理部门制订，报国务院批准执行。”

当然，并非所有的信息都需要保密。美国在 1974 年修订的《信息自由法》曾列出了 9 类不适合向公众公开或者说应进行适度保密的信息，即：①国防或外交政策；②行政机关内部的人事规定或惯例；③其他法律规定适用例外的信息；④商业及金融信息；⑤政府机关内部的备忘录或信函；⑥个人隐私；⑦执行部门的调查文件记录；⑧关于金融机构的报告书；⑨包括与油井有关的地图等地质学或地球物理学信息和数据。中国国家保密局在 1998 年 2 月发布的《计算机信息系统保密管理暂行规定》中，还规定不得在有国际网络联网的计算机信息系统中存储、处理和传递的信息。这些信息主要是指关系国家的安全和利益的国家秘密，是依照法定程序，确定在一定时间内只限一定范围的人员知悉的事项，如国民经济和社会发展中的秘密事项、科学技术中的秘密事项、外交和外事活动中的秘密事项等。对于不属于保密范围的政府信息资源，原则上应当向社会公开，而不应该擅自采取影响其流通和使用的保密措施。

此外，在政府信息的保密方面，还应该强调对企业的商业秘密的保护。目前，我国的法律与机制在对企业和公众信息安全的保护方面较为不足，应当引起重视。我们大多数负责保密的机构都没有承担保护企业商业秘密的责任，这正是需要在政府信息公开过程中要特别加强的。

（二）政府信息资源的公开

政府信息资源的公开，是指政府部门通过各种方式公开其政务活动，公开有利于用户实现其权利的信息资源，允许用户通过查询、阅览、复制、下载、摘录、收听、观看等形式，依法利用各级政府部门掌握的信息。

依据《中华人民共和国政府信息公开条例》第十五条及第十六条的内容，政府信息公开的方式包括以下几个方面。

1. 通过政府公报发布信息

公报是当地机关公文中的一个主要文种，《中国共产党机关公文处理条例》为其所下的定义是：用于公开发布重要决定或者重大事件。公报作为党的机关公文出现时，主要是党的中央机关用于发布重要决策。

2. 通过政府网站发布信息

政府网站可以简单地理解为以 gov.cn 结尾的拥有独立域名的 Web 站点，或政府部门主办的网站。政府网站是我国各级政府履行职能、面向社会提供服务的官方网站，是政府实现政务公开、服务企业和社会公众、方便公众参与的重要渠道。

3. 通过新闻发布会发布信息

政府对重大决策的制定或调整，对重大社会影响时间的调查、统计等行政信息，都会通过召开新闻发布会予以公布。各级人民政府特别是中央人民政府均有新闻发言人制度。

4. 通过报刊、广播、电视报道信息

报刊、广播、电视等大众传媒在西方国家被称为“第四权力”，大众传媒不但可以通过政府的新闻发布会获得政府信息，还可以通过新闻采访、实况转播、邀请政府官员参与公共事务专题节目的讨论等多种形式报道政府信息。

5. 通过政府信息查阅场所提供信息

为了使广大群众及时了解党和政府的方针、政策，维护群众的合法权益，进一步推进政府信息的公开，各级人民政府应当在国家档案馆、公共图书馆设置政府信息查阅场所，并配置相应的设施、设备，为公民、法人或者其他组织获取政府信息提供便利。行政机关可以根据需要设立公共查阅室、资料索取点、信息公告栏、电子信息屏等场所、设施，公开政府信息。行政机关应当及时向国家档案馆、公共图书馆提供主动公开的政府信息。

（三）政府信息资源的共享

信息是可以共享的，当多个政府部门或者其内部相关人员在合法的前提下享用同一信息时，他们便在进行资源共享。政府对其所拥有的信息进行管理的初衷，是最大限度地共享这些资源，以便充分挖掘其潜力，发挥其在国民经济和社会发展中的重要作用。

共享是相对于不均衡占有或垄断而言的。我国各级政府部门掌握了 3 000 多个政府信息数据库，但由于多种原因，这些数据库分别归属不同的政府部门所有，而且有不少数据库因其拥有单位缺乏开发利用条件而成为“死库”。通过实施政府信息资源管理，可以进行资源共享，使这些库“活”起来，从而产生更加有效率的信息资源开发利用策略。

根据不同用户需求和环境及政府信息资源共享的技术条件和制度要求可将政府信息资源共享划分为两部分：一是政府信息的社会共享系统，包括政府信息公开与信息增值业务两方面；二是政府信息的行政共享系统，主要是指行政决策咨询和业务信息管理系统。

资源共享得以实现的最基本的前提是政府信息客观、公正和尽可能充分地公开。公开政府信息的做法由来已久，早在 1776 年，瑞典就颁布了《出版自由法》，此后许多国家和国际组织也相继出台了类似的法规、宣言和准则，以确保公众和政府双方的利益均衡化不受到不应有的伤害。

美国是政府信息公开与共享制度最为完备的国家。从 20 世纪 60 年代开始，美国政府颁布了一系列关于政府信息资源公开与共享方面的法律、法规，如《信息自由法》《阳光下的政府法》《文书工作削减法》等。此外，为了对政府信息资源管理工作进行有效的指导和规范，美国管理与预算办公室于 1985 年制定了《联邦信息资源管理政策》，并于 1994 年、1996 年和 2000 年对其进行了 3 次修订。该政策对联邦政府各机构的信息采集、公开、发布、共享、记录管理及统计信息管理、信息系统管理等信息资源开发利用活动进行了规定。

为了促进公共部门的信息资源开发利用，欧盟制定并出台了一系列政策和规划，如 2000 年颁布的《2002 电子欧洲行动计划》，2001 年制定的针对公共部门信息资源开发利用问题的总体框架——《2002 电子欧洲行动计划：欧盟开发公共部门信息框架》，以及《公众获取欧盟议会、理事会和委员会文件法令》、《公众获取环境信息指令》和《欧盟公共部门信息商业开发利用指令》等指令。

英国政府也颁布了一系列有关公共部门信息资源开发利用的政策和法规，如《政府信息公开法》、《信息自由法》和《政府出版物之未来管理白皮书》等积极推动公共部门信息资源的开发利用与规划实施。

受各类因素的制约，我国的政府的信息公开与共享的立法进程推进缓慢，明显滞后于西方国家。信息立法的滞后性，使得信息资源公开与共享活动缺乏有力的保障，严重影响了我国信息化建设的进程。为了保障公民、法人和其他组织依法获取政府信息，提高政府工作的透明度，国务院 2007 年颁布《中华人民共和国政府信息公开条例》；加强顶层设计和统筹协调，大力推动政府信息系统和公共数据互联开放共享，加快政府信息平台整合，2015 年国务院印发《促进大数据行动纲要》，并于 2016 年出台《政务信息资源共享管理暂行办法》加快推动政务信息系统互联和公共数据共享。随着对信息资源和数据资源认识的不断深化，我国的政府信息资源公开与共享体系也将逐渐完善，为政府信息资源的广泛开发与利用提供更加成熟的制度保障。

➢ 思考题

1. 简述政府信息的基本类型、内容及特点。
2. 论述政府信息资源建设的目标及意义。
3. 论述政府信息资源规划的过程及主要内容。
4. 论述政府信息资源采集的过程及采集方法。
5. 介绍目前国内政府 CIO 的主要组织结构。
6. 分析政府信息网站的功能和作用。
7. 请针对目前政府信息网站建设管理中出现的问题，提出解决的措施。
8. 论述我国政府信息公开与共享体系。

参考文献

郭家义. 2007. 政务信息资源共享机制研究[J]. 电子政务，(5)：23-27
郭启刚. 2007. 试论政府信息资源建设规划的内容[J]. 焦作大学学报，(10)：116-117，126
裴雷，马费成. 2013. 政府信息资源整体规划理论与方法[M]. 武汉：武汉大学出版社
彭国莉. 2007. 中国政府信息资源公开与利用[M]. 成都：电子科技大学出版社
商晓帆. 2006. 政府信息资源建设研究[D]. 东北师范大学硕士学位论文
夏义堃. 2008. 公共信息资源的多元化管理[M]. 武汉：武汉大学出版社

扫一扫

政府信息资源管理补充阅读　　　政府信息资源管理组织结构图

第五章　企业信息资源建设

在信息化浪潮中，占有信息资源并对其进行合理的开发与利用成为企业在瞬息万变的市场环境中立于不败之地的关键。企业信息资源一方面记录了企业的发展历程，另一方面为企业的后续发展提供了增值应用，如帮助其发现新的商机或提供有借鉴意义的经验等。快速而准确地利用信息资源对于企业来说越来越重要，整合企业内部分布式异构信息的要求也日益迫切。

在市场经济条件下，一个企业如何有效加强信息资源建设，提高市场核心竞争力和社会影响力，确保企业的可持续发展，是摆在我们面前的重大课题。但由于人们缺乏对信息资源建设的认识，企业在信息资源建设中出现了盲目追全求新的现象，导致信息技术装备能力的闲置及信息资源建设效率的下降。面对这些问题，企业必须把信息资源建设作为组织战略的重要组成部分，对其进行系统化、规范化的管理，以提高企业的经济效益和发展能力。

第一节　企业信息资源建设概述

企业信息资源是增强企业竞争力的基础和重要手段，一方面为企业做出迅速灵敏的决策提供依据，另一方面使企业在激烈的市场竞争中找准自己的发展方向，抢先开拓并占有市场，及时有效地制定竞争策略，从而增强企业核心竞争力。从某种程度上来说，企业信息资源建设是企业生死存亡的关键所在。因此，企业要在占有信息资源的基础上，强化企业信息资源建设，提高企业竞争实力。

一、企业信息资源

企业是国民经济的支柱，有效地开发和利用信息资源是企业管理的头等大事。企业信息资源贯穿于企业整个生产流程过程中，是企业重要的战略资源。

（一）企业信息资源的概念

企业信息资源是相对于企业的物质资源和能量资源而言的一种非物质形态的资产。从广义上讲，企业信息资源是指企业的信息及与信息收集、加工整理、存储、处理、传递、利用等内容相关的技术设施、资金和人才等。广义的企业信息资源是把信息系统的所有投入作为一种资源。从狭义上讲，企业信息资源就是企业收集、开发、加工、利用的文献资料和数据。它不仅包括企业内部形成的信息，还包括其他企业、行业、政府机构、科研机构等外部组织产生的相关信息，在这个层面上，信息就是信息资源。在本章，我们指的是狭义的企业信息资源。

（二）企业信息资源的分类

企业信息资源是企业创造财富的重要因素，拥有海量的有组织的信息资源是企业在竞争中取胜的重要前提。从产生的范围来划分，可以将企业运行过程中的信息资源分为两大类型，即企业内部信息资源和企业外部信息资源。

1. 企业内部信息资源

企业内部信息资源是指企业内部产生的各种信息资源。对企业内部信息资源的需求是为了了解企业当前的基本状况。在经营决策时，企业信息资源可作为分析企业内部条件的依据；在监控企业正常运行时，企业信息资源可作为一种诊断工具。企业内部信息资源具体包括以下几个方面。

（1）管理部门产生的计划和规划信息，主要包括有关企业长期、中期和当前计划及为刺激生产发展所制定的重大措施性文件，发展扩大生产的文件及计划完成情况的总结，反映任务、计划执行情况及劳动生产率等情况的文件。此外，投资管理信息也是管理部门中的重要信息，其主要包括企业需要的各种投资信息、各种投资的收益情况、企业的发展前景及对各种投资者的收益保证等情况的信息。

（2）市场部门产生的市场检测信息是指企业市场部门采集到的各种信息，主要包括影响企业经营的各种外部环境因素及与企业生产经营活动有关的信息。营销管理信息也是企业内部信息资源中不可或缺的信息，它主要是营销部门从接受订货开始到最后产品交付为止的整个销售过程中形成、积累的有关业务信息，其内容基本上涉及订货控制、订货合同、销售统计、客户分析和销售计划等各个方面。

（3）财务部门产生的财务管理信息，主要是财务管理部门形成、积累的关于成本和管理费用情况、利润情况、资本流动情况、企业统计和会计记录等，是确保企业各种资本有效运营的重要保证。

（4）技术部门产生的技术研发与管理信息，主要是企业设计部门、技术部门、研发部门在进行技术开发中所形成、积累的各种信息，在企业产品更新、技术改造、新产品试制、设备及技术运用、科学研究和应用等过程中形成、使用、积累的各种信息。

（5）生产部门产生的生产管理信息，包括各种生产计划、指令，企业在生产调度过程中所形成的各种记录，在确定产品总产量及其结构过程中所形成和准备的图纸、工艺记录等，反映企业生产进度情况、产品的产量和质量情况、原材料供应情况等内容的信息。

2. 企业外部信息资源

企业外部信息资源是指企业以外产生的、与企业运行环境相关的各种信息。其主要职能是在经营决策时作为分析企业外部条件的依据，特别是在确定企业中长期发展战略目标和制订各种计划时需要充分的外部信息。企业外部信息资源主要包括市场环境信息和用户信息。

市场环境信息是指国际动向、国民动向、产业界动向和竞争态势等方面的信息资源，是对企业所处的外部环境的一种宏观分析。在分析宏观环境时，通常采用 PEST 宏观环境分析法。在 PEST 宏观环境分析法中，“P”代表政治，“E”代表经济，“S”代表社会，“T”代表技术。在分析一个企业所处的环境的时候，通常是通过以下四个要素来分析企业集团所面临的状况。

（1）政治要素，是指对组织经营活动具有实际与潜在影响的政治力量和有关的法律、法规等因素。其包括：①政策信息，即党和国家制定的各项方针政策，关于政治局势变化、体制改革等方面情况的信息；②法律信息，即国家和地方政府颁发的各项法规和规定、下达的指令等。

（2）经济要素，是指一个国家的经济制度、经济结构、产业布局、资源状况、经济发展水平及未来的经济走势等。其包括：①经济信息，即反映国家经济形势、工农业生产状况、金融、商业等方面的信息；②国际市场信息，即反映国际市场商品竞争、销售价格、需求、金融等方面新动向的信息；③消费需求信息，即反映消费者收入水平、家庭状况、消费结构、需求种类数量、购买动机、购买行为、购买习惯等内容的信息。

（3）社会要素，是指组织所在社会中成员的民族特征、文化传统、价值观念、宗教信仰、教育水平及风俗习惯等因素。其包括：①社会文化信息，即反映各种社会实践、文化活动、风俗习惯、娱乐活动等方面内容的信息；②地理环境信息，即反映目标地区的气象变化、人口分布等情况的信息。

（4）技术要素，是指那些引起革命性变化的发明，以及与企业生产有关的新技术、新工艺、新材料的出现和发展趋势及应用前景。其包括科技信息，即反映科研新发展、新文明、新成果等内容的信息。

用户信息是指用户自身信息、用户需求信息、用户购买信息、用户使用信息和用户评价信息。

（1）用户自身信息，即有关用户职业、年龄等自身信息的各种数据。

（2）用户需求信息，即根据市场调研研究用户的需要，通过了解用户的兴趣、爱好所产生的信息。

（3）用户购买信息，即用户购买选择产品的信息。

（4）用户使用信息，即用户使用习惯和用户使用过程中产生的信息。

（5）用户评价信息，即用户对企业产品及服务各方面的评价信息。

（三）企业信息资源的特点

作为信息资源的一种类型，共享性是企业信息资源的本质特征。企业信息资源的共享性既可以促进企业信息资源建设，加快信息资源建设进程，又可以更好地发挥信息资源的价值，增加企业效益。企业信息资源的共享性突出表现为两个属性，即可建设性和效用性。

1. 可建设性

1）企业信息资源的智能性

信息资源的生产主要是依靠人的大脑，所以信息资源的生产任务是由个人来承担的。在企业中信息资源管理人员、财务人员、工程技术人员、车间主任、各部门经理等都是信息资源的生产者，他们可能会采用集体研究的方式，在充分利用信息资源的基础上，产生新的信息资源。由于每个人的人生经历、文化素质、知识积累、思想境界不同，同样的信息经过不同个体加工后所形成的信息资源是不同的；同时每个个体又是信息资源的最终消费者，对信息资源的使用价值有最真切的体会，能够对信息资源的生产起到直接反馈的作用。

2）企业信息资源的专业性

企业是经济运行的微观主体和基本单元，企业信息资源和其他信息资源有较大的差异，表现出很强的专业性。企业信息资源是根据企业自身的特点和行业需求，对与本企业生产经营相关的政策、法规、技术创新、行业发展动态、新产品开发、竞争对手状况等方面信息的开发、收集、加工整理，最后建设成与本企业相适应的信息资源的集合，其信息载体包括资料档案、制度汇编、企业文化、数字化信息等。

2. 效用性

1）企业信息资源的生产性

信息资源已经成为一种必不可少的生产要素，同人、财、物一样，需要源源不断地投入企业的生产活动中。企业充分利用信息资源这一要素，可使物质资源变得更加丰富（如可开发出替代性资源、提高物质资源的使用效率）；可挖掘出其他资源的新功能；可更好地协调人、财、物等资源，以便合理、充分地利用，进而增加企业的经济效益，帮助企业增加竞争优势，提高企业竞争力。

2）企业信息资源的不可分性

首先，企业信息资源在生产过程中是不可分的。企业信息资源的价值源于其内容，只有拥有完整内容的信息才具有价值，片面、零散的信息不仅价值不高，而且在企业生产过程中可能会起反作用。这种不可分性就体现了企业信息资源的价值。例如，一份完整的设计图能体现设计人员的思路，而设计图的一部分（如某单项工程、某构筑物等）是起不到该作用的，只有整套图纸的设计才能真正对施工单位、建设单位日后的工作起指导作用。

其次，企业信息资源在使用过程中也是不可分的。从某种程度上来看，任一信息资源都是有价值的，但如果能将其纳入信息资源的形成背景中，定会发挥出单份信息资源所无法发挥的作用，也就是贝塔朗菲定律中所体现的 1+1>2 的原理。例如，只了解单个工程项目的设计图是无法确切了解整个工程的实际面貌的，因为在施工过程中基于各种原因有可能对设计图进行更改，工程施工并没有完全按事先的设计图进行，只有完整地掌握了整套的工程材料，全面了解其各种审批文件、设计图、施工图、竣工图才能真正了解整个活动的实际情况。

3）企业信息资源的可选择性

信息资源的形成与利用伴随着企业的各种经济活动，因而信息资源可以广泛地渗透到企业经济活动的方方面面。同一信息资源可以作用于不同的对象，产生出不同的作用效果。企业可以根据这些不同的作用效果对信息资源的使用方向做出选择，从而实现信息资源价值的最大化。

二、企业信息资源建设

企业信息资源是企业重要的战略资源。加强企业信息资源建设，强化信息运行机制，充分发挥信息资源在生产经营各个环节的控制、协调、决策等综合功能，是企业的一项重要任务。

（一）企业信息资源建设的概念

结合上述企业信息资源的概念及当前的信息环境，我们认为企业信息资源建设是指通过应用、开发和使用企业的信息资源，提高企业的管理水平、开发能力、经济水平的过程。在这个过程中，企业利用先进的信息技术，对来自各方面的信息资源进行系统的整理、分类、合并和集成，并通过二次地归并、组织、链接、知识挖掘等工作，创建信息资源的共享平台，使相关的多元化信息和不同系统进行有机融合，实现信息资源的统一检索、管理和认证，加强信息资源的组织、管理，促进业务流程的重组和资源配置的优化，扩大市场网络体系，提高信息资源的利用率。

（二）企业信息资源建设的内容

企业信息资源建设以系统论为指导思想，目的是建立可利用的信息资源体系。信息资源建设就是围绕这个体系的形成、发展而进行的全部活动。可将其内容划分为企业信息资源建设规划、信息采集、信息组织、信息分析与开发和信息存储五个环节，如图 5.1 所示。

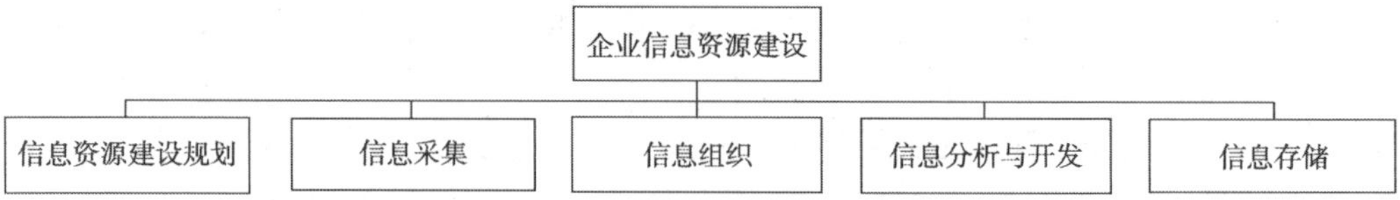

图 5.1 企业信息资源建设内容

其中，信息资源建设规划是指对企业生产经营活动中所需要的信息，从采集、处理、传递到使用的全面规划，事关企业信息工作的各个方面，是明确企业信息资源建设工作具体内容的关键环节。信息的产生、流动和使用时刻伴随着企业的生产经营活动，要使部门内部、部门之间、部门与外界的信息流畅通，充分发挥信息资源的作用，就要进行全面的、统一的信息资源规划。

信息采集是企业信息资源建设的基础工作，是指通过合法渠道采集原始信息的活动。信息采集需要在企业信息资源建设规划的基础上，根据其所制定的采集范围和采集内容展开工作，如判断信息的来源和渠道，选择信息采集的范围和方法，以便为信息整理、分析、评估等工作打下基础。

信息组织的任务就是对搜集到的原始信息进行有序化、规范化、系统化地处理，使信息从无序变为有序，成为便于利用的形式，为信息分析奠定基础。信息组织作为一种信息资源序化集合的理论和方法，它既是一种科学的信息资源优化序化过程，同时也是多种方法的交叉融合及应用过程。这样就可以使搜集到的信息成为有序且有用的信息集合。

信息分析是指以社会用户的特定需求为依托，以定性和定量研究方法为手段，通过对文献信息的收集、整理、鉴别、评价、分析、综合等系列化加工过程，形成新的、增值的信息产品，为不同层次的科学决策进行服务的具有科研性质的智能活动。企业信息分析侧重于对信息进行精加工，是一项综合性很强的思维活动，它直接或间接调用人脑的思维功能，采用科学的方法、手段和工具，以揭示、总结、提炼和运用研究对象本身固有的本质和规律。信息开发是指企业利用先进的技术和科学的方法手段，收集各种需要的信息，并将企业生成收集和使用的信息组织化、系统化、数字化、网络化，以服务于企业的管理和发展战略，提高企业竞争力的活动。

信息存储是将获得的或加工后的信息保存起来，以备将来使用。信息储存不是一个孤立的环节，它始终贯穿于信息处理工作的全过程。信息的储存是信息系统的重要方面，如果没有信息储存，就不能充分利用已收集、加工所得信息，同时还要耗资、耗人、耗物来组织信息的重新收集、加工。有了信息储存，就可以保证随用随取，为单位信息的多功能利用创造条件，从而大大降低费用。

企业信息资源建设是由以上五个环节形成的一个分阶段、有步骤的过程，其中每个部分都有各自的目标和流程，各阶段前后相继、互为关联、互相促进、互相制约，形成了企业信息资源建设的整体，面向企业需求，支持企业生产经营与决策活动。

（三）企业信息资源建设的组织结构

我国企业信息基础设施不断完善，一般企业都设有图书馆或信息中心等信息机构，配有专职信息人员，专业素质队伍也有了很大提升，有的信息机构还形成了较为理想的学历层次结构。信息机构大都配备计算机和管理信息系统用于信息接收、处理和检索、数据和资料的统计、经营管理、文字处理、编程和软件开发等业务。除此之外，印刷型企业文献信息资源已具相当规模，电子型文献信息资源日趋增多，网上资源共享逐步实现。

虽然企业信息资源建设取得了一定的成就，但是我国企业信息资源建设仍存在信息资源利用率低、管理滞后等问题。因此，我们仍需加强企业信息资源建设，使资源载体多元化，促进信息资源的开发与利用。在进行企业信息资源建设的过程中，专门的机构和人员是必不可少的。而这些机构和人员协同工作的前提，则是要建立一个结构合理的组织。具体结构图见图 5.2。

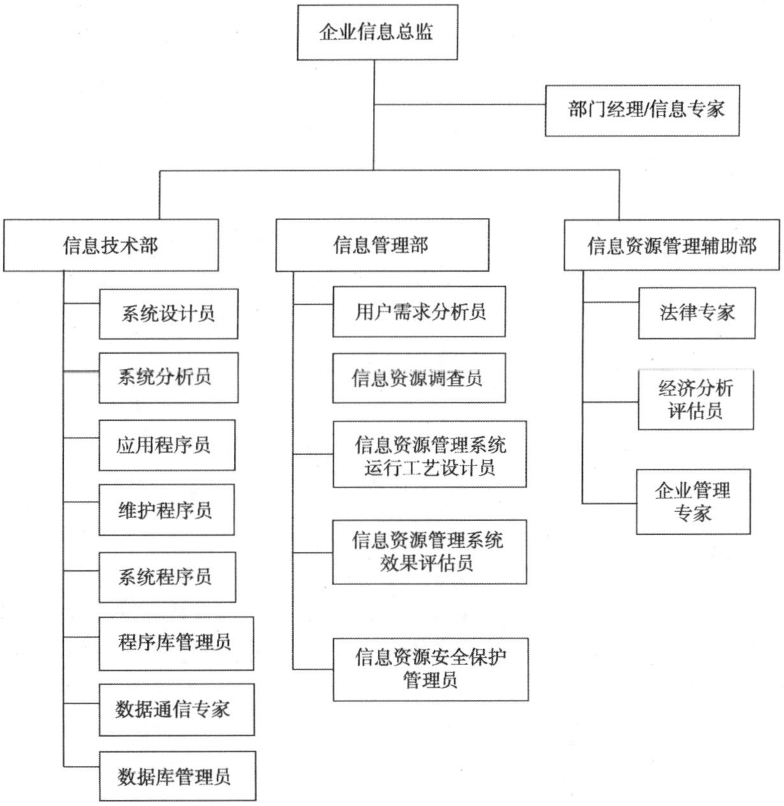

图 5.2　企业信息资源建设组织结构

企业信息资源建设是一个涵盖企业各个层面，影响企业各个环节的系统性工程。它并不仅仅是信息部门的工作，而是整个企业的工作。企业信息组织结构在企业层面上应由首席信息官（chief information officer，CIO）领导，由业务专家和技术专家组成的企业内部信息化高层咨询和实施团队担负企业信息资源建设的责任。对于各个业务部门则宜采用部门信息经理制或者多功能领导制。

部门信息经理制是指在各业务部门设立专职负责本部门信息资源建设工作的专门经理。部门信息经理在人事上属于各业务部门，行政上受本部门经理领导，业务上受首席信息官指导。这种方式可以从整体上把握企业信息化过程。

多功能领导制有两种方式。第一种将信息资源建设工作交由部门领导人中相对较有经验与技能的人与本部门的信息专家共同承担；第二种方式是将企业层面高层企业信息资源建设团队的信息专家下派各业务部门，与业务部门经理共承担本部门的信息资源建设工作。这种方式的优点是强化了各业务部门对信息资源建设的工作的领导，大大提高了各业务部门信息资源建设的能力和积极性，更容易将知识管理与各部门实际相结合。但是在这种方式下首席信息官要加强控制与协调以防止各部门为本身利益而进行的内耗性争斗和技术上的不合作。

企业信息资源建设是一项持续性的工作。企业信息资源过程中的人力资源管理是企业信息资源建设的关键，其中涉及的人力资源有首席信息官和负责企业信息资源管理的各方面人员。

1. 首席信息官

首席信息官是自20世纪80年代以来在以美国为代表的西方国家中的一些大型企业里设置的一个引人注目的高层职位。首席信息官是企业中的高级职位，是在企业首席执行官（chief executive officer，CEO）领导下与其他业务部门经理并列的职务。在企业中首席信息官直接对最高经营决策者 CEO 负责，其主要职责是全面负责包括人员、技术、设备、资金、机构和信息本身在内的所有信息资源的管理、开发和利用。因此，首席信息官是企业中一个身兼数职的核心人物，该职位的设置及人员的选配，对企业信息资源建设起着至关重要的作用。

2. 企业信息资源管理的人员结构

企业信息资源管理工作中最关键的人物是首席信息官，除此之外还必须组建一支在首席信息官领导下的精干队伍才能有效地开展各项信息资源管理工作。从技术的角度来看，一个实用的企业信息资源管理人员队伍，应当包括以下三类人员。

第一类为信息技术人员。其包括系统设计员、系统分析员、应用程序员、维护程序员、程序库管理员、系统程序员、数据通信专家、数据库管理员等。其主要职责是保证企业 Internet 及构建于其上的企业信息资源管理技术装备的建立和正常运转。

第二类为信息管理人员。这是整个企业信息资源管理的核心，包括用户需求分析员、信息资源调查员、信息资源管理系统运行工艺设计员、信息资源管理系统效果评估员、信息资源安全保护管理员等。其主要职责是在一定的环境中，利用各种信息技术与信息资源更好地支持企业的各项活动，促进企业所拥有的各类信息资源的增值。

第三类为信息资源管理辅助人员。其包括法律专家、经济分析评估员、企业管理专家等。主要职责是协助信息管理人员更好地实施各项信息资源管理工作和活动。

在信息资源管理组织的建立过程中，除了要进行信息资源管理部门的正确设计和包括首席信息官在内的信息资源管理人员的准确选拔和配备，还应建立起相应合理的规章制度，以客观地考评信息资源管理人员的工作业绩，完善相应的激励措施，保证信息资源管理工作的有效开展。

三、企业信息资源建设的意义

（1）企业信息资源建设使无序的信息成为可利用的资源，为企业带来巨大的收益。随着科学技术的发展和人类知识的增加，不断涌现的信息源形成了强大的信息流。企业信息的产生从整体上看是处于无序、随机、散乱的状态，人们很难有效地加以利用，因而这样的信息还不是真正意义上的资源。企业信息资源建设就是为了将无序的信息加以整序，组织成一个科学有序的体系。从微观上看，企业信息资源建设要对信息鉴别、筛选、采集、加工、组织、剔除、管理；从宏观上看，企业信息资源建设要对企业信息资源进行统筹规划、合理布局、科学调控，从而建立起多层次的企业信息资源保障体系，使信息真正成为一种可以利用的资源。而企业信息资源一旦作为生产要素投入企业生产过程，与物质资源、劳动力资源相结合，就会产生倍增效应，为企业创造巨大财富。

（2）企业信息资源建设是企业核心能力的基础，是企业参与市场竞争的重要保障。核心能力是别人难以模仿和替代的，是保证个人或组织获得持续竞争优势的能力。企业通过对信息资源的采集、存储、管理和使用来实现自身职能。企业信息资源是企业从事各项生产活动、参与市场竞争的基础和条件，企业信息资源建设的能力构成企业核心能力的基础。企业能否掌握市场的主动权取决于对信息资源数量占有的多少和质量的高低。因此，推进企业信息资源建设是增强企业市场竞争力的客观需要，是企业参与国际竞争的重要条件。

四、企业信息资源建设与企业信息化

（一）企业信息化的概念

企业信息化实质上是将企业的生产过程、物料移动、事务处理、现金流动、客户交互等业务过程数字化，通过信息系统网络加工生成新的信息资源，提供给各层次的人们洞悉、观察各类动态业务中的一切信息，以做出有利于生产要素组合优化的决策，使企业资源合理配置，适应瞬息万变的市场经济竞争环境，获取最佳经济效益。

（二）企业信息资源建设与企业信息化的关系

企业信息资源建设是信息化建设的前提。企业信息资源是企业信息化的灵魂和基础，没有企业信息资源，信息化就无从谈起。而企业信息资源建设是保证企业信息资源系统化、有序性的关键。企业关注信息资源开发、扩散、使用等全过程，有助于推动企业走向知识管理，帮助企业构建其核心竞争优势。因此，企业信息资源建设为推动企业信息化的进一步发展奠定基础，是企业信息化建设不可或缺的前提。

企业信息化为优化企业信息资源建设创造了条件。20 世纪 50 年代，电子数据处理技术、数控加工和数据绘图等相继出现，为企业信息化提供了技术基础。1952 年美国麻省理工学院研制出第一台数控机床，并很快投入航空工业使用（用于飞机复杂型面零件的加工）。1958年，我国也开始研究数控机床。进入21世纪，我国提出了以信息化带动工业化的发展战略，企业信息化也进入注重互联网时代和协同商务时代，企业由注重内部流程管理的信息化转向注重外部流程管理的信息化。企业信息化的发展为企业构建了一个集成的信息基础结构（将信息和信息技术集成在一起），使企业内外部的沟通、合作、业务和服务达到新水平，实现信息共享，使企业信息资源的质量、可用性和价值达到最大化，进而实现企业信息资源建设的目的。

企业信息资源建设与企业信息化建设相辅相成，互相促进。信息化程度较高的企业具有多年积累的信息资源，掌握的信息内容较丰富，信息组织更有效，信息加工层次较深，信息资源建设水平较高。而信息化水平较低的企业，掌握的信息量较少，需付出更大的代价采集、加工信息，信息产品制作成本较高，企业信息资源建设工作进展较慢。

第二节　企业信息资源建设规划

企业信息资源建设规划是从企业全局出发，以整个企业的发展目标、发展战略、企业各部门的目标与功能为基础，明确企业信息需求，确定信息资源建设的方向，分清各部门工作的轻重缓急，制定企业信息资源建设的目标、计划和发展战略，达到全面、系统地指导信息资源建设进程，充分有效地利用企业的信息资源，全面满足企业发展要求。企业信息资源建设规划是企业信息资源建设的纲领和向导，应根据企业信息资源建设规划的原则，选择关键项目，使信息资源建设与整个企业的发展战略协调一致。

一、企业信息资源建设规划的内容

企业信息资源建设规划的内容主要包括分析形势、确定信息资源建设目标，信息需求调查，制订信息资源建设的工作计划三个方面。

（一）分析形势，确定信息资源建设目标

分析形势是企业信息资源建设规划的依据。这就需要明确企业的发展目标、发展战略和发展需求，明确企业各个关键部门需要做的各种工作，以此为基础确定企业信息资源建设的目标。其目标是企业信息资源建设的指导方向，目标正确与否，将直接决定企业信息资源建设的成败。该阶段的主要任务是使企业信息资源建设的目标与整个企业的发展战略和目标协调一致，从企业全局出发制订企业信息资源建设的战略计划。该阶段的主要工作内容有：评价企业的目标和战略，根据企业的目标和战略确定信息资源建设的目标和战略，对企业的各种信息系统的建设或更新提出意见，评价企业信息系统的功能、应用环境、应用状况，制定信息系统建设的政策、目标和战略。

（二）信息需求调查

信息资源是企业的重要战略资源，是推动企业发展的重要支柱。企业信息资源建设的目标是把握各种信息需求，形成企业所需要的、可作为行动依据的信息产品。因此，分析和调查企业的信息需求是信息资源建设规划的基础。企业的信息需求有以下几点。

1. 战略信息

战略信息主要来自企业外部，对企业的生存与发展起着重要作用。企业战略信息是为企业战略性决策服务的，是企业高层领导所需要的信息，因此对信息加工的深度要求比较高，而且以原始数据和信息的综合分析为基础的。主要包括以下几类。

（1）社会经济发展信息。在经济发展的不同时期，社会对企业产品需求的品种、数量和质量都会有所不同，了解社会经济发展的信息，为企业决定生产经营方向、编制生产投资计划提供依据。

（2）政策法规信息。其主要包括党和国家各项路线、方针、政策、法令和法规等。企业高层管理者通过对政策法令信息的分析与研究，掌握国家政策、法令的变化，及时修正本企业的发展方向。

（3）竞争对手信息。其包括竞争对手的生产规模、地理位置、经营思想、经营战略、发展规划、产品组合、市场地位、销售系统、技术素质、自然资源状况、能源供应状况等方面的信息。企业高层管理者根据竞争对手的信息进行分析与比较，预测本企业的竞争能力排序可能发生的变化，为本企业的未来发展找到自己合适的位置。

（4）消费需求信息。其主要包括消费者的收入水平、家庭状况、消费结构、需求总类、数量、购买动机、购买行为、购买习惯等。企业的高层管理者通过考察本企业产品销售后的服务渠道及客户的满意程度，掌握消费者的信息需求，从中赢得并留住客户，为建立良好的客户关系创造条件。

（5）科技创新及发展信息。其主要包括本行业及相关行业的科技发展动态、科技创新动态方面的信息。企业高层管理者通过对这些信息的分析与研究，为本企业的产品品质的提升，科技创新型人才的扩张和储备做出超前性、预见性的战略决策。

2. 战术信息

战术信息是企业中层管理者需要的信息，主要分为以下三种。

（1）物资采购供应信息，包括物资资源方面的组织、计划仓储、资金、管理等一系列工作中的要求及存在的问题。

（2）销售信息，包括销售力量，市场调研和市场开发能力，现在销售渠道状况、销售策略、销售包装、销售趋势，推销手段、售后服务，满足交货条件的能力及运输能力等。

（3）产品、市场信息，包括现在的经营业务范围，主要产品的性能与技术水平，产品的质量、价格、服务，产品结构和发展前景、市场占有率、市场容量、产品获利能力等。

3. 业务信息

业务信息是基层管理者需要的信息，主要包括以下几方面。

（1）企业生产控制信息。现代化企业生产的现代化程度越来越高了，生产过程中机械化、自动化、电子化设备广泛应用，生产实时控制程度高，为避免系统运行过程中的中断，反映当时生产状态的信息显得日益重要，它们必须及时、准确地传送到控制部门以进行实时控制。

（2）企业经营流动信息。这是企业生产经营过程中，伴随着物资及财务的流动而产生的信息，是企业进行管理、组织基本生产的基础信息，主要包括财务金融信息、物资信息、人事信息等。这些信息鲜明地反映了企业产、供、销等环节状态及经济效果。

分析信息需求，进行信息交流，需要建立完善的企业内部网和外部网，将其与互联网相连接，为企业进行信息发布和获取其他商家与用户的信息提供必要的物质准备。企业内部网是企业内部及个部门之间甚至是所有员工之间业务处理、信息交流、信息共享的联系通道；外部网则是连接企业、供应商、合作伙伴、相关单位及客户进行商务洽谈、商品交易的桥梁；将企业内部网、外部网与互联网相连接，可为企业打通国际市场，在全球范围的资源配置奠定坚实的物质基础。

（三）制订信息资源建设的工作计划

制订信息资源建设的工作计划是形势和内容需求分析后的结果，它是制定和调整企业信息资源建设的指导纲领，争取让企业以最合适的规模、最合适的成本，去做最合适的工作。信息人员在得到各种信息需求内容后，将其进行归纳、分类和汇总，并进行量化分析，对信息需求的轻重缓急进行评价后，制订相应的工作计划。例如，可围绕企业当前最为关心的热点、难点问题集中精力进行信息资源采集、整理、分析、提炼等。在制订信息资源建设工作计划时要注意征求用户的建议，适时地对工作计划进行调整，以促进企业信息资源的建设。

二、企业信息资源建设规划的方法

企业信息资源建设规划是企业在用户信息需求调查的基础上，对用户的信息需求进行汇总归纳与分类整理，按照企业信息资源建设的原则确定其优先次序。借鉴战略管理的方法，企业信息资源建设规划的方法中较著名的有战略集合转移法（strategy set transformation，SST）、关键成功因素法（critical success factors，CSF）、企业系统规划法（business system planning，BSP）。

（一）战略集合转移法

战略集合转移法是将企业的整个战略目标看成是一个由使命、目标、战略及其他战略变量（如管理的复杂性、重要的环境约束等）等组成的“信息集合”，将组织的战略目标转变为信息资源建设的战略目标的过程。战略集合转移法的具体方法包括以下两步。第一步为识别企业的战略集。信息人员可先考察该企业是否有成文的战略式长期计划，如果有则直接利用；若没有，可通过以下步骤去构造战略集合。描绘出与企业有利害关系的各类人员的结构，包括经理、雇员、顾客、股东、供应商、竞争对手等；识别每类人员的目标、使命及战略。组织战略初步识别后，交送总经理审阅或修改。第二步将组织战略集转化为信息资源建设的战略集，包括信息资源建设的目标、设计战略等。

（二）关键成功因素法

关键成功因素是指对企业成功起关键作用的因素，如行业的特殊结构、企业的竞争策略、市场地位、地理位置、环境因素及一些暂时性因素等。不同因素对企业产生的影响不同，即使是同一因素对同行业中处于不同地理位置或是策略不同的企业来说，其影响也是不同的。此外，企业总是处在发展变化之中，会面临各种各样的临时事件，还需要根据这些事件对企业正常经营活动的影响来判断其是否会成为临时性的关键成功因素。关键成功因素法就是经常性地度量那些管理人员关注的、对组织成功起关键作用的因素，并提供给决策者使用。实践证明，该方法用于确定企业信息资源建设的目标能取得较好的效果。

该方法实施的具体步骤是：首先要了解企业战略目标。其次要识别所有成功因素，可用层次分析法引出影响战略目标的各种因素及影响这些因素的子因素。再次，确定关键成功因素，可采用德尔菲法和层次分析法对第二步中确定的所有成功因素进行评价，根据企业现状及目标确定出关键成功因素。最后，识别性能指标与标准，即给出每个关键成功因素的性能指标与测量标准。

在具体进行企业信息资源建设规划的过程中，选择参数时要注意全面性，并列出尽可能多的影响因素，将其中不可测量的因素转化为可测量的参数，再从中选择影响最大且最经济有效的几个参数进行测量。通常，参数的选择和确定一般由企业的信息部门、相关的职能部门和该产业的专家共同确定。

（三）企业系统规划法

企业系统规划法的基本思想是用信息支持企业运行，通过全面调查分析企业信息需求，制订信息资源建设的总体方案。该方法通过访问各级管理人员，帮助他们提炼、归纳、汇总目标，并绘制出目标树。在目标树的基础上，通过层次分析法来确定出主要目标，并据此形成信息资源建设的总目标。

以上三种信息资源规划方法各有利弊。关键成功因素法能抓住主要矛盾，使目标的识别突出重点。战略集合转移法从另一个角度识别管理目标，它反映了各种人的要求，而且给出了按这种要求的分层，进而转化为信息系统目标的结构化方法。它能保证目标比较全面，疏漏较少，但它在突出重点方面不如关键成功因素。企业系统规划法虽然也首先强调目标，但它没有明显的目标引出过程。它通过管理人员酝酿“过程”引出了系统目标，企业目标到系统目标的转换是通过组织/系统、组织/过程及系统/过程矩阵的分析得到的。这样可以定义出新的系统以支持企业过程，也就把企业的目标转化为系统的目标，所以我们说识别企业过程是企业系统规划法战略规划的中心。

我们把这三种方法结合起来使用，称之为 CSB 方法（CSF、SST 和 BSP 结合）。这种方法先用 CSF 方法确定企业目标，然后用战略集合转移法补充完善企业目标，并将这些目标转化为信息系统目标，用企业系统规划法校核两个目标并确定信息系统结构，这样就补充了单个方法的不足。当然这也使得整个方法过于复杂，从而削弱了单个方法的灵活性。

于是我们引入新一代集成化管理信息系统 ERP（enterprise resource planning，即企业资源计划），实现对资源综合平衡和优化管理。

ERP 是针对物资资源管理（物流）、人力资源管理（人流）、财务资源管理（财流）、信息资源管理（信息流）集成一体化的企业管理软件。其宗旨是对企业所拥有的人、财、物、信息、时间和空间等综合资源进行综合平衡和优化管理，协调企业各管理部门，围绕市场导向开展业务活动，提高企业的核心竞争力，从而取得好的经济效益。

ERP 系统首先是一个软件，同时也是一个管理工具。ERP 最大特色便是整个企业信息系统的整合，比传统单一的系统更具功能性。其管理的关键是“现实工作信息化”，即把现实中的工作内容与工作方式，用信息化的手段来表现。因为人的精力和能力是有限的，现实事务达到一定的繁杂程度后，人会不可避免地出错，将工作内容与工作方式信息化，就能形成ERP管理的信息化体系，拥有可靠的信息化管理工具。

在企业信息资源建设规划过程中，利用ERP对企业所拥有的人、财、物、信息、时间和空间等综合资源进行综合平衡和优化管理，形成ERP管理的信息化体系，将极大地提高企业信息资源的整合性、时效性、便利性。但是系统配置相当复杂，系统维护需要维护人员有一定的经验，而且存在财务观念落后，保密性、安全性低，不能满足某些用户的个性化需求等问题，仍需不断改进和升级。

迄今为止，信息资源规划没有一种十全十美的方法。由于规划本身的非结构性，可能无法找到一个唯一解。因此，企业进行信息资源规划应当根据企业的具体情况进行具体分析，选择以上方法的可取的思想，灵活运用。

三、企业信息资源建设规划中应注意的问题

（一）企业信息资源的安全保密问题

企业对外提供公开的信息，对内向各个部门提供企业内部的秘密信息和敏感信息。当企业在网络上进行商务洽谈、商品交易等活动时，商业秘密被窃取、商业网站被非法侵入等安全问题就凸显出来，因此在企业信息资源建设规划中一定要提高保密意识，制定完整的企业信息资源安全保密制度，采用先进的信息技术，加强对信息资源的安全权限设置和企业信息资源在传输过程中的加密、解密工作，防止信息传输工程中的丢失和非法截取，预防企业站点被黑客非法侵入。

（二）企业信息资源的数据积累问题

随着信息网络的发展，信息资源不足的问题日益显现。目前一些企业开展的网络建设很多，规划也很宏大，工程建设积极性普遍比较高，但资源建设却相对落后，害怕资源建设是无底洞而不敢投入。究其原因：一是前期设备投资高，消耗大；二是投入分散，投入前期工作多，投入半途而废多；三是投资渠道单一，过分依赖与政府的投入，缺乏开拓精神；四是把项目当做任务性工程项目，而不是经常性的科研项目。信息资源靠积累，半途而废则只能是前功尽弃。因此，开展信息资源建设工作要重视和研究服务中的问题，考虑能否长期坚持，否则就不要开展这项工作。企业在进行信息资源规划的过程中，应该强调对数据的积累，可能会遇到许多困难，但企业的管理者应清醒地认识到数据积累给企业带来的巨大商机和经济效益。

（三）企业信息资源的专业人才问题

信息资源规划对分析人员的要求已不再是传统的系统分析员，信息资源规划分析人员必须一方面对企业有极高的了解，拥有企业发展战略眼光，具有高级管理人员所应有的素质；另一方面他必须拥有丰富的信息工程学知识、深厚的数学基础、极强的抽象思维能力和原始事务的分析能力。目前，我们的教育体制还不能够直接培养出这类综合型人才。

（四）企业信息资源规划的效用问题

信息资源规划要达到规划的效果，对数据的逻辑结构都会有严格的规范，同时要给

以后的信息系统开发增加许多限制。现在国内IT从业人员水平参差不齐，开发过程中信息资源规划的结果很难得到全面贯彻。

同时，信息资源规划将是一个耗时较长的工作，所需人才在一般企业中难以发现。外来人员对企业从不了解到能够把握企业核心能力、发展战略将是一个漫长的过程。同时由于信息资源规划仅仅是规划，不可能有立竿见影的效果，只能在以后的信息化过程中逐步得以体现。因此难以在一般企业中得到实际应用。

（五）企业信息资源的系统开发问题

现在市面上的一些信息系统，包括著名厂商提供的各类信息系统，如ERP、SCM（supply chain management，即供应链管理）等都是一些刚性较强的系统，无法根据企业的具体情况做相应的调整，即使是一些号称可进行二次开发的柔性系统，也只能做些微调，不是真正的柔性加工系统。在信息系统需要调整时，对于不是特别了解信息学的一般管理者来说，很容易误以为是信息资源规划的问题而放弃信息资源规划结果的贯彻执行。

第三节　企业信息资源采集

社会主义市场经济体制的建立和完善将极大地激发各类主体的信息意识，使各行各业对信息资源的需求大大增加。由于市场经济的驱动和激烈的竞争，企业对信息需求更为迫切，信息意识更为强烈，对国际、国内宏观经济态势，政策法规变化，企业科学管理、决策运营、信息咨询、市场变化等信息需求更加明显。企业信息需求作为企业经济活动中最为普遍的一种需求也在持续变化。企业信息需求的变化受多种因素影响：一是社会环境，包括企业外部的社会政治、经济、文化、市场等环境。企业存在于社会大系统中，社会环境的变化必然会作用于企业进而影响到企业信息需求。二是企业内部环境，包括企业内部人、财、物等硬环境和管理、技术等软环境。例如，企业实行股份制改造，则企业信息需求将在保持常规信息需求的基础上，特别关注国家有关政策信息、金融信息、股份改造理论与实践方面信息、市场信息等。三是其他因素，包括人们产生和实现企业信息需求的各种习惯、心理和生理素质、教育素质、创造性发挥能力等方面。

一、企业信息资源采集原则

企业要不断地提升信息需求实现的能力，采集有价值的信息资源，创建适合企业生存与发展的信息环境。企业信息资源采集是指为了更好地掌握和使用信息，而对其进行吸收和集中。具体地讲，就是按照一定原则，根据事先设计的程序，采用科学的方法，通过有关信息渠道，有计划、有步骤地汇集、提炼信息的工作过程。信息资源采集是提高信息资源管理质量的关键。如果采集到的是过时的信息，其加工处理的信息也不可能是正确和及时的。

企业信息资源采集应遵循以下原则。

（1）竞争性原则。竞争是市场经济最显著的特征，竞争力是企业的生命，企业竞争力近期表现在市场占有率和利润率，从远期趋势看则表现为信息的获取能力。企业若要生存和发展下去，就要有高度的竞争意识，拥有更多的信息资源。

（2）经济性原则。海量的社会信息内容繁杂，如果不加限制地滥采，不仅会造成人力、物力、财力的巨大浪费，还会干扰有用信息，无法发挥其经济和社会效益。坚持经济性原则，就是根据采集的最终目的，选择合适的信息源及适当的信息采集途径和方法。

（3）针对性原则。信息资源采集过程就是信息选择的过程。首先必须明确采集的信息资源为谁所用，有何用途。企业的信息需求总是特定的，有层次、有范围的。要有针对性、有重点、有选择地采集价值大的、符合企业发展需求的信息资源，以提高信息工作的投入产出效益。

（4）预见性原则。信息采集过程不仅要立足于现实需求，还要有一定的超前性，制订面向未来的信息采集计划。

二、企业内部信息资源采集

（一）企业部门自身资料的生产

企业内部的记录是一种重要的资料。美国情报专家伊恩·戈登指出：竞争情报的80%来自于本部门内部。通过本企业生产、计划、销售、财务等部门获取竞争情报是一种省时、省钱、方便、可行的好办法。企业的发展过程中会产生大量的资料，将这些资料组织、整理、综合、归档，一方面当企业遇到类似问题时可以查看相关资料，吸取经验，使企业解决问题时少走弯路。例如，美国 1929~1933 年的经济大萧条在罗斯福的政策引导下逐渐脱离经济阴霾，当美国在 2008 年再次经历由信贷危机导致的全球性经济危机时，大量参考了罗斯福的经济拯救政策，使美国在面对经济危机时能够快速做出反应。另一方面企业内部资料不仅是单纯的数据，把这些数据整合做出图表，观察其趋势能够看出企业策略的优缺点，方便企业及时调整措施，提升企业应对危机时的能力。例如，通过分析企业的销售记录，能够确定一种产品卖出了多少类型，哪种类型的产品最畅销，最畅销的这类产品是处于较高的价格范围还是较低的价格范围，畅销率在增加还是减少，从企业自己的记录中还能获得其他一些有价值的材料，如提供多少信贷、有多少商品被退回，店员的人数和年龄，以及其他一些情况。

（二）企业部门之间的信息交流

大量的信息资源来自于本企业内部，它们零散地分布在人们的办公室抽屉里、文件柜里。妨碍这些信息资源充分发挥作用的原因在于，企业内部缺乏交流。公开采集信息资源并不是靠企业内部一两个部门就能完成的，而必须靠企业各部门上下齐心努力，共同担负。大多数外企为员工间的信息交流提供广阔的平台，并培养员工的信息采集意识，让员工在平常的工作交流中能够采集和整理信息。因为员工不仅在工作场合与企业内部不同部门的人交流，在一定程度上加强了部门之间的信息交流，并且员工在非工作时间与其他企业员工交流时会采集更多有助于企业竞争的信息。部门之间的整体性是企业竞争的坚强后盾，若部门之间仅重视部门内部的员工交流，缺少与其他部门的联系，将会降低企业整体抵抗风险的能力。增强企业部门的信息交流，如在广告部制定企业年刊时，参考设计部今年主打款式设计理念和销售部年度销售冠军产品的信息，就能够准确宣传企业的产品，使企业在市场竞争中获得更多关注。

（三）企业信息资源归档

随着科学技术的发展和人类知识的增加，信息源源不断涌现，形成强大的“信息流”，因此企业就需要建立可以利用的信息资源体系。企业拥有大量的信息资源，若不对这些资源组织、整理与利用，信息资源的大量浪费，会在企业制定措施时造成障碍。

归档是指文书部门将办理完毕且有保存价值的文件，经系统整理交至企业档案管理室的过程。归档的重点在于保存有价值的文件。例如，企业把组织大型活动，会议的资料归档保存，为企业的发展提供帮助。档案行政管理部门要加强对企业档案信息化建设的指导和协调，提高对企业档案归档重要性的认识，提高人员素质，加强企业档案质量管理，并且适时地进行督导检查。同时企业要把档案信息化工作列入重要工作日程，以市场为导向，主动进行档案信息资源的开发，挖掘各种适销对路的档案信息，加强横向联合，为档案信息共享做好铺垫。

三、企业外部信息资源采集

（一）市场信息采集法

市场调查（marketing research）就是指运用科学的方法，有目的地、有系统地搜集、记录、整理有关市场营销信息和资料，分析市场情况，了解市场的现状及其发展趋势，为市场预测和营销决策提供客观的、正确的资料。市场调查包括市场环境调查、市场状况调查、销售可能性调查，还可对消费者及消费需求、企业产品、产品价格、影响销售的社会和自然因素、销售渠道等开展调查。

市场调查的内容涉及市场营销活动的整个过程，主要包括以下几个方面。

1. 市场环境调查

市场环境调查主要包括经济环境、政治环境、社会文化环境、科学环境和自然地理环境等。具体的调查内容可以是市场的购买力水平、经济结构、国家方针、政策、法律法规、风俗习惯、科学发展动态、气候等各种影响市场营销的因素。

2. 市场需求调查

市场需求调查主要包括消费者需求量调查、消费者收入调查、消费结构调查、消费者行为调查，具体为消费者为什么购买、购买什么、购买数量、购买频率、购买时间、购买方式、购买习惯、购买偏好和购买后的评价等。

3. 市场供给调查

市场供给调查主要包括产品生产能力调查、产品实体调查等，具体为某一产品市场可以提供的产品数量、质量、功能、型号、品牌及生产供应企业的情况等。

4. 市场营销因素调查

市场营销因素调查主要包括产品、价格、渠道和促销的调查。产品的调查主要有了解市场上新产品开发的情况、设计的情况、消费者使用的情况、消费者的评价、产品生命周期阶段、产品的组合情况等。产品的价格调查主要有了解消费者对价格的接受情况，对价格策略的反应等。渠道调查主要包括了解渠道的结构、中间商的情况、消费者对中间商的满意情况等。促销活动调查主要包括各种促销活动的效果，如广告实施的效果、人员推销的效果、营业推广的效果和对外宣传的市场反应等。

5. 市场竞争情况调查

市场竞争情况调查主要是对竞争企业的调查和分析。通过调查了解同类企业的产品、价格等方面的情况，他们采取的竞争手段和策略，帮助企业确定其竞争策略。

市场调查是企业制订营销计划的基础。企业开展市场调查可以采用两种方式：一是委托专业市场调查公司来做；二是企业自己来做，企业可以设立市场研究部门，负责此项工作。市场调研工作的基本过程包括明确调查目标、设计调查方案、制订调查工作计划、组织实地调查、整理和分析调查资料、撰写调查报告、进行市场调查。首先，要明确市场调查的目标，按照企业的不同需要，市场调查的目标有所不同，企业实施经营战略时，必须调查宏观市场环境的发展变化趋势，尤其要调查所处行业未来的发展状况；企业制订市场营销策略时，要调查市场需求状况、市场竞争状况、消费者购买行为和营销要素情况；当企业在经营中遇到了问题，这时应针对存在的问题和产生的原因进行市场调查。其次，要制订调查工作计划，包括组织领导及人员配备、访问员的招聘及培训、工作进度和费用预算。市场调查的各项准备工作完成后，开始进行问卷的实地调查工作。组织实地调查要做好两方面工作，一是做好实地调查的组织领导工作，二是做好实地调查的协调、控制工作。最后，对调查资料进行整理、分析，撰写调查报告。

（二）竞争对手情报采集法

随着信息技术的不断发展和越来越激烈的全球化经济竞争，企业要想获得持续发展，就必须重视对企业竞争对手的竞争情报的搜集和利用，只有掌握和利用好了企业竞争情报才能掌握企业竞争的命运。

1. 互联网采集法

互联网是企业最有效的信息资源获取工具之一。通过互联网获取信息资源的常用渠道包括：①企业网站。采集工作常从监测竞争对手的网页开始。通过定期监测对手的网站，可了解其经营管理活动、人员招聘、商品生产等信息。②著名的商务网站，如阿里巴巴、慧聪商情、环球资源等商务网站，可以全方位地提供全球及地区性的各类商业信息。③政府、行业协会的网站，如中国商务部网站，可以提供较为全面的有关国家、地区、行业或商务方面最新、最全的信息，为决策提供依据。④通过网络媒体、网上论坛等获取竞争者内部信息，但要善加筛选。⑤利用谷歌、百度等搜索引擎获取信息。⑥浏览信息服务站点，其中包括专业竞争情报协会、咨询公司或信息公司在网上提供的竞争情报服务和教育培训服务。

2. “利用第三方”法

没有哪个企业是仅仅依靠自己的力量在商海中拼杀的，它必然要同许多组织或个人产生关联，其中包括客户、律师、银行、会计师事务所、股评家、市场调查机构、广告公司、咨询机构、经销商、供应商 、行业协会、媒体、质量检验部门、储运部门等。这些组织或个人往往又与竞争对手有密切的关系，我们称之为第三方。通过电话咨询、问卷调查、信函或面访等方式与第三方进行交流，往往可以收集到有关竞争者的多方面信息。

对于第三方来说，他们对企业的广告战略、营销渠道、销售网等极为了解。竞争对手的第三方有意无意地通过发表讲话、接受采访等方式透露的相关企业信息，是本企业竞争情报的主要来源。通过第三方获取情报的手段可以从不同角度了解竞争对手的真实实力，如竞争对手的营销广告策略，只有竞争对手的广告商最清楚，竞争对手的营销渠道，只有竞争对手的销售商最明白。因此，企业必须重视第三方情报的收集工作，通过自身第三方和人员流动努力获得竞争对手第三方的情报，特别要指出的是，必须重视那些原本是竞争对手的第三方，而现在成为自身第三方的组织和个人。通过对竞争对手第三方的情报收集，往往能获得意想不到的关于竞争对手的重要情报。在市场营销环节，用这种间接的情报收集方法，既能较为全面地了解竞争对手，也能大大提高情报收集的准确性。

3. 四分卫法

近年来，一种源自于橄榄球队的竞争情报采集方法——“四分卫法”开始广泛应用。对于一支橄榄球队来说，四分卫是整个球队的灵魂人物，他能够主导全队进攻的方向和进攻的战术。在情报采集方面，四分卫法的核心是一名经验丰富的情报人员，即四分卫，由他领导一个有组织的信息采集小组对目标开展的有针对性的采集活动。四分卫作为经验丰富的竞争情报工作人员，是四分卫法中的核心人物，他熟知情报工作流程及具体的操作技巧，定期与决策者进行有效沟通，了解需要获得何种情报，从而在管理层的支持下，计划和组织企业整个竞争情报的采集工作，处理采集工作中出现的突发情况。信息采集小组人员分为内部采集人员和外部采集人员两种。内部采集人员主要来自企业的各个部门，尤其是研发、销售和管理等较为重要的部门。外部采集人员可以来自经销商、咨询公司、媒体等第三方，它们与本企业关系密切，值得信赖，同时还必须掌握一定的情报采集技巧。在信息采集前，分析人员负责对内部采集人员采集来的信息进行分析，明确信息需求，细化要完成的信息采集任务；当信息采集工作完成之后，分析人员还要负责对采集来的情报进行分析总结，归类整理，从而形成完整的情报产品。

4. 发掘公开信息中隐藏的信息

企业要善于从公开资料中发现线索，从一点一滴的细节中找到各种有价值的信息。值得关注的公开信息包括：①企业名录和企业年鉴。这些资料往往能够提供企业规模、产品、产量、销量、市场份额额等信息，这些信息对于确定竞争对手，了解其一般情况很有帮助。②报纸和杂志。尤其是行业报纸、专业期刊，往往以专业的视角集中报道相关行业方面的动态信息、竞争态势、市场状况等信息，是了解行业竞争态势的重要窗口。③产品样本。通过对产品样本的分析，可以了解定型产品的型号、技术规格、原理性能、技术参数等信息的具体介绍，也附有结构图和产品说明书，直观性强、数据多，是了解产品、掌握市场情况的重要信息源。④上市公司年报。年度报告涉及的商业秘密种类繁多，如企业财务、客户、人事等信息，这些信息不仅包括数量指标，还有质量指标供分析时参考。⑤专利文献。专利文献既是技术文件又是法律文件，有助于监视竞争对手的专利申请活动，从而为自身专利申请提供参考，成为本企业的新产品开发提供重要信息源。

5. 挖掘灰色信息

灰色信息是指没有公开的、潜在的信息，或需要通过一些合法的、特定的渠道才能获取的信息。它是生活中存在但是不能通过常规手段获取的信息，包括灰色文献信息、零次信息和对历史信息的挖掘。灰色文献信息是指未公开发表的，又在企业内外传播的非“商业秘密”的信息。它主要包括内部科技（工作）报告、内部会议资料、未发表的学位论文、政府红头文件、企业产品技术资料或技术标准（档案）、专利技术资料、广告资料、私人信息、产品样本、学术会议文献、商情动态、市场调查报告等。零次信息是指可以通过交谈、讨论、报告会或者实地参观考察和举办展览、进行市场调查等方式获取的“元”信息。灰色信息具有多样性、复杂性、随意性和灵活性等特性，它们往往能够更加真实地反映一个企业的实际发展现状，为企业制定未来发展的战略提供参考性信息。

获取灰色信息的方法有以下几点：一是通过录用竞争对手离职人员来采集灰色信息。用这种方式采集情报的前提是该人员已解除与原单位的雇佣关系。他们在原工作单位形成和具有的经验、知识与技能，应属于个人所有，不存在泄密或个人违规使用的问题。即使有些跳槽者带来的信息和知识是在原单位供职期间获得的，只要原单位未有偿独占这种知识，雇员离职后其保密责任已解除，原单位的经营信息已经成为他个人知识的一部分。二是通过企业内部员工形成的人际网络收集信息。这种采集信息的方式是企业竞争情报工作顺利开展的重要基础。因为企业内部蕴藏着丰富的信息资源，企业各级管理干部、工程技术人员及基本员工等涉及面广，在与外界人际交往过程中可能会及时发现一些对企业至关重要的新情况，以及竞争者的新动向等，从而形成多点采集信息的网络，拓展竞争情报中灰色信息的采集渠道。企业竞争情报内部人际网络的形成与运行并非能短期见效，影响其运作的关键问题是，必须营造一个有利于信息沟通与共享的工作氛围，促使员工自觉地关心企业的生存与发展，关注企业的竞争环境，主动提供相关信息。三是对零次信息整理及其对历史信息的挖掘。在商业活动中，大量的信息都是通过交谈而传递的，绝大部分都没有被记录和保留下来。这些信息中可能包含一些极其有价值的信息。因此，在与各商业人士的闲谈中，采用获取信息的技巧，如从日常聊天中询问销售状况、公司进展等口头方式，从而获得信息。除了对闲谈作记录，美国一些公司还专门设置“闲逛”这样的专职职位，整天去闲逛获取灰色信息。

美国哈佛大学商学院教授迈克尔·波特一再强调：“企业若忽视竞争对手情报，就不能预测市场变化。”在经济全球化的驱动下，情报竞争力是企业竞争力的核心，企业信息资源的采集在未来的竞争中定会得到更多的关注。企业通过内部信息和竞争情报的采集，可以帮助企业及时洞悉政治、经济、社会、技术、市场等诸多因素的变化及这些变化对企业可能构成的机遇或风险。现代企业在市场经济的影响下必须做到“知己知彼，百战百胜”，在运用传统的方法采集信息资源的同时，还要在实践过程中不断创新，不断探索新的采集信息资源的方法，合法获取有价值的竞争情报，采取有利的竞争策略，为企业占领市场贡献其价值。

第四节　企业信息资源的分析与开发

在企业信息资源建设过程中，可将信息分析看做信息内容的转换过程，即在信息采集的基础上，通过信息分析实现信息从原始信息向信息资源的转换。在这个转换过程中，大量的、互不相干的信息转化为少量的、彼此相关的、可利用的信息，通过信息的分析与提炼，使信息内容逐渐增值。

企业信息开发是指企业利用先进的技术和科学的方法手段，收集各种需要的信息，并将企业生成收集和使用的信息组织化、系统化、数字化、网络化以服务于企业的管理和发展战略，提高企业竞争力的活动。企业信息资源开发管理是企业整个管理工作的重要组成部分，也是实现企业信息化的关键，在全球经济一体化和信息化的今天，加强企业信息资源开发对企业发展具有非常重要的意义。

一、企业信息分析与开发的意义

（一）企业信息分析的意义

企业进行信息分析是为了对信息进行更好地利用，其具体应用意义有以下三方面。

1. 增强企业的认识能力

在一个信息化的市场经济中，各种不稳定、不确定因素与日俱增，企业需要通过信息分析来监视商业环境、检测客户的动向、跟踪市场需求的变化、预测竞争对手的行动等。可以说，信息分析在很大程度上能够增强企业的认识能力，帮助企业明辨机遇和挑战，减少活动的盲目性。企业只有在准确的信息分析基础上才能做出正确的决策，安排好工作计划，并在执行中加以控制，从而保证各项活动取得预期的效果。

2. 优化企业的决策

在信息时代，信息数量剧增，信息内容庞杂，信息污染严重，单位数量信息所蕴含的有价值的信息内容越来越少，相应的，有用信息的提炼与消化吸收也开始变得越来越困难。庞杂的信息只有经过分析、浓缩、提炼、关联才能被激活，才能成为有价值的资源。

信息分析是企业决策的前提与基础，使企业决策建立在科学性、合理性基础之上。在企业决策过程中，信息分析就像是一只无形的手，提高企业预测市场的能力，帮助企业正确把握产品开发的方向与节奏，调整主攻目标和服务方式，制定正确的竞争策略，让企业投入的人力、财力、物力得到优化配置，使其生产、管理、营销过程保持在合理高效的状态。

3. 提高企业的竞争力

经济全球化背景下，企业必须在服务、产品、质量、价格及自我形象等方面参与全方位的市场竞争。通过对企业自身状况的各种信息进行分析以看清自己的优弱势；对竞争对手进行分析以明白自己所面临的威胁；对环境进行分析以把握企业的发展方向。通过反复分析，不断提高企业竞争力。因此，对于企业而言，竞争情报是提高企业竞争力的重要因素，它关系到企业的生死存亡，更好地了解和运用竞争情报就成为企业的重要使命。如果没有合理运用相关的方法对信息进行分析，得到的情报也可能只是大量信息的无效堆积，不能对企业经营和竞争力的提升发挥其效用。

（二）企业信息开发的意义

企业信息开发是将企业信息开发成为有价值的信息资源的过程，具体来讲有以下两方面的意义。

1. 企业信息资源构筑了企业核心竞争力的基础

人类社会进入信息时代的一个重要特征是信息资源成为最主要的战略资源。美国著名学者奥汀格曾给出了著名的资源三角形，说明当今社会信息资源已成为企业的重要战略资源，它同物质、能源一起成为推动企业发展的支柱。一个国家、一个地区、一个企业生产力水平的高低，竞争力的强弱，在很大程度上取决于信息资源的开发利用水平。加强企业信息资源的开发管理使企业及时、准确地收集、掌握信息，开发、利用信息，为企业发展注入新鲜血液，这一方面为企业做出迅速灵敏的决策提供了依据；另一方面使企业在激烈的市场竞争中找准了自己的发展方向，抢先开拓市场、占有市场，及时有效地制定竞争措施，从而增强企业竞争力。

信息、物质、能源共同构成了人类社会的支柱资源，但如果对于一个系统，给它输入资源，观察产出，可以发现，对于所输入的物资资源、能源资源而言，已有专家证明其投入——产出比都不大于 1，只有信息资源的投入——产出比有可能大于 1，这引起了人们的极大兴趣，现代信息技术的发展又使其变为可能。以互联网电子商务为代表的信息技术、网络经济的发展，不仅将信息、数据集成起来，也将企业管理集成起来，并且有可能从根本上改变现有的经济运行模式和企业经营模式。企业比以往任何时候都更加重视信息资源，企业逐渐在挖掘、创造、流动、传播、扩散、使用和拓展信息资源的基础上重新安排制度框架，重新构造组织架构，重新考虑企业文化，重新设计业务流程，重新定位内外关系，重新变革管理模式，许多企业已经认识到，未来的竞争是人才的竞争是信息资源创造、扩散和作用效能的竞争，信息资源战略已成为企业超常规发展的重要契机。

2. 企业信息资源开发是实现企业信息化的关键

信息化是企业管理的必然趋势。企业信息化是全方位的，不只是信息技术的延伸，更重要的是企业管理和组织的延伸。企业信息化的实质就是在信息技术的支持下，管理者及时利用信息资源，把握市场机会，及时进行决策。因而，企业信息化不但要重视技术研究，更要重视信息资源的开发管理，避免信息资源的重复、分散、浪费和综合效率低下，从而实现资源的共享。所以说，企业信息资源的开发和利用是企业信息化建设的核心，也是企业信息化的出发点和归宿。

信息资源开发利用是信息化的核心内容，也是信息化建设的薄弱环节，它比网络建设更艰巨、更费时间，更能体现企业素质，因此应将其摆在信息化工作的重要位置，使信息资源与信息网络建设协调发展。信息资源开发要面向生产、面向企业、要紧密结合企业信息化进程。

二、企业信息分析的原则

信息分析与提炼的最终目的是信息的可被利用，而不是单纯地为了分析提炼而分析提炼。如果采集到的信息就能实际解决问题，则没有必要分析，只要有可能，就应尽量利用现成的答案，避免利用经分析而得到的答案，因为分析与提炼存在着不同程度的风险。在企业信息分析中，需要坚持以下原则。

首先，要坚持真实性原则。存真原则要求企业信息分析工作者应遵循辩证唯物主义和历史唯物主义的客观态度，保证信息分析结果的真实性和客观性。这是建立在真实的、客观的信息集合的基础上的。在避免错误的、有害的信息混入的同时，信息分析工作者不得主观臆造已知信息中不存在的企业信息。只有这样，信息分析工作者才能做出正确的分析，使决策层决策失误，造成企业的损失。

其次，要坚持适度性原则。信息分析是对信息的细加工，如果分析不够深度，则没有得出深刻的认识，达不到信息分析的效果，造成企业对信息分析投入精力的浪费。但同时要注意避免过度的信息分析与提炼，得出与已有信息不相干或与需求无关的结论。信息分析与提炼不一定要做得非常复杂，只要完整、准确、实用就行。

最后，要坚持优化原则。优化体现在企业信息资源优化、技术优化、方法优化三方面。在大量的企业信息当中，信息分析要择优分析，这是提高信息分析效果的基础，能采用企业部门下达标准信息，就绝不使用互联网上真假未辨的信息。围绕企业成功的关键因素，有选择地对信息进行分析与提炼，而不是对所有的信息都要进行分析与提炼。技术优化体现在企业对信息分析部门的人员配置、设备更新等多方面。方法优化是对信息分析人员的综合能力的考评，要求信息分析人员选择最优方法，同时必须实现可操作，并且信息分析人员能熟练使用该方法动作过程中的一系列技术。信息分析与提炼不必拘泥于某个单一的模式和方法，信息人员应不断学习和借鉴国内外一切新的、行之有效的分析方法和手段，提高分析技能。

三、企业信息分析的内容与方法

信息分析的目的是帮助决策者形成关于外部环境和发展趋势的充分认识和正确判断，并结合本企业的内部条件和能力提出建议，为企业决策者制定竞争战略提供依据，提升企业的竞争力。本书中，企业信息分析的方法主要参考企业竞争情报分析的方法。

企业竞争情报分析方法主要涉及竞争环境分析、竞争作用力分析等多方面的内容。

（一）竞争环境分析

竞争环境分析的主要任务是全方位地分析本企业所处的竞争环境，力求在各个层面做到知己知彼。知己就是要对企业本身的组织管理方法、资源、力量、战略与文化特点等有一个全面的了解。知彼就是要尽可能地掌握本行业其他企业在战略目标、政策、产品、服务、营销、技术、业务运作、成本、金融、组织结构、管理和市场地位等方面的情况。此外，还要对影响企业活动的其他外部环境因素，如产业结构、社会、经济、政治、国际关系、法规政策、人口、人文等情况进行全方位的研究。从环境分析的方面来讲，主要可分析企业的竞争对手和自身情况。竞争对手分析主要包括竞争对手财务信息分析、风险信息分析、组织结构信息分析、控制与管理信息分析、领导层信息分析、企业文化信息分析、现行战略信息分析、核心能力信息分析、成长能力信息分析、快速反应能力信息分析、适应变化能力信息分析、可持续发展能力信息分析等。分析竞争对手信息的目的在于了解各个竞争对手中可能采取的战略行动及其成功的可能性，各竞争对手对其他公司在一定范围内的战略行动计划可能做出的反应，以及各竞争对手对可能发生的产业变化或宏观环境变化可能做出的反应等。

只有在对竞争对手有全面透彻了解的基础上对其进行分析研究，掌握其竞争目标、策略、优劣势和思维特点，才能对其攻防能力、参与竞争的方式，及竞争前景做出更好的预测。

企业自身情况的环境分析则包括企业自身的业务信息分析、风险信息分析、组织结构信息分析、控制与管理信息分析、领导层信息分析、企业文化信息分析、现行战略信息分析、核心能力信息分析、成长能力信息分析、快速反应能力信息分析、适应变化能力信息分析、可持续发展能力信息分析等。正所谓“知己知彼，百战不殆”，只有对自身、竞争对手及行业大环境方面有了深入了解，才能使企业在竞争中处于有利地位。

（二）竞争作用力分析

竞争作用力分析主要包括产业内现有竞争对手之间的竞争力、新进入者的威胁力、卖方（客户）的砍价能力、供应商的砍价能力等。

企业之间在各项指标上的定性与定量对比，涉及各类竞争数据的统计、归纳、审核、排序和竞争参与者的优势、劣势、机遇及威胁的综合分析等多方面，企业进行信息分析可以采用以下几种方法：一类针对竞争环境分析的方法，包括 SWOT 分析法，企业市场营销战略信息分析，信息经济分析，基于计量经济方法的信息分析，专利分析法，定量比超法，反求工程法；还有一类针对竞争作用力分析的波士顿矩阵法。下面将对这些方法进行一一介绍。

1. SWOT 分析法

SWOT 分析是一种根据企业自身的既定内在条件进行分析，找出企业的优势、劣势及核心竞争力所在的企业战略分析方法。“SWOT 分析”代表分析企业优势（strength）、劣势（weakness）、机会（opportunity）和威胁（threats）。其中，“S”是指企业内部的优势，“W”是指企业内部的劣势，“O”是指企业外部环境的机会，“T”是指企业外部环境的威胁。

优势，即企业自身所具有的超越其竞争对手的能力，或是指公司所特有的能提高公司核心竞争力的东西，它是组织机构的内部因素。其包括六个方面：①技术技能优势，即独特的生产技术，低成本生产方法，领先的革新能力，雄厚的技术实力，完善的质量控制体系，丰富的营销经验，上乘的客户服务，卓越的大规模采购技能。②有形资产优势，即先进的生产流水线，现代化车间和设备，拥有丰富的自然资源储存，吸引人的不动产地点，充足的资金，完备的资料信息。③无形资产优势，即优秀的品牌形象，良好的商业信用，积极进取的公司文化。④人力资源优势，即关键领域拥有专长的职员，积极上进的职员，很强的组织学习能力，丰富的经验。⑤组织体系优势，即高质量的控制体系，完善的信息管理系统，忠诚的客户群，强大的融资能力。⑥竞争能力优势，即产品开发周期短，强大的经销商网络，与供应商良好的伙伴关系，对市场环境变化的灵敏反应，市场份额的领导地位。

劣势，即企业缺失或者没有做好的东西，也可以是使企业处于劣势的某些条件等。包括缺乏具有竞争意义的技能技术，缺乏有竞争力的有形资产、无形资产、人力资源、组织资产，以及关键领域里正在丧失的竞争能力等。

机会，即组织机构的外部因素，是影响公司战略的重大因素。公司管理者应当确认每一个机会，评价每一个机会的成长和利润前景，选取那些可与公司财务和组织资源匹配、使公司获得的竞争优势潜力的最佳机会。潜在的发展机会包括客户群的扩大趋势；产品细分市场增加；技能、技术向新产品新业务转移，为更大客户群服务；前向或后向整合；市场进入壁垒降低；获得购并竞争对手的能力；市场需求增长强劲，可快速扩张；

出现向其他地理区域扩张，扩大市场份额的机会；竞争对手的失误。

威胁，即随时可能会对企业的存在和稳定发展产生不利影响的条件，也是组织机构的外部因素。在公司的外部环境中，总是存在某些对公司的盈利能力和市场地位构成威胁的因素。公司管理者应当及时确认危及公司未来利益的威胁，做出评价并采取相应的战略行动来抵消或减轻它们所产生的影响。威胁包括：将进入市场的强大的竞争对手，抢占公司销售额的替代品，主要产品市场增长率下降，汇率和外贸政策的不利变动，人口特征、社会消费方式的不利变动，客户或供应商的谈判能力提高，市场需求减少，经济萧条和业务周期的冲击。

SWOT 分析法常常用于制定集团发展战略和分析竞争对手的情况，它是战略分析最常用的方法之一。SWOT 分析法主要有以下三个步骤。

首先，分析环境信息。运用各种调查研究方法，分析出企业所处的各种环境信息，即外部环境信息和内部能力信息。外部环境信息包括机会因素和威胁因素，分析企业面临的外部机会与威胁，可能来自于与竞争无关的外部环境因素的变化，也可能来自于竞争对手力量与因素变化，或二者兼有，但关键性的外部机会与威胁应予以确认。它们是外部环境中直接影响企业发展的有利和不利因素，属于客观因素。内部环境信息包括优势因素和弱点因素，分析企业的内部优势、弱点，既可以相对企业目标而言的，也可以相对竞争对手而言的。它们是企业在其发展中自身存在的积极和消极因素，属于主动因素。在调查分析这些因素时，不仅要考虑企业的历史与现状，而且更要考虑企业未来的发展。

其次，构造 SWOT 矩阵。将调查得出的各种因素根据轻重缓急或影响程度等排序，构造 SWOT 矩阵，要将那些对企业发展有直接的、重要的、大量的、迫切的、久远的影响因素优先排列出来，而将那些间接的、次要的、少许的、不急的、短暂的影响因素排在后面。

最后，制订行动计划。在完成环境因素分析和 SWOT 矩阵的构造之后，便可以制订相应的行动计划了。制订计划的基本思路是：发挥优势因素，克服弱点因素，利用机会因素，化解威胁因素；考虑过去，立足当前，着眼未来。运用系统分析的方法，将排列与考虑的各种因素相互联系并加以组合，得出一系列企业未来发展的可选择性对策。

2. 企业市场营销战略信息分析

企业市场营销战略信息分析包括两方面。

一是企业市场营销机会信息分析。企业市场营销机会信息分析是分析企业所处的市场营销环境，它包括企业所处的外部环境和内部环境两个方面。首先是要加强营销部门对市场结构的分析、消费者行为的认识和对市场营销环境的研究。其次需要对企业自身能力、市场竞争地位、企业优势与弱点等进行全面、客观的评价。最后还要检查市场机会与企业的宗旨、目标与任务的一致性。环境总是在发生变化，企业只有通过对其环境信息进行综合分析，才能找出营销的机会，选择和确定目标市场，以保证现行战略对环境变化的适应，减少或避免营销决策的失误。

二是企业产品市场信息分析。企业产品市场信息分析包括市场购买行为信息分析和市场竞争者信息分析。市场购买行为信息分析包括消费者市场购买行为、组织市场购买行为；市场竞争者信息分析包括识别企业的竞争者、分析竞争者的目标与战略、分析竞争者的市场反映。

3. 经济信息分析

经济信息分析是针对经济活动或用户的特定需要，通过文献调查和实际调查采集大量相关的经济信息，并经过分析、评价、研究、综合等信息加工形成的研究报告。它是对经济信息有目的地进行深度加工，最终形成新的增值的信息，它可以是一种背景或判断，一种思想、建议或方案，并能产生一定的经济效益。

企业经济信息分析的内容包括外部经济信息分析和内部经济信息分析。企业外部经济信息分析是在分析外界对手和环境的基础上确定自身行为的外生分析。其主要分析相对于竞争对手的强弱项；管理决策层主要人员的价值标准和管理能力；外界经济、技术上的机会与威胁、社会、政治、文化等因素。其内容包括产业环境分析、市场信号分析、竞争对手识别、竞争对手实力分析、竞争对手动向分析。企业内部经济信息分析包括企业形象分析、产品特色分析、技术开发力分析、政策环境分析。

4. 基于计量经济方法的信息分析

在这一研究过程中，首先确定能够衡量企业工作量的可量化变量，再逐步分析对企业工作量有影响作用的相关因素，建立计量经济模型，以描述企业生产的内在机制；进而收集企业的各项统计数据，对该模型进行回归计算和评价，并利用它进行工作量的预测工作，即计算得到工作量的预测值和预测区间，作为企业制定决策和计划的核心数据和参考依据。

在应用过程中需要关注以下几个方面。

第一，模型建设的艺术性。建立恰当的数学模型来模拟实际的经济关系或经济规律。由于经济活动的特殊性，很多经济变量的发展变化往往呈现出一种共同的趋势，使得这些经济变量之间都会呈现出一定的相关性，因此针对每一个具体问题，经济变量的筛选和模型中变量的确定都有其特殊性和一定的技巧性。

第二，数据问题。计量经济模型的求解，还需要大量的历史数据，这些数据是对模型所反映的经济关系的印证，通过这些经济数据最终获得模型的参数及一些其他有参考价值的信息，这些数据的重要性是不言而喻的。而它们的获取途径各有差异，一些变量的数据可以通过统计数据直接获得，而另一些变量的数据可能要通过间接的计算对已有的经济数据进行处理来获得。同时，还应注意到时间序列数据由于历史的延伸及经济发展而带来的经济数据的价值的可比性问题，对之也要做出相应的处理。

第三，“滞后变量”与“虚拟变量”问题。经济问题的实际研究中，会出现经济变量的相互影响存在滞后性的问题，即滞后变量的问题，这一滞后现象的长短，会随着具体问题的不同而不同。还有一些不可量化的重要经济变量在模型中的引入，即“虚拟变量”的问题，也需要加以关注。

5. 定标比超法

定标比超法（bench-marking）就是将本企业各项活动与从事该项活动最佳者进行比较，从而提出行动方法，以弥补自身的不足。定标比超法是将本企业经营的各方面信息和环节与竞争对手或行业内外一流的企业进行对照分析的过程，是一种评价自身企业和研究其他组织的手段，是将外部企业的持久业绩作为自身企业的内部发展目标并将外界的最佳做法移植到本企业的经营环节中的一种方法。实施定标比超法的公司必须不断对竞争对手或一流企业的产品、服务、经营业绩等进行评价来发现优势和不足。

一般来说，对竞争对手所做的定标比超主要是操作层的定标比超，而对一流企业所做的更多的是管理层的定标比超。定标比超法进行信息分析所需要的信息内容包括设计、研究开发、采购、制造、仓储、运输物流、销售、营销、人力资源机劳资关系、财务、管理（规划、组织）等多方面。

定标比超法的具体实施步骤：第一步，确定进行定标比超的具体项目。第二步，选择目标。确定了进行定标比超的环节后，就要选择具体的定标比超对象。通常，竞争对手和行业领先企业是定标比超的首选对象。第三步，收集分析数据信息，包括本企业的情况和被定标比超企业（可以是竞争对手，也可以是非竞争对手）的情况。分析数据必须建立在充分了解本公司目前的状况及被定标比超的企业状况的基础之上，数据必须主要是针对企业的经营过程和活动，而不仅仅是针对经营结果。第四步，确定行动计划。找到差距后进一步要做的是确定缩短差距的行动目标和应采取的行动措施，这些目标和措施必须融合到企业的经营计划中。第五步，实施计划并跟踪结果。定标比超是发现不足，改进经营并达到最佳效果的一种有效手段，整个过程必须包括定期衡量评估达到目标的程度。如果没有达到目标，就需要修正行动措施。

定标比超法有助于确定和比较竞争对手经营战略的组成要素，在此过程中能获得对评价整个竞争形势价值很大的信息。对一流企业所做的定标比超可以将从任何产业中最佳企业那里得到的信息用于改进本企业的内部经营，建立相应的赶超目标，做跨行业的技术性定标比超还有助于技术的跨行业渗透。通过对竞争对手的定标比超，与其对客户要求的了解作对比，可以发现本公司在这方面的不足，可以将市场、竞争力和目标的设定结合在一起。

6. 反求工程法

反求工程法就是通过对含有商业秘密的产品进行解剖、分析或化验等，从分析结果求知该产品原材料选择、生产制造工艺、结构设计等方面商业机密的情报收集方法，也可通过购买技术情报或引进人才来获得情报收集，这是获取竞争情报的主要方法之一。在生产产品时，有计划地从竞争对手的产品中反求得到关于这类产品的优质生产工艺，原料最优适用原则，甚至是一些更机密的商业情报等，能促使自己的产品“取其精华，弃其糟粕”，向更完善的方向发展，最终实现“人无我有，人有我优”的目标。必要的时候可以利用情报交换的方法，用自己的情报（次要情报）换取对手的情报（关键情报）。这种方式相对于情报购买能够更节约成本而且效率较高，操作得好可以达到事半功倍的效果。例如，施乐公司成立了竞争对手评估实验室，此实验室专门用以剖析竞争对手产品或有竞争威胁的产品。他们将这些产品买来拆开，进行非常细致的分析，包括每一个细节、每一个特点和每一个缺点，尤其是施乐公司可能面临的专利技术，以了解制造原理和降低成本、提高质量的方法，而后，分析结果将会交到工程师手中，工程师在分析报告的引导下能够更充分地了解竞争对手的产品开发动态。在国际上，通过反求工程获取情报一般是合法的。

7. 专利分析法

专利作为企业维护知识产权、保护技术成果的有效手段，一方面是企业持续技术创新的保障，另一方面也是占领市场竞争先机的武器。专利信息不仅揭示了某一专利技术的内容及法律状况，同时也反映了企业界在争夺产品或技术的专利权、占领市场、战胜对手方面的意图和策略。

所谓专利分析，是指通过特定的专利检索，将所得的分布在各种专利说明书、专利公报中的，大量分散的、无序的专利信息内容，进行分类、加工，并进行分析处理。

企业信息组织与分析既面临机遇，又面临挑战。在企业这样一个需要各部门密切配合、环环相扣的环境中，企业信息组织与分析应注意从“企业利益至上”这一角度思考和解决问题。第一，信息组织与分析的目标应从企业实际出发，从一些具体的方面入手，取得一定的成绩后再逐步深入。例如，可以和管理层讨论，制定企业对各个部门考核的指标体系，由信息中心提供分析数据，这样不仅操作起来比较容易，效果也很明显。第二，要注意和业务部门的配合。信息中心和业务部门的配合是信息组织与分析的必要条件。信息主管应考虑如何推动业务部门对信息的利用，推动业务部门对信息分析的重视。业务部门往往对信息技术和信息组织分析不了解，甚至有抵触情绪，这也需要信息中心进行推动和培训，和业务部门合作提升企业利用信息的能力。第三，争取高层的支持。企业高层对信息组织与分析的认识和重视程度不同，这都需要信息主管注意和高层沟通。一般情况是，高层都希望信息中心能提供领导决策有用的信息，但对信息中心所提供的报表和信息看不懂或觉得不认可，这就需要信息主管和高层进行沟通，分析问题的原因。

8. 波士顿矩阵法

波士顿矩阵（matrix：Boston consulting group，BCG Matrix），又称市场增长率，相对市场份额矩阵、波士顿咨询集团法、四象限分析法、产品系列结构管理法等，是由美国著名的管理学家、波士顿咨询公司创始人布鲁斯·亨德森于 1970 年首创的一种用来分析和规划企业产品组合的方法。这种方法的核心在于如何使企业的产品品种及其结构适合市场需求的变化，只有这样，企业的生产才有意义。

波士顿矩阵认为一般决定产品结构的基本因素有两个，即市场引力与企业实力。市场引力包括企业销售量（额）增长率、目标市场容量、竞争对手强弱及利润高低等。其中最主要的是反映市场引力的综合指标——销售增长率，这是决定企业产品结构是否合理的外在因素。

企业实力包括市场占有率，技术、设备、资金利用能力等，其中市场占有率是决定企业产品结构的内在要素，它直接显示出企业的竞争实力。销售增长率与市场占有率既相互影响，又互为条件：市场引力大，市场占有高，可以显示产品发展的良好前景，企业也具备相应的适应能力，实力较强；如果仅有市场引力大，而没有相应的高市场占有率，则说明企业尚无足够实力，则该种产品也无法顺利发展。相反，企业实力强，而市场引力小的产品也预示了该产品的市场前景不佳。

以上两个因素的相互作用会产生四种不同性质的产品类型，形成不同的产品发展前景：①销售增长率和市场占有率“双高”的产品群（明星类产品）；②销售增长率和市场占有率“双低”的产品群（瘦狗类产品）；③销售增长率高、市场占有率低的产品群（问题类产品）；④销售增长率低、市场占有率高的产品群（现金牛类产品）。

波士顿矩阵法可以帮助我们分析一个公司的投资业务组合是否合理。如果一个公司没有现金牛业务，说明它当前的发展缺乏现金来源；如果没有明星业务，说明在未来的发展中缺乏希望。一个公司的业务投资组合必须是合理的，否则必须加以调整。例如，巨人集团在将保健品业务发展成明星后，就迫不及待地开发房地产业务，可以说，在当时的市场环境下，保健品和房地产都是明星业务，但由于企业没有能够提供源源不断现金支持的现金牛业务，导致企业不得不从本身还需要大量投入的保健品中不断抽血来支援大厦的建设，导致最后两败俱伤，企业全面陷入困境。

在明确了各项业务单位在公司中的不同地位后，就需要进一步明确战略目标。通常有四种战略目标分别适用于不同的业务：①发展，即继续大量投资，目的是扩大战略业务单位的市场份额，主要针对有发展前途的问题业务和明星中的恒星业务。②维持，即投资维持现状，目标是保持业务单位现有的市场份额，主要针对强大稳定的现金牛业务。③收获，即实质上是一种榨取，目标是在短期内尽可能地得到最大限度的现金收入，主要针对处境不佳的现金牛业务及没有发展前途的问题业务和瘦狗业务。④放弃，即目标在于出售和清理某些业务，将资源转移到更有利的领域，这种目标适用于无利可图的瘦狗和问题业务。

波士顿矩阵法的应用会产生许多收益：提高管理人员的分析和战略决策能力，帮助他们以前瞻性的眼光来看待问题；更深刻地理解公司各项业务活动间的联系，加强业务单位和企业管理人员之间的沟通；及时调整公司的业务投资组合，收缩或放弃萎缩业务，增加对更具发展前景的业务投资，等等。但也应该看到这种方法的局限性，如由于评分等级过于宽泛，可能会造成两项或多项不同的业务位于各象限中；由于评分等级带有折衷性，使很多业务位于矩阵的中间区域，难以确定使用何种战略；这种方法也难以同时顾及两项或多项业务平衡。因此，在使用这种方法时要尽量占有更多资料，审慎分析，避免因方法的缺陷造成决策的失误。

四、企业信息资源开发应具备的条件

信息资源的开发就是把原始数据显性化。这些原始数据包含在各个生产工序中，包括采购的材料、半成品、成品、工具、辅材设备、操作者、环境及各级管理人员、管理岗位、生产计划、生产准备、生产过程的多种载体的多种显性特征（如时间、空间位置、重量、体积、品质、频次等）；包括客户基本资料、客户历次联络、客户订货（如频率、种类和数量）及使用反馈；还包括各种构成重要参考的行业情报、技术信息、外部经验等。

经过多年实践，我国企业在信息资源的开发上已经开始形成较为独特的信息资源搜集、传递的开发方法，但是仍然存在许多问题。20 世纪 80 年代，政府在企业里面广泛推行规范化的信息资源开发工作，但局限于当时落后的管理体制、较低的人员素质和管理手段，企业虽然投入了大量人力、物力和财力，并没有取得相应的效果，使我国信息资源的开发工作远远不能满足企业信息化的要求，而且在相当程度上制约了企业信息化的进程，导致了早期管理信息系统的失败。

信息资源的开发将进一步推动社会的进步与发展，同时也成为企业生存与发展的关键。企业开发和利用信息资源应具备的条件有以下几个方面。

（一）领导重视，支持信息资源的开发

目前我国的信息化已拥有一个宽松的政治环境，我国大、中型企业信息化建设都非常好，但少数企业还没有很好地利用、珍惜这种“环境”。“环境”是社会政治环境造就的，邓小平 1984 年就提出“开发信息资源，服务四化建设”；江泽民早在 1991 年就强调“四个现代化，哪一化也离不开信息化”，并在 2000 年提出“以信息化带动工业化，发挥后发优势，加快生产力的跨越式发展”战略；吴邦国强调“高度重视和大力推进企业信息化建设”等。国家应该在大环境下，发展企业小环境，来一场环境革命，打一场信息化“全民战争”，使人人重视企业信息化，各个为企业信息化出力。环境是创造企业信息化建设条件的前提，是转变企业信息化观念的强心剂。例如，海尔集团领导高度重视信息网络建设，以及信息技术的应用和推广工作，他们对信息工作的前瞻性及对信息工作的全力支持、参与、推广为海尔集团信息化工作提供了重要保证。

（二）积极引进和培养专业化人才

企业竞争实际上就是人才的竞争。人才是企业信息资源开发利用的关键所在。信息资源开发是一个知识密集型的高技术、专业化产业，培养、凝聚一批信息专业人才是搞好信息资源开发的基础条件。成功企业的信息化，需要信息专家、IT 专家、科技专家和管理专家通力合作，特别需要首席信息官，“开发信息资源”是企业信息化的核心，是一个长期的过程。如果没有信息化管理人才，就没有信息资源的开发，也就没有资源共享和信息化。只有对信息专家、IT 专家、科技专家和管理专家，进行互补性培训，彼此取长补短，才能造就真正的高级信息化专家。但这只是近期战略，鉴于“开发信息资源”在信息化中的核心地位和长期性，开发和利用信息资源才是信息化的主体工作，应采取长期的信息化人才战略。在信息人才培养上，要引进与培训并重，大胆引进通信网络、计算机方面专业的人才，对他们进行信息专业知识培训，使其熟悉业务；适应信息化建设需要，满足信息资源的开发和利用，提高信息服务的质量。

在信息技术和互联网络快速发展的今天，我国企业唯有立足培养人才，多途径解决人才问题，创造条件培养优秀企业家，才能创造出真正具有竞争优势的企业。

（三）树立信息意识、更新信息观念

我国企业在信息资源的开发利用方面已取得引人注目的成绩。例如，沈飞集团高度重视信息资源的开发利用工作。1984 年 9 月邓小平同志为《经济参考报》题写“开发信息资源，服务四化建设”的题词具有深远的意义，从资源的角度确定了信息的地位和作用，从目的的角度明确了信息的服务对象。在这一题词的指导下，为适应改革开放和市场经济发展的需要，沈飞集团及时转变观念，于 1985 年率先组建了经济技术信息中心，使企业耳聪目明，大大增强了市场竞争力和应变力。

由于信息技术的日益普及和信息资源急速增长，目前信息资源的开发利用存在诸多技术上的难题，但思想观念的束缚和理论知识的缺乏是最主要的。与国外发达国家相比，我国在这方面还有很大差距。首先，“信息是一种重要的战略性资源”这一观念尚未深入人心，它直接影响着我国信息资源开发利用的水平。其次，对信息资源开发利用基本知识的缺乏，严重影响了我国信息管理水平。信息管理不能仅仅停留在信息系统的建设上，而且还要进一步掌握信息源和信息服务两个方面情况。再次，以往的信息管理重形式，不重内容，是我国信息资源开发利用水平不能迈上新台阶的症结所在。我国企业应在科学理论指导下，采取有效的措施，切实推进企业信息化进程。

为了适应形势的发展，摆在企业面前的任务首先是要有强烈的信息意识和信息观念。企业面临的是市场经济，企业的一切行为都决定于对内外环境的把握，只有高度重视信息资源的开发利用，才能使企业在市场经济环境里游刃有余。我国企业务必要打破传统的管理模式，不仅要重视人、财、物资源，还要在企业整个经营过程和管理上，增强信息意识和信息能力，来提高企业的整体素质和竞争能力。

（四）建立信息机构并健全信息资源开发的规章制度

信息机构是实施信息收集、加工、存储、传递等有关信息管理活动的组织形式。建立与现代化的信息管理业务相适应的组织机构是实现信息资源开发利用战略任务的关键。只有建立完善的信息管理体系，才能更好地适应市场经济发展的需要。

健全的规章制度是开展信息工作的保证。企业要开展信息工作，必须要建立各种规章制度和管理办法，制定信息管理工作标准和技术标准，开发基于信息工作的业务流程等。

企业信息资源开发要贯彻五项基础标准：数据元素标准、信息分类标准、用户视图标准、概念数据库标准和逻辑数据库标准。实践表明，结合企业的实际情况逐步建立信息资源管理基础标准，对企业信息化的发展是非常重要的。例如，三峡总公司信息中心在开发三峡工程管理系统的过程中，面临着复杂的数据需求分析任务，成立了若干个以业务代表为主体的调研分析小组，他们与系统分析人员密切合作，采用了统一的数据元素和用户视图等标准构架。在软件工具的辅助下，经过两个多月的工作，定义了数据元素，理清了数据流，为工程管理的信息资源开发打下了良好的基础。

信息资源是企业发展的基础，开发利用信息资源的水平将成为衡量一个企业综合实力的重要标志。企业要在市场经济的竞争中立于不败之地，就必须“有效地开发和利用信息资源，实现资源共享”，这是当前企业信息化的战略任务。随着企业信息化建设战略的推进，在信息技术先进和信息资源丰富的时代，树立信息意识，更新信息观念，运用信息管理的原理和方法，不断完善信息资源开发利用的保障体系，会对企业的持续发展起到重要的促进作用。

第五节　企业信息资源的存储

企业信息资源的存储是指把收集到的有价值的信息系统地、有序地保存起来，以备需要时查找利用。经过加工处理后的信息，一部分经过使用后进入存储归档，一部分不经过使用直接存储归档，从而保证信息存储归档的完整性和系统性。企业信息资源的存储是信息资源得到充分利用的前提和补充。

一、企业信息资源存储的意义

（一）辅助企业决策

信息工作与企业决策之间有非常紧密的联系。一方面，企业信息采编计划的形成有赖于决策；另一方面，从大量的信息材料中可以捕捉到好的决策课题，为决策提供参考。具体而言，信息存储对决策工作的作用体现在决策前、决策中、决策后三个方面。决策前，通过对已存储的信息和搜集到的最新信息进行分析研究，可以帮助选定决策课题，发现和找到令人满意的决策课题。决策中，所存储信息材料可以帮助企业拟定决策提纲。确定决策提纲后，可以将有关信息材料检索出来或者集中起来进行分析研究，进一步将决策课题细化。决策后，信息材料可以弥补决策报告写作时往往遇到的材料不足。由此可见，信息材料的存储对企业决策工作的作用不仅是直接的，而且是多方面的。

（二）方便企业检索查询

企业信息存储有利于信息查询和再利用。没有信息资源的存储归档，没有相当数量的信息材料库存，要进行信息的查询利用是不可能的。企业中无论是有限的提供给决策者参阅的信息，还是多数没有进入决策者视野的初级信息，都是企业相关工作的真实记录。如今计算机技术不断发展，更加方便了企业信息的存储，为存储工作提供多种选择途径的同时，也方便了企业信息检索。实现企业信息存储归档，能满足信息综合利用的需要，方便企业在需要时进行检索查询。

（三）为企业开展资料汇编创造条件

信息材料本身就具有资料的价值。从某种意义上说，这些信息是企业工作的反映和真实记录。所以，对这些信息资料进行保存，切实做好信息的存储归档工作，就可以为更深入地、更长久地利用这些信息资源创造必要的前提条件。企业可以及时把各种信息材料汇编成为各种专题性资料汇编，通过把这些信息资料汇编成册，不仅有利于重要信息材料的长久保存，也有利于各类企业工作人员进行深入学习和业务研究。

二、企业信息存储的方法

企业信息资源的存储工作与第三章图书馆信息资源存储内容大同小异，可参考图书馆存储工作来进行。

（一）磁存储

磁存储技术使存储信息的原理发生了质的变化，它是利用磁头来完成电与磁信号之间的转换，并利用磁性载体（如磁带、硬盘、软盘等）来实现信息存储的技术。随着存储技术的发展，优盘、移动硬盘和磁盘阵列（redundant arrays of independent disks，RAID）出现后被广泛应用于信息存储，且磁存储技术的存储密度也在不断提高，由于突破了传统机械硬盘的性能瓶颈，拥有极高的存储性能，容量已达到 TB 级别。固态存储分为两种，一种是基于闪存介质的固态存储产品，如微硬盘、优盘等；另一种是基于 RAM 介质的固态存储阵列，可大大加快企业信息存储的数字化进程。

（二）光存储

光存储技术是通过光学方式在一个被称为光盘的圆盘上进行信息读写的技术。光存储技术在企业的应用，不仅可以存储企业的文字信息，还可以存储声音和图像等多媒体信息。光存储技术为企业开辟了新的应用领域，而且多层多阶光存储、近场光存储、全息光存储等超高密度存储技术的应用，使得光存储技术的存储密度进一步增加。

（三）云存储

云存储是在云计算概念上延伸和发展出来的新概念，是指通过集群应用、网格技术或分布式文件系统等功能，将网络中各种不同类型的存储设备通过应用软件集合起来协同工作，共同对外提供数据存储和业务访问功能的系统。云存储不是指某一个具体的设备，而是指一个由许许多多个存储设备、服务器和应用软件等所构成的集合体。由于经费和存储空间方面的压力，云存储方案非常适合于企业，企业信息存储的策略转向云存储后，再也不必配备庞大的存储设施，只需根据实际使用情况支付费用即可。

企业信息资源的储存是信息资源建设中的一个重要环节，能够延长企业信息资源的使用寿命，提高信息资源利用率；有利于企业信息资源的建设，发挥企业信息资源的价值；有利于实现企业的信息化，对企业发展有着重要意义。

随着科学技术的发展和人类知识的增加，不断涌现的信息源形成了强大的信息流。企业信息的生成从整体上看处于无序、随机、散乱的状态，信息很难被人有效利用，这样的信息还不是真正意义上的资源。企业信息资源建设就是将无序的信息加以整序，组织成一个科学有序的体系。从微观上看，企业信息资源建设要对信息鉴别、筛选、采集、加工、组织、剔除、管理；从宏观上看，企业信息资源建设要对企业信息资源进行统筹规划、合理布局、科学调控，从而建立起多层次的企业信息资源保障体系，使信息真正成为一种可被利用的资源。而企业信息资源一旦作为生产要素投入企业生产过程，与物质资源、劳动力资源相结合，就会产生倍增效应，为企业创造巨大财富。

核心能力是别人难以模仿和替代的，是保证个人或组织获得持续竞争优势的能力。企业通过对企业信息资源的采集、存储、管理和使用来实现自身职能。企业信息资源构成了企业从事各项生产活动、参与市场竞争的基础和条件，企业信息资源建设的能力构成了企业核心能力的基础。企业能否掌握市场的主动权取决于对信息资源数量占有的多少和质量的高低。因此，推进企业信息资源建设是增强企业市场竞争力的客观需要，是企业参与国际竞争的重要条件。

信息资源建设对于企业的发展至关重要。本章分别讲述的信息资源的规划、采集、组织、分析与开发、存储。这五个环节形成了企业信息资源建设的有机体系，本章着重介绍了规划、采集、分析与开发、存储这几个部分（信息资源组织在前文已有介绍）。这一系列对信息的加工处理，使企业信息资源得到了充分有效利用。如果企业把这一过程贯穿到企业的经营过程中去，必将会在众企业乃至整个市场竞争中取得有利地位，使企业得到良好的长足的发展。

➢ 思考题

1. 企业信息资源的特点和分类有哪些？
2. 什么是企业信息资源建设？
3. 企业信息资源建设有哪些意义？
4. 企业怎样进行信息资源建设规划？
5. 企业外部信息资源采集的方法有哪些？
6. 如何对企业信息进行分析？

7. 简述企业信息资源开发的意义。

参 考 文 献

常雅红. 2011. 企业经济信息分析探究[J]. 情报检索，（9）：19-21
陈彪峰. 2002. 企业搜集竞争情报的几种方法[J]. 经营者，（9）：16-17
陈若韵. 2000. 企业竞争情报的搜集与研究[J]. 情报杂志，（11）：15-17
董瑞云. 2000. 市场经济环境下的企业信息需求及其实现[J]. 商业研究，（9）：133-134
杜晓武. 2005. 基于计量经济方法的企业决策信息分析[J]. 西安石油大学学报，（1）：41-46
高诚. 2008. 试论企业竞争情报的内涵、作用及获取途径[J]. 现代商业，（36）：43-44
谷宝华. 2004. 论企业信息资源的开发[J]. 辽宁工学院学报，（4）：22-23
黄明解. 2004. 现代信息资源建设导论[M]. 武汉：湖北人民出版社
金桂花. 1997. 企业信息分析与决策[J]. 情报杂志，（1）：13-14
冷伏海. 2010. 信息组织概论[M]. 北京：科学出版社
李国红，夏文正. 2011. 企业竞争情报与反竞争情报研究[J]. 情报科学，（10）：1112-1114
罗倩倩. 2011. 信息分析及在企业竞争中的应用[J]. 湖南科技学院学报，（10）：121-123
牛建兵. 2005. 加快信息资源建设 实现企业可持续发展[J]. 科技情报开发与经济，（14）：55-56
盛剑锋. 2000. 企业市场营销战略制定过程中的信息分析[J]. 情报杂志，（11）：25-27
施雁恒. 2003. 浅析企业信息资源建设[J]. 科技情报开发与经济，（4）:163-164
孙彩杰. 2010. 图书馆的信息存储策略[J]. 四川图书馆学报，（1）：34-37
谭小红. 2009. 论企业竞争情报中灰色信息的搜集及利用[J]. 农业图书情报学刊，（10）：124-126
汪涓. 2005. 企业信息资源的共享与集成[J]. 中国高新区，（5）：49-51
王传宇. 2008. 科技档案管理学[M]. 北京：中国人民大学出版社
王伟军. 2009. Web 2.0 环境下企业信息资源管理变革[J]. 情报科学，（8）：1126-1132，1138
王永德. 2006. 商业企业信息分析研究[J]. 商场现代化，（1）：59
魏慈玲，项宇琛. 2008. 浅谈企业信息存储归档的功能和方法[J]. 科技信息，（3）：278
肖希明. 2002. 信息资源建设[M]. 武汉：武汉大学出版社
杨艳萍. 2003. 论企业信息资源管理[J]. 经济师，（2）：145-146
张金山. 2009. 基于 SWOT 分析的企业竞争情报获取途径研究[J]. 情报科学，（5）：672-675，679
赵箭. 2006. 企业信息化实施过程中的人力资源管理问题[J]. 管理现代化，（4）：41-42，64
周三多. 2010. 管理学[M]. 北京：高等教育出版社

扫一扫

企业信息资源管理补充阅读

第六章　信息资源共建共享

第一节　信息资源共建共享概述

信息资源共建共享是指信息机构对信息资源进行有计划地积累和合理布局，以满足、保障社会发展和国家建设需要的全部活动。信息资源共建共享的原则和机制为信息资源建设提供了理论上的基础，信息资源共建共享技术为信息资源的共建共享提供了技术上的支撑，信息资源共建共享的模式实践了信息资源共建共享，为我们提供了实例的研究与借鉴，总结经验和教训，投入信息资源的共建共享建设中去，信息资源共建共享的蓝图终将会实现。

以图书馆和信息服务机构为依托的文献信息资源共建共享体系建设是国内外开展信息资源共建共享活动中最为典型的组成部分，本章内容主要以文献信息资源共建共享体系为例，介绍并探讨信息资源共建共享的相关问题。

一、背景

18 世纪后期，当时德国的歌德在主持魏玛公国图书馆馆务时与耶拿大学图书馆建立了馆际互借关系。19 世纪中叶，德国法学家墨尔首次提出图书馆之间藏书建设分工协调的思想。20 世纪 60 年代以前，图书馆合作建设藏书与资源共享活动的规模和范围都是有限的，对图书馆工作没有产生实质性的影响。自 20 世纪 60 年代中期以来，随着信息经济、科学技术的发展和社会信息需求的增长，信息资源共建共享活动逐渐快速发展起来。

（一）信息经济的兴起和发展

信息资源的价值在于共享。随着信息经济的兴起和发展，信息资源成为社会生产的重要支柱。人们对信息资源的高度重视，必然会刺激社会信息需求的急剧增长。而巨大的社会信息需求，正是信息资源共建共享的强大动力。因此，信息经济的兴起和发展是信息资源共建共享活动广泛开展的根本原因。

（二）科学技术的发展

信息技术为信息资源共享提供了条件，加快了信息资源共享的实现。信息通信技术和网络技术世界连接成为一个整体，信息的传输完全突破了时间和空间的限制。随着科学技术的高速发展，科研成果大量涌现，科学知识急剧增加，各种类型的知识信息载体数量急剧增长，世界上任何单个的信息机构都不可能完备地收藏所有的知识信息载体。为了使信息资源收集更加完备，各图书馆之间必须协调合作，实行信息资源的共建共享。

（三）信息需求的增长

在当前数字化、网络化环境下，信息资源激增的同时，用户的信息需求也在不断增长，需要信息机构能够在更深、更广的层次上提供信息资源，这也是直接推动信息资源共建共享的重要原因。

二、概念

信息资源的数字化和网络化建设使文献信息资源突破了信息载体的约束，能够真正实现跨时空存取，做到一方建设、多方利用，信息的可共享性得以充分体现。数字时代和网络环境的充分技术支持，为文献信息资源共建共享创造了全新的发展环境。

概括地讲，现代的信息资源共建共享是一种建立在信息网络平台上的，通过行政手段或市场机制，由两个以上信息机构采取自愿参与、相互配合协调、互惠互利等原则，共同进行信息资源建设，共享信息资源的组织形式，以最大限度地发挥信息资源的效用，满足用户对信息的需求。

在传统的信息资源建设与服务中，共享的观念已经深入人心，但共享却很难深入地开展工作，原因有两个方面：第一，传统的管理体制要求各建设单位将部门利益置于整体利益之上，共享的意识强烈，共建的意识薄弱。第二，共享实践是以“单干”（个体建设）为基础的，而各单位“单干”所形成的“人有我有，人无我无”式的资源结构并不适合共享，致使共享的效率不高。在重构理论中，一定要突出共建是共享的前提这一原则，使资源共享能够在一个良好的起点上进行。信息资源建设包括微观和宏观两个方面，宏观信息资源建设是指根据一个地区、一个国家乃至国际间的需要而进行全局的信息资源布局和协调发展工作，其实质是资源的整体布局；而微观信息资源建设是指各个信息机构对信息的收集、组织、管理、贮存等工作。基于共建共享的理论要求，必须在宏观建设的指导下开展微观建设，微观建设如不服从资源的整体布局就会失去意义，不能融入共建共享体系。

信息资源共建共享这一概念在新的时代，新的信息环境下，要更加符合信息服务的要求。对于信息资源共建共享需从以下两个方面来正确理解。

首先，是“信息资源共享”还是“信息资源共建共享”？共建是共享的前提，信息资源共享是以信息资源共建为基础的，而信息资源共建的目的就是信息资源共享。所以，实际上无论是否谈及“共建”，信息资源共享的概念都是自然包含“共建”内涵的。对待“信息资源共建共享”和“信息资源共享”这两个术语的问题上，为了避免因对概念的理解不同而造成的交流与论述的障碍及在后文论述信息资源共享机制和模式等内容的严谨性，本书所使用的语词表达为“信息资源共建共享”。

其次，共建共享主体概念的误读。信息资源共建共享并非等同于服务，不同于图书馆与用户之间的共享，这里的共享强调的是建设者同建设者之间的共享，包括在学术意义上的共建共享和在社会意义上的共建共享。在学术意义上的共建共享强调信息资源建设机构共同选择、共同建设、共同组织与共同利用；在社会意义上的共建共享侧重为了满足用户需求而进行的共建共享，如《全国图书协调方案》。

三、意义

（1）信息资源共建共享可以最大限度地满足用户需求，大幅度提高馆藏资源的利用率。

信息资源共建共享使图书馆不仅面对本馆用户，而且面向合作的各个信息机构的用户，从而大大扩展了自己的用户范围。一些本馆用户利用率不高的资源相对其他馆的用户来说，可能是非常有价值的。这样不仅能把图书馆呆滞的资源盘活，提高馆藏资源的利用率，而且能在更大范围内满足用户需求，提高读者的满意度。

（2）信息资源共建共享有助于减少信息资源建设的重复和遗漏，形成各具特色的信息资源体系，提高整体信息资源系统的保障能力。

面对当今数量急剧增长的各类信息载体，任何图书馆都不可能全面收集。信息资源共建共享要求各馆克服本位主义和“自给自足”的资源建设观念，将本馆的信息资源看做整体信息资源的一部分，并纳入统一的信息资源体系加以规划和建设。各馆致力于建设本馆特色的信息资源体系，优化本馆的信息资源结构，使本馆的资源能够最大限度地完成本馆的服务任务并满足服务对象的需求。从宏观上看，这样做能够最大限度地减少信息资源建设的重复和遗漏，提高整体信息资源体系的保障能力。

（3）信息资源共建共享有利于国家对信息资源建设的投入能够得到最优化使用。

用有限的经费获取尽可能多的资源是信息资源建设的一项基本原则。实行信息资源共建共享，使图书馆能够按照整体规划的要求，用经费集中购买本馆分工采集的那些能够体现本馆重点与特色的学科与类型的书刊资料和数字化文献，并保证其完整系统程度。

（4）信息资源共建共享有利于消除信息鸿沟，实现信息公平。

信息资源共建共享实质上是对信息资源在全社会范围内进行合理配置，它有助于消除地区间的信息鸿沟，保障每个公民的基本文化权利，进而促进社会的全面进步与和谐发展。

第二节　信息资源共建共享的原则和机制

一、信息资源共建共享的原则

传统的文献信息资源建设注重个馆建设，努力以个馆的服务来满足用户的信息需求，因此，在建设中强调实用性、系统性、特色化与协调原则。共建共享改变了资源建设的目标和条件，无论是对建设状态还是建设过程，都提出了新的要求。

在传统信息资源共建共享的原则中，有些是共建共享系统的原则，有些则是共建共享对成员馆的个馆建设提出的具体要求。信息资源共建共享原则可以分析为面向结果的共建共享原则和面向过程的共建共享原则。

（一）面向结果的共建共享原则

原则既是行为的准绳，同时也表达了追求目标过程中所要达到的结果。为了达到信息资源共建共享的目标，要求共建共享活动坚持完整性原则、系统性原则和标准化原则。

1. 完整性原则

每个文献信息机构在所负责的建设范围之内，不再强调文献信息资源的实用性而更加注重文献信息资源的完整性，强调以整体的信息资源建设来实现对信息资源的完备保障，以满足社会信息需求。资源建设的广度由整个共建系统来保障，而资源建设的深度则由具体的文献信息建设单位来保障。

2. 系统性原则

共建共享不但要求各文献信息机构自身建设的系统性，即文献信息资源的系统性要与文献本身的系统性、用户自身需求的系统性、保存和传递的系统性相一致，而且更加强调以系统布局和科学规划为出发点，加强共建共享系统的各个组成部分之间的系统性建设。

3. 标准化原则

在完整性和系统性原则的统领下，文献信息机构分别建立自己的专门化的资源体系，从宏观的角度共建类别齐全、类型多样的综合化资源体系。而要实现资源的共享，还必须在建设中坚持标准化原则。只有遵循建设的标准化原则，才能实现信息资源的转换、交流、兼容，实现不同专业化系统资源的通畅共享。

（二）面向过程的共建共享原则

信息资源共建共享原则不仅仅是对共建共享所要达到的状态提出的要求，更是对共建共享过程的要求，即真正意义上共建共享原则还应当是关于如何进行共建共享的命题。为了达到信息资源共建共享的目标，要求共建共享活动坚持以下原则。

1. 共建与共享相统一原则

信息资源共建共享有许多形式的语词表征，但不管如何表达，这一概念都包含了共建和共享两方面的内涵。在图书馆信息资源共建共享的实践中，同样更要坚持把这两方面的内涵有机结合起来。共建的目标是共享，共享的基础是共建，一种很容易接受的辩证关系，在实现的过程中却并不是一帆风顺。通常情况下，多数的单位（馆）都把资源建设的任务寄托在其他成员馆，特别是那些大型图书馆上，但也有的情况是，有些单位（馆）对资源建设任务大包大揽，从而破坏了共建共享布局的平衡，影响了共建共享系统作用的发挥。只有坚持共建与共享相统一，才能真正迎合共建共享的目标。

2. 权利与义务相统一原则

在传统信息资源共建共享理论中，互惠原则经常被提及。所谓互惠原则是指所有参与者在信息资源共享中彼此之间都能获得平等的利益，并由此最大限度地满足图书馆用户的信息资源需求。互惠原则进一步理解为自愿和平等的出发点和最终归宿，并且是推动信息资源共享发展的动力。互惠的愿望固然美好，但共建共享各方能否实现受惠，却取决于各方是否在共建共享行为中有所付出。如上所述，必须坚持共建与共享相统一，同时，也必须坚持权利与义务相统一。只有如此才能调动共建各方的积极性，使各方能够在共建共享中受惠，乐于将本单位的资源拿出来共享，从而提高信息资源保障率，实现共建共享的目标。

3. 宏观调控与市场调节相统一原则

学者们往往视自愿原则为信息资源共享的前提原则，并且旗帜鲜明地提出：“只有以自愿参与为主导，以政府支持为辅助，信息资源共享计划或者活动才能得以广泛地推行和持续发展”。“虽然政府或政府间的行为，如建立统一的管理体制、制定统一的行动计划与措施等，对信息资源共享有重要的作用，但是政府或政府间的行动往往存在着难以克服的困难”。其实相反，图书馆信息资源共建共享活动最需要的恰恰是政府的宏观调控，原因正是上面所提到的“建立统一的管理体制、制定统一的行动计划与措施等”，这其中最关键的是宏观调控能够实现自由共享，能够避免信息资源建设的不足与重复建设。要实现减少信息资源的重复配置，提高信息保障率，以最大限度地满足用户信息需求的目标，只能依靠政府通过各种手段进行宏观层面的调控。至于可能遇到的困难，是强有力的政府组织所能够克服的。

制定信息资源建设政策可以明确各馆参与信息资源共建共享的权利和义务，建立一种利益的平衡机制，以保证参加合作的成员馆都能得到实惠，调动其积极性。从合作藏书、资源共享的实践来看，建立平衡机制是十分重要的。虽然从整体上看，信息资源共建共享对所有图书馆都有利，但从局部上看，如果没有一种利益平衡机制，就很难保证参加共建共享活动的每个成员都能获得与其投入相应的利益，有的甚至会相差甚远。于是那些投入多、利益少的成员自然就会失去积极性。因此，要有效地开展信息资源共建共享活动，就必须制定科学合理的政策，建立一种利益平衡机制，使各图书馆之间都能依据它们在资源共建共享中的投入和贡献获得相应的利益。可以说，信息资源共建的关键在于制定既符合客观事实，又有一定灵活性，能适应情况发展变化的信息资源建设政策。

网络时代，图书馆之间的距离和获取文献的时间都缩短了，信息资源建设政策的规定和实施，有利于图书馆信息资源的共建共享。信息资源建设政策制定的基础是基于内外环境对图书馆需求的分析与研究，对图书馆资源建设做出的指引和规定，是资源建设合作与共建共享的基础。

二、信息资源共建共享的机制

机制，原指机器的构造的动作原理，现已广泛应用于自然现象和社会现象，指其内部组织和运行变化的规律，或一个工作系统的组织或部分之间相互作用的过程和方式。在关于共建共享的理论研究中，关于机制的表达也多种多样，有“运行机制”“管理机制”“动力机制”等形式。这些表达形式有的已经和信息资源共建共享模式内涵一致，如“运行机制”；有的则涉及信息资源共建共享的管理体制，如“管理机制”。本书所论述的共建共享机制，主要是指共建共享的动力机制，即共建共享系统的成员馆进行共建共享的动力源泉是什么。其关键问题是共建共享系统的成员如何进行利益分配，如何保障各成员的共建共享积极性。因此，动力机制通常又被称为利益平衡机制。

信息资源共建共享是一项复杂的系统工程，需要统筹考虑多方面因素，如资金投入、技术引进、设备配置、信息资源的协调、人才培养、制定标准等，某一方面考虑不周，就有可能影响全局。通过利益平衡机制可调节这些问题并进一步促进信息资源共建共享的发展，是决定信息资源共建共享成败的关键因素。因此，研究利益平衡机制的结构及特点，完善信息资源共建共享利益平衡机制，对于保证我国信息资源共建共享事业的稳定健康发展具有极其重要的意义。

所谓“信息资源共建共享利益平衡机制”，就是以经济利益为基本驱动力，通过对参与信息资源共建共享的相关主体的经济利益关系的调整，使各主体之间的利益达到某种平衡状态，促使各相关主体产生一种积极参与共建共享的驱动力，从而实现对各相关主体思想行为的引导与控制，实现共建共享目标的调节过程和方式。它具有一般经济利益机制的自我控制和自我平衡的功能。

一些学者总结出了我国信息资源共建共享发展过程中表现出来的各种机制，信息资源共建共享发展过程中具有代表性的几种观点有：陈兰杰等认为共建共享存在三种不同的利益平衡机制，分别是市场平衡机制、政府平衡机制和社会平衡机制；楼靖华也认为存在三种不同模式的利益平衡机制，分别是松散型利益平衡机制模式（行政驱动型利益平衡模式）、合作型利益平衡机制模式（简单利益驱动型平衡模式）和紧密型利益平衡机制模式（行政与利益双驱动型利益平衡模式）；刘爱琴将资源共享的利益协调机制的构成内容分为资源有效配置机制、利益激励约束机制、共享协同监管机制、共享技术支撑机制；陈兰杰曾提出构建文献信息资源共建共享机制的三原则，分别是公平与效率兼顾原则、政府干预与市场导向相结合原则、协调原则。综合而言，这三原则多是对机制内容的反映，而共建共享机制已经存在于上述机制类型中，需要根据共建共享目标从中做出选择。但能够确定的是，由于图书馆信息资源的准公共物品属性，共建共享机制不应当以市场平衡机制为主。

随着市场经济在我国的确立和迅速发展健全，信息学的研究引入了市场经济理论，并从商品的角度研究信息，主张“信息资源的配置要以市场为导向原则，以市场配置为主要手段，运用供需机制和风险机制的共同作用来提高信息资源配置的质量，运用价格机制引导信息资源配置的方向；运用竞争机制以实现信息业最适度的配置”。信息资源共享理论中也出现了许多市场化的共享思想和理论，主张引入市场竞争机制，认为市场应该在信息资源共享中起主导作用。

诸多学者之所以主张以市场平衡为主导的信息资源共享机制，根源在于：其一，对信息资源概念存在误读，混淆信息资源共享的主体，混淆信息资源共享与信息服务的概念区别，无视信息资源共享的初衷——图书馆或信息机构之间以互惠的形式提高信息资源保障率；其二，未能准确把握信息资源特别是图书馆信息资源的准公共物品（quasi-public goods）属性。目前，“坚持图书馆服务的公益性”正逐步得到学界公认，“在信息资源共建共享中采用市场机制”逐渐失去了逻辑支撑。如果坚持推行以市场为主导的信息资源共享模式，其逻辑后果有两种：第一，市场以盈利为目的，而信息资源共享本身是一项公共事业，以市场平衡为主导的共享机制最终会使信息资源共享背离公益性质，成为市场条件下的商业信息活动；第二，市场调节具有自发性、滞后性和盲目性等缺点，以市场为主导的共享机制对信息资源配置和共享的指导性会极大地削弱，各单位为夺取竞争优势，会不可避免地采取“你无我有，你有我优”的竞争策略，从而导致信息资源重复建设与浪费，不利于提高信息资源保障率，完全背离自由共享的共建共享目标，更不利于提高信息资源建设的经济效率，这与信息资源共享的初衷是背道而驰的。

（一）以政府平衡为主、以市场平衡和社会平衡为辅的共建共享机制

信息资源共享是图书馆等社会信息机构为提高信息服务能力而进行的一项重要并且

长远的社会活动，实现信息资源共享，不能以市场平衡机制为主，必须坚持以政府平衡机制为主。

1. 政府平衡的主导作用

文献信息资源是准公共物品，它的准公共物品属性使得信息一旦被提供，生产者就无法排斥那些不为此物付费的个人，或者说排斥的费用是昂贵的。信息资源的准公共物品属性及由此出现的“免费搭便车者”是文献信息资源共建共享发展缓慢的根本原因之一。从我国目前现实来看，我国缺乏有关文献信息资源共建共享的立法规范和国家政策，急需国家制定相关政策法规，以行政手段进行约束。

信息资源共建共享首先是一种国家行为，纵观目前我国的信息资源共建共享模式，都带有鲜明的政府行为。这些共建共享组织的活动经费主要来源于国家，共享体系都得到了政府部门的大力支持，所以政府的干预是必不可少的保障，是保障信息资源共建共享、保持正确方向的支柱。但是，信息资源共建共享实践了多年，始终没有一个权威的机构进行组织或协调，缺少约束机制，也缺乏具体的指导措施和权威的职能机构检查、推动资源共享工作。信息资源共建共享是各参与单位互惠互利的过程，但是由于各单位自身条件存在很大的差异，分属于不同的地区和系统，彼此之间很难协调。在资源共享中做出了贡献的单位，得不到实际利益；而无所作为或故意不作为的单位，也没有任何制约，共建共享难以健康发展。由此导致信息资源难以在更大的空间里得到合理分布。

这种利益的不平衡和资源地理分布的难以协调不能靠技术来解决，而必须依靠政府发挥作用，只有政府能够调控共建共享中各利益主体之间的博弈过程，尤其是在解决和协调我国不同地区、不同系统的单位（馆）之间的合作共享问题上，也只有政府能充分考虑和顾全所有具体参与者的利益，理顺各级共享机构之间的关系，明确划分各级在共建共享中的职责范围。目前各单位（馆）之间的协议，可以看成是一种“弱链接”，即没有很强的约束关系和强制执行力，只是靠一种互惠互利的关系来合作，很容易受到损坏。由于单位（馆）之间的信息资源共建共享是非盈利的，这样的合作关系往往不够稳定。

信息资源共建共享机制的建立与运行需要采取有力的措施，提供必要的保障，以保证这个机制在良好的环境中顺利、持久发展。共建共享的真正实现还需要政策的保障。政策的重要性在于：它为共建共享提供思想和行动上的指导；它可以调节共建共享中各种复杂的关系；它为共建共享的组织和管理提供规范。强有力的措施和政策保障离不开政府的参与和支持。政府应该统筹信息资源共建共享的立项及发展，打破部门间与行业间的信息壁垒，避免资源的重复建设，进而更加有效、更大范围地服务于社会和广大民众。所以，政府在共建共享中占据主导地位，政府的决策和行为决定共建共享的发展，共建共享机制应以政府平衡机制为主。

2. 市场平衡机制与社会平衡机制的辅助作用

市场经济的大环境下，仅仅依靠政府的强制手段来规范各单位的行为是不够的。需要有一种机制来让各单位自发、自愿的参与共建共享。市场平衡机制能够把信息资源共享与开展有偿服务、建立信息市场结合起来，将信息资源共享从信息机构之间以互助精神为基础的单纯的非利益的伙伴关系，逐渐变为一种以市场原理为基础的互利互惠关系。市场平衡机制是推进文献信息资源有效开发利用，推进文献信息资源共建共享，推进社会信息化、知识化进程走向深化的现实性机制，也是共建共享中不可缺少的一种机制。

共建共享要健康发展下去，还需要一种社会伦理观念规范人们的社会行为，让人们自觉、自愿地约束自己的信息行为。这依靠的是长期形成的信息伦理、信息道德和社会舆论，需要整个社会去平衡各利益主体，这是其他两种机制做不到的。

总之，政府平衡是利用政府的权威和不可抗拒性从宏观上控制共建共享向着目标发展。市场平衡机制能够通过市场化运作实现信息资源的合理流动，避免信息资源的浪费，并且信息资源的利用者获得了他所希望的效益，信息资源的生产者和传递者获得了合理的回报，实现了利益主体的互惠互利。社会平衡机制是利用社会伦理监督人们的信息行为，使共建共享各参与单位在享受了共享权利后，履行自己的共建义务。这些是政府的宏观调控手段无法做到的。由于共建共享中弱势群体和一些不自觉履行义务单位的存在，共建共享又需要政府的干预和调节。因此，只有采取政府平衡为主，市场平衡与社会平衡为辅的方式，才能保证共建共享没有后顾之忧，健康、良好地发展下去。

（二）信息资源共建共享机制的发展趋势

最科学的模式应该是一种综合模式，即三种协调机制的协调互补。每一种协调机制都有自身的优缺点，单一的协调机制会导致资源浪费和恶性循环。信息资源共享的方式和模式设计也不能一概而论，而应在充分考虑信息资源共享主体、信息资源本身和共享中介类型、特点、性质和差别的基础上构建。

综合起来看，可以分为三种基本的信息资源共享社会协调模式。

1. 基于公共物品供给的公共管理模式

基于公共物品供给的公共管理模式属于公共信息资源、公益性信息资源和非营利性信息资源，具有公共物品和半公共物品的经济特性，应该在政府的引导下生产和提供，并适度引入市场机制调节，才能高效率实现全社会信息资源共享。

2. 基于市场机制的社会利益协调模式

基于市场机制的社会利益协调模式属于非公共信息资源、非公益性信息资源和营利性信息资源，具有信息商品的经济特性，应该在市场机制的引导下生产和提供，建立一种互利互惠的市场利益平衡机制，政府适度加以干预和监督。

3. 基于社会道义的信息资源援助模式

在社会和经济发展过程中，效率和公平是一对难以调和的社会矛盾，政府和计划会双双失灵，必然会出现信息垄断、信息差距、数字鸿沟、信息不平等、信息贫富不均等社会问题。这往往需要寻求第三条道路加以协调解决，如社会道义、社会道德、社会伦理、社会责任、社会正义和公正等。通常可以通过政府倡导、公众要求、良知感应、道德谴责、正义呼唤、责任分担和内心觉悟等形式，在社会上形成一种信息资源援助的风气，从而实现信息资源共享。

第三节 信息资源共建共享技术

信息资源共建共享技术可分为信息资源共建共享存储技术、信息资源共建共享组织技术和信息资源共建共享分布式访问技术三部分。

一、信息资源共建共享存储技术

信息资源共享存储技术包括了 DAS（直接连接存储）、NAS（网络连接存储）、FC-SAN（存储区域网络）、IP SAN-NAS（通信协议网络连接区域存储）、IP SAN-iSCSI（通信协议网络微机系统接口）等几种技术。

（一）DAS

DAS 是传统的存储体系，以服务器为中心的存储结构。各种存储设备与服务器相连，客户机先访问服务器，然后通过服务器的 I/O 总线访问相应的存储设备，服务器实际上是一种存储转发的中介机构。信息资源共建共享允许多个客户同时访问信息存储机构，但是存储机构的接受能力毕竟有限，如果用户过多很可能造成系统的崩溃。DAS 的优点是实现数据连接存储很方便，用它实现信息资源的共建共享很容易，缺点是如果客户过多又不加限制很容易造成系统的崩溃。

（二）NAS

NAS 存储设备是通过标准的网络拓扑结构（如以太网）连接到一群计算机上。NAS 是部件级的存储方法，它的重点在于帮助工作组和部门级机构解决迅速增加存储容量的需求，整个构架以数据为中心来设计，NAS 支持在机构不一样的技术平台上访问，降低了技术成本，但是它的扩展性很差，对于灾难的恢复能力不强。

（三）FC-SAN

FC-SAN 通过光纤通道（fiber channel，FC）连接到一群计算机上，在该网络中提供了多主机连接，但并非通过标准的网络拓扑。FC-SAN 可以与 LAN 很简单的链接，而且支持 SCSI（small computer interface，即小型计算机系统接口）和 IP 协议。它不受 SCSI 存储结构的限制，而且当存储容量增长时，允许企业自主增加其存储容量。FC-SAN 可以使服务器连接到任何存储容量，不管数据存放在哪里，服务器都可以直接存取。因为采用了光纤接口，它可以提供更高的带宽，方便信息资源的存储。

（四）IP SAN-NAS

服务器透过以太网络连接后端存储设备，后端的存储设备可被看做一台含有档案处理系统的存储服务器。客户端可以直接存取服务器里的档案，只要透过这些档案系统，客户就可以在自己的计算机端看到存储服务器上所提供分享的档案目录，并可以直接存取。

（五）IP SAN-iSCSI

iSCSI（Internet SCSI/SCSI over IP）融合了 NAS 和 SAN 优点。其适用于 TCP/IP 通信协议，在以太网络上传输 SCSI 的指令，是一个以 IP 为主的 SAN，优点是不用架设昂贵的光纤信道费用，以现有的以太网络为基础。iSCSI 的好处打破了 FC 或 SCSI 的距离限制，并且使多台服务器享有后端的存储设备资源，并且 SCSI 原本限制只能连接 8 个或 16 个设备，iSCSI 则允许比前者连接更多存储设备。简单地说，iSCSI 可以实现在 IP 网络上运行 SCSI 协议，使其能够在如高速千兆以太网上进行路由选择。

二、信息资源共建共享组织技术

传统信息组织技术在数字环境中及信息共建共享的目标要求下，存在诸多缺陷。在数字环境中，资源的组织更多关注的是知识组织，从而实现更大更深层次的信息资源共建共享，即知识发现和知识共享，从而新的信息组织技术应运而生，以实现异构资源的整合和深层次资源的组织和开发。信息资源组织技术的发展主要涉及以下几个方面。

（一）数据库技术

数字图书馆就是存在于互联网上的巨型数据库。数字图书馆中信息的获取、存储、组织、检索和分析统计都离不开数据库技术。数字图书馆信息组织的数据库技术，主要有面向对象数据库技术、关系数据库技术、多媒体数据库技术、非结构化数据库技术和数据仓库技术等。当前数字化信息组织技术中应注重解决的问题主要是信息组织的标准化问题、信息资源标引问题和数字资源的检索问题。

以上几种数据库技术在对信息数据的组织方面各有所长，技术本身也处在一个不断发展的阶段，到目前为止，还没有一种数据库技术能独立完成数字图书馆中的全部信息组织功能，而是要在其他数据库技术的协助下来共同完成。总的来说，当某一信息集中结构化信息占多数时（如电话号码集、公司一览表等）可以借助关系数据库技术来进行管理；当信息集中结构化信息与非结构化信息比例相当时（如化学元素属性集等）可考虑使用非结构化数据库技术；而当多媒体信息占有很大比例时（如图片集等）用多媒体数据库是一种较好的选择；数据仓库技术则可以用来组织大量的相对稳定的历史数据，为数据分析和决策支持提供可靠的细节数据；面向对象的数据库可以很好地屏蔽不同类型的信息，能使信息资源的组织真正实现面向主题，它是数据库技术发展的方向，相信在不久的将来会大量应用于数字图书馆中的信息组织。

然而，要实现异构数据库的跨库检索，即将不同类型、不同结构、不同环境、不同用法的各种异构数据库纳入统一的检索平台，许多新的相关技术相继推出，如公共网关接口（common gateway interface，CGI）技术、开放数据库连接（open database conectivity，ODBC）技术、JAVA 数据库连接（java database connectivity standard，JDBC）技术、ASP（active server pages）技术和 JSP（java server pages）技术、XML（extensible markup language，即可扩展标记语言）中间件技术等。

（二）主题图技术

主题图技术是一种新兴的数字化知识组织方式。在 XML Topic Map（XTM）1.0 规范中，主题图被定义为一系列以主题、联系和范围组成的主题图节点集合体，这些节点以符合 XTM 或者其他规范（如 HTML，即起文本标记语言）的文件形式或者以满足 XTM 加工需求的内部应用的方式存在。概括地说，主题图是一种用于描述信息资源的知识结构的数据格式，它可以定位某一知识概念所在的资源位置，也可以表示知识概念间的相互联系。

作为一种知识组织方式，主题图技术中包括了知识组织关注的改进信息检索的技术，并有所发展。主题图技术吸收了索引的款目、参照系统、出处的基本概念，并把它利用于数字信息的组织上；主题图吸收了叙词表在词汇控制方面的思想，并在传统叙词表的用、代、属、分、族、参的简单关系基础上，具有灵活定义概念间关系的类型的功能，使用者可以根据领域概念的特点灵活地定义概念之间的关系；主题图将分类表中分类的思想用在主题的类型划分上，并可以通过定义不同的范围，展现不同角度的分类；主题图利用出处机制，将语义结构与信息资源连接起来，成为知识管理和信息资源管理的桥梁。主题图技术吸收了传统的知识组织方法的思想，并有所发展。

主题图还是一种知识表现语言。传统的知识组织体系没有采用丰富的语义置标，而只是采用了人为的解释，而主题图用丰富的语义置标来定义主题的类、关系、角色和出处的一系列主题，表现知识结构，主题图作为一种知识组织方法的同时也是一种知识表现语言。知识表现语言的最终目的是使计算机能够帮助人们处理知识结构，这是语义网发展的要求，也是主题图技术发展的方向。主题图是一种简单的本体语言，它在形式化和推理机制上还有待完善。由于主题图技术吸收了各种知识组织方法的长处，并采纳了 Ontology 和语义网的部分思想，使得它可以在一定程度上满足数字化时代知识组织的需求。

（三）知识挖掘技术

知识挖掘技术主要包括联机分析处理（online analytical processing，OLAP）、知识发现（knowledge discovery in database，KDD）和数据挖掘（data mining，DM）。

OLAP 概念最早由关系数据库之父 E. F. Codd 于 1993 年提出。当时，OLAP 是共享多维信息的快速分析。其特征在于快速性、可分析性、多维性和信息性。OLAP 数据的处理方式包括关系数据库、多维服务引擎和 Web 应用服务器。但大多情况下，OLAP 工具用 SQL（structured query language，即结构化查询语言）做计算，然后将计算结果作为多维引擎输入，在多维服务引擎上完成计算，或者将 OLAP 产品输入 Web 应用服务器进行计算。

KDD 的研究内容是能自动地处理数据库中大量的原始数据，从中挖掘、搜索出具有必然性、富有意义的模式（pattern）。KDD 中要分析的数据范围是非常广泛的，主要对象是关系数据库。KDD 可发现的知识有法则（rules）、规则（regularity）、科学定律、方程或概念网等。

DM 技术是人们长期对数据库技术进行研究和开发的结果，是从海量数据库中挖掘信息的技术，其核心模块技术包括数理统计、人工智能和机器学习。支持 DM 的三种基础技术是海量数据收集、强大的多处理器计算机和数据挖掘算法。DM 的功用表现在自动趋势预测、自动探测以前未发现的模式、拓展数据库的广度和深度等方面。

（四）关联数据技术

关联数据采用 RDF（resource description framework，即资源描述框架）数据模型，利用 URI（uniform resource identifier，即统一资源标识符）命名数据实体，在网络上发布和部署实例数据和类数据，从而可以通过 HTTP（hyper text transfer protocol，即超文本传输协议）揭示并获取这些数据，同时强调数据的相互关联、相互联系及有益于人和计算机所能理解的语境信息。

关联数据网络和当前的超文本网络有所不同，超文本网络的基础单元是由超链接所连接起来的 HTML 文件，而关联数据并非是简单地连接这些文件，而是使用 RDF（resource description framework，即资源描述框架）形成连接世界上任何事物的网络，即数据网络。

数据网络可被描述为由网上数据描述世界上所有实体的网络。关联数据网络的出现不但对当前的超文本网络进行了扩展，同时也对当前网络上纷繁混乱的信息资源进行甄别、选择和定位。

（五）知识网格技术

知识网格是一种建立在万维网之上的知识共享环境。它以网格/语义网为基础架构，实现异构语义资源的整合与获取，并提供基于语义资源的知识服务。其本质是万维网知识资源和知识服务的协同与共享。网格有 6 个部分组成，即网格结点、数据库、存储和处理设备、可视化设备、宽带网和网格软件。知识网格所要解决的主要问题包括资源的规范组织、智能聚合和语义互联。

在知识网格中，使用语义链来描述两种资源之间的有序关系，表示为从一个资源到另一个资源的类型化的指针。语义网络是用语义链代替 Web 超链结构的语义互联网模型，其中结点表示资源，有向边表示类型化的语义链。知识网格可以采用元数据目录对信息与知识进行描述。元数据目录包括元数据的命名、发布与访问，并为用户提供统一的访问接口，在动态虚拟组织间进行有效的知识传播和知识管理。人们可通过互相交流、接受他人发布的知识资源来获取知识；知识网格则通过对数据、文本和图像等资源进行抽取、挖掘、归纳、演绎、合成来获取知识，并以人机都可理解的方式将其表示出来。知识网格中获取知识有两种方法：一种方法是人们直接通过交流互相获取知识，或通过接受他人发布的知识资源获取知识；另一种方法是知识网格通过对如数据、文本和图像等资源进行抽取、挖掘、归纳、演绎、合成来获取知识。利用知识网格对网络信息资源进行知识组织，是图书馆在信息服务中的新思路，它把信息资源组织的概念推到了知识组织新的高度。

信息工作者对文献资料创造性加工所形成的二、三次文献，是具有综合度高、附加值大的信息产品，而提供信息产品的过程和传播信息的活动，也就是信息服务的过程。知识网格体系建设以信息服务为导向来采集、加工和传递文献信息资源，以文献信息资源存储、重组和配送为目的，利用丰富的网格信息资源，围绕用户所需的不同信息，分别制定服务策略，对特定范围的网络信息进行查寻、下载、分类、提炼、加工和输出。知识网格通过接口连接分散在各个网格站点上的信息资源，网格软件则通过各种协议将同质的和非同质的内容进行连接，并通过高级分析减少由于信息的不同形式所带来的技术的复杂性。网格操作系统还可以提供自动生成目录和缓存等技术，提高网格信息查询和浏览速度，减少网格流量。这样网络用户可通过网格门户技术透明地使用整个网格上的资源，减少盲目浏览查询的时间，提高知识的利用效率。知识网格将不同区域数据库中的信息资源按照统一的加工标准进行整合，通过对网络信息资源的组织使其能跨越数据库界限而浑然成为一体，消除了信息孤岛和知识孤岛，用户能方便地发布、处理和获取信息资源。知识网格技术更能关联和集成不同级别（如概念级、公理级、规则级和方法级）和不同领域的知识资源，以此来支持跨领域的类比推理、问题解决和科学发现。

（六）大数据技术

大数据也称巨量资料，是指所涉及的资料量规模巨大到无法透过目前主流软件工具，在合理时间内达到撷取、管理、处理、并整理成为帮助企业经营决策更积极目的的资讯。

流数据分析是一种重要的大数据处理技术。它是一种用于收集计算机程序在不同点计算的值的信息的技术。它可以利用程序的流量控制图，通过一些计算方法来确定变量的一次赋值可能会传播到程序的哪些部分。

数据库的工作坚持标准化、规范化和质量第一的原则，长远规划，合理布局，并搞好前期准备工作以确保数据准确。在指定数据库建设政策时，要正确分析本馆资源的特色和优势，要建设的特色数据库类型（专业特色、主题特色、地方特色等），要达到的目标，以及计划采取的措施与步骤。

三、信息资源共建共享分布式访问技术

信息资源共建共享分布式访问技术包括集群、分布式计算环境（distributed computing environment，DCE）、CORBA（common object request broker architecture，即公共对象请求代理理体系结构）、P2P（对等网络）、并行计算、网格技术、云计算。

（一）集群

集群是一组计算机，单个计算机是这个集群的节点，一个节点失效，可以将任务传给下一个节点，集群计算有如下几个特点：①高可扩展性。集群性能随着CPU的增加呈线性增加，不会因为CPU的增加出现内存访问瓶颈问题；②高可用性。一个节点失效，系统会将任务传给下一个节点，保持任务的连续执行；③高性能性。负载平衡系统允许接入多个用户，而不会影响任务的执行。集群系统通常包含同种处理器和操作系统，包含的处理器和资源的数量通常都是静态的，集群物理上都包含在一个位置的相同地方；集群和网格计算是相互补充的，很多网格都在自己管理的资源中采用了集群。

（二）DCE

DCE是一种集成分布式环境，主要解决不同网络环境下应用程序间的互用性问题。DCE结构支持客户机/服务器应用程序的构建和整合，避免了分布式处理器的内部复杂程度。

（三）CORBA

CORBA为了解决DCE中不同硬件设备和软件系统的互联，增强网络间软件的互操作性，解决传统分布式计算模式中的不足等问题，对象管理组织（object management group，OMG）提出了CORBA，以增强软件系统间的互操作能力，使构造灵活的分布式应用系统成为可能。面向对象技术的发展和成熟、客户/服务器软件系统模式的普遍应用及集成已有系统等方面的需求，推动了CORBA技术的成熟与发展。作为面向对象系统的对象通信的核心，CORBA为当今网络计算环境带来了真正意义上的互联。CORBA体系结构中节点很多，节点与节点之间在Internet上如何操作及端点如何命名是它研究的一个重点问题。从而所有的机器都必须遵守特定的规则和特定的方法，只有这样CORBA才能正常工作。它的产生解决了DCE无法实现不同硬件设备和软件系统互联的问题，增强了网络间软件的互操作性，解决了传统分布式计算模式中的不足等，为构造更加灵活的分布式应用系统创造了可能。

（四）P2P

P2P主要指由硬件形成连接后的信息控制技术，其代表形式是软件。P2P起源于最

初的联网通信方式，如在建筑物内 PC 通过局域网互联，不同建筑物间通过 Modem 远程拨号互联。其中建立在 TCP/IP 协议之上的通信模式构成了今日互联网的基础，所以从基础技术角度看，P2P 不是新技术，而是新的应用技术模式。P2P 的缺点是缺少集中管理点，也缺少标准。

（五）并行计算

并行计算就是把一个需要非常巨大的计算能力才能解决的问题分成许多小的部分，然后把这些部分分配给许多计算机进行并行处理，最后将这些计算结果综合起来得到最终的结果。用一句话说就是为了加快运算速度和解决大储存容量的求解问题，将多计算机/多处理机并行计算的编程技术。并行编程需要一个合适的平台，可以是具有多个内部处理器的单计算机或者是多个互联的计算。无论是并行计算技术、集群计算技术还是分布式计算技术等，都只能帮助人们使用一定范围的计算资源，这个一定范围通常就是一个管理域的范围，利用这些技术所能共享的资源很有限，聚合的整体力量也不足够强。

（六）网格技术

网格技术利用高速互联网把分布于不同地理位置的计算机、数据库、存储器和软件等资源连成整体，就像一台超级计算机一样为用户提供一体化信息服务， 其核心思想是“整个互联网就是一台计算机”。网格目标本身不在于规模的大小，而在于可共享资源的种类、共享使用资源的形式、对用户共享资源的要求、共享的透明程度、接口的简单程度等。因此，我们可以认为传统互联网实现了计算机硬件的连通，Web 实现了网页的连通，而网格试图实现互联网上所有资源的全面连通，包括计算资源、存储资源、通信资源、软件资源、信息资源、知识资源等。

网格的特征：①异构性，由于网格由分布在广域网上不同管理域的各种计算资源组成，怎样实现异构机器间的合作和转换是首要问题。②可扩展性，要在网格资源规模不断扩大、应用不断增长的情况下，不降低性能。③动态自适应性，在网格计算中，某一资源出现故障或失败的可能性较高，资源管理必须能动态监视和管理网格资源，从可利用的资源中选取最佳资源服务。④全范围的资源共享。⑤网格为用户提供的服务与用户拥有设备的功能无关。⑥网格是建立在互联网和 Web 基础上的，不会替代它们。互联网的出现，将独立的计算机个体联成网络，但是，它没办法共享其他机器的资源。Web 的兴起，通过网页的方式连接起来，计算机可以做包括电子商务在内的更多事情。但是，各行业在应用层面上的互联互通远远没有实现，计算机的使用也远不如电话这么方便。而网格将能实现应用层面上的互联互通，即用户使用层面上的互联互通。

网格可以实现异构机器间的合作和转换；当网络资源规模不断扩大时，网格的使用性能并不会降低；可以实现全范围的资源共享；网格为用户提供的服务不受用户所拥有的设备的限制，网格技术的实现将会为使用者提供空前巨大的经济效益。

（七）云计算

随着互联网的普及与深化，各种网络技术迅速发展，“云计算”作为新兴的技术逐渐浮出水面。云计算自从被提出以来飞速发展，目前已经有了一些可用的云计算服务。云计算受广泛的推崇，是因为它可利用最小化的客户端实现复杂高效的处理和存储的特点，若将云计算网络推广到信息资源共享管理中，无疑会极大地提高信息资源共享的能力。

1. 云计算的原理

云计算是分布式处理、并行处理和网络计算的发展。其基本原理是，通过终端接入网络，向云提出请求，云在接收到请求后组织资源，通过网络为端口提供给用户所需的服务。用户所需要的应用程序并不是在自己的电脑上或者手机上运行，而是在互联网大规模服务器上运行，很大程度上提高了应用程序运行的效率。

2. 云计算的特点

（1）超大规模。云拥有超大的规模，Google、Amazon、IBM、微软、Yahoo 等的“云”拥有都是几十万台服务以上。云所有拥有的超大规模性，赋予用户前所未有的计算能力。

（2）高可靠性。以前用户会顾虑到电脑中毒、文件的丢失、资料的泄露等。云使用了数据多副本容错，计算节点同构可互换等措施来保障服务的高可靠性，保证云计算服务的高可靠性。

（3）通用性。云计算不受应用程序的限制。由于各个地方政府信息建设标准不一样，严重阻碍了政府信息资源共享，使用云计算能解决这种困境。

（4）降低 IT 基础设施投资。大型组织的 IT 部门也能通过向云迁移降低成本，通过利用云的计算和存储能力替代内部的计算资源，企业可以减少 IT 的初期投资。对于那些需要处理高峰负载的企业，它们也不再需要购买设备应付负载峰值（在平时闲置），这种需求可以通过云计算轻松处理。

（5）减少维护问题。云计算能够为各种规模的组织显著地降低硬件和软件的维护成本。硬件都由云计算提供者管理，所以组织基本上不用再进行硬件维护，系统软件等也是同样的情况。

（6）云计算对资源整合起着作用。资源整合一直是困扰政府信息共享的一个很大的问题，建设标准不统一，资源冗余等。云计算能够将分布式存储的数据库与一站式的检索界面结合起来，通过对政府信息资源进行全面的整合，能够为用户提供统一的入口，实现政府一直追求的一站式服务。

（7）超强的存储能力。云计算拥有超大的规模从而赋予它拥有超强的存储能力，这样用户就不用为了数据存储而去购买昂贵的设备。

3. 云计算与信息资源共享

1）建立信息资源共享的应用与数据中心

建立信息资源应用与数据中心有两种模式：一是借用现在已经拥有的计算机服务平台，将信息资源共享包给这些云服务提高商，这样可以简化构建信息资源共享系统的成本。二是构建相对独立的信息资源共享云服务中心，这种模式有利于保持信息资源的独立与完整，该模式为信息资源管理系统完整与安全的方面提供了很好的保障。

2）云计算委员会

云计算委员会是实施云计算网络的关键所在。委员会的成员主要包括信息机构的代表及数据库服务的代表。其存在的意义在于协调各方的利益，制订合理的云计算服务方案和付费方案，还有对用户获取服务的行为进行规范，对非法用户和违规操作进行管制。

3）云计算标准统一化

为了保证云中资源的高效运行，需要对资源制定统一的规范。对标准化的数据资源进行筛选和剔除，以保证资源的精炼合理。同时为了应对各种异常情况制订了统一的选择和调整方案，使共享平台达到最理想的效果。

云计算使用的虚拟化技术和分布式计算，扩大了资源共享的范围，通过网络连接可随时随地访问和存取分布在各个数据中心的物理资源或虚拟资源。云计算开辟了资源共享的新领域，使信息资源的意义和特征得以拓展，进而推进云计算在信息资源中的建设。将云计算的技术运用到信息资源共享平台的建设中，不但可以提高信息资源的利用率，节约信息资源，而且可以为云计算带来新的应用领域。

第四节　信息资源共建共享模式

本书所确立的共建共享目标——信息资源共享系统合力建设并自由共享完整而不重复的信息资源体系，包括理想的管理模式、理想的布局与共建模式、理想的共享模式。首先，只有在管理模式建立合理的情况下，才能更好地调整、控制、管理各单位间所承担的任务；只有建立合理的布局与共建模式才能更好地发挥各组成单位之间的有效配合，共建是为了集聚众人的优势，弥补个别的短处，各组成单位之间需要密切配合、互通有无，共同完善，尽量避免造成资源的重复建设和浪费，在共建的过程中强调有效的无重复建设才是最合理的；共建的直接目的就是共享，只有上述模式达至完善，才能最终实现我们所追求的理想的共享模式。

一、共建共享管理模式

一个组织的体系结构能从一个侧面反映出该组织的管理体制与运行机制情况，所以对各组织的结构进行考察分析是十分必要的，最后通过对各组织结构进行综合分析、汇总对比，剖析国内外现有的共建共享管理模式。

（一）国内管理模式

通过对国内七家有代表性的信息资源共建共享组织的调查研究，我们得出其管理模式。

中国高等教育文献保障系统（China academic library and information system，CALIS）具有一个覆盖全国的庞大的服务体系，由全国中心、地区中心、省中心、数字图书馆基地和成员馆组成。全国中心是文理中心、工程中心、农学中心、医学中心，这四个全国性的文献信息中心作为文献信息保障基地，构成 CALIS 资源保障的第一层。地区中心分别是东北地区中心、华东北地区中心、华东南地区中心、华南地区中心、华中地区中心、西北地区中心、西南地区中心和东北地区国防文献信息中心。地区中心构成 CALIS 文献信息保障体系的第二层。CALIS 为继续加强其建设力度和服务的整体性，在未设全国中心和地区中心的省市建立了 15 个省中心。为了进行数字图书馆的开发与研究，CALIS 还建有 22 个数字图书馆基地。CALIS 组织结构体系由领导小组、专家委员会、管理中心和一个庞大的服务体系构成。领导小组由教育部高教司有关领导组成，是 CALIS 管理中心的上级主管部门，宏观管理和监督 CALIS 管理中心对国家投资项目的实施。专家委员会是根据 CALIS 的发展需要，开展相应的调查研究，协助 CALIS 管理中心制订相关发展规划和工作方案、技术方案，负责对CALIS各项工作的评估。其委员会由图书情报专家组成，由CALIS领导小组聘任，受管理中心领导。管理中心是CALIS项目的职能部门，是一个实体的管理机构，设在北京大学图书馆，负责各个专题项目的具体实施。可见，CALIS的组织结构具有紧密的层级关系，各部门各司其职，由全国到地区，再到各省市，层层深入，体系严格。

国家科技图书文献中心（National Science and Technology Library，NSTL）是在科技部等有关部委和理事会的领导下成立的，因而该组织实行的是理事会领导下的主任负责制。理事会由著名科学家和有关部门代表组成，是中心的领导决策层。NSTL设信息资源专家委员会和计算机网络服务专家委员会，对中心的有关业务工作提供咨询指导。成员单位包括7家国家级文献机构，分别是中国科学院文献情报中心、工程技术图书馆（中国科学技术信息研究所、机械工业信息研究院、冶金工业信息标准研究院、中国化工信息中心）、中国农业科学院图书馆、中国医学科学院图书馆。网上共建单位包括中国标准化研究院和中国计量科学研究院。NSTL以虚拟方式组建，只设有一个办公室，负责科技文献信息资源共建共享工作的组织、协调与管理。NSTL按照“统一采购、规范加工、联合上网、资源共享”的原则，组织并推进九家成员单位的信息资源共建共享工作。NSTL也十分重视制度建设，根据《国家科技图书文献中心章程》《国家科技图书文献中心理事会章程》等，在结合实际工作的基础上，就经费管理、文献采集和网络建设与服务管理等问题，制定了若干规章制度和管理办法，使其各项工作得以高效有序地进行。

中国高校人文社会科学文献中心（China Academic Humanities and Social Science Library，CASHL）是一个基于网络的服务体系，由CASHL管理中心、中心馆（全国中心、区域中心、学科中心）和一般成员馆共同构成。CASHL管理中心是个虚拟性质的中心，各中心馆统一以“中国高校人文社会科学文献中心”的名义对外开展服务。全国中心有两个，分别设在北京大学和复旦大学。区域中心有五个，分别设在武汉大学、吉林大学、中山大学、南京大学、四川大学。学科中心有十个，分别设在北京师范大学、东北师范大学、华东师范大学、兰州大学、南开大学、山东大学、清华大学、厦门大学、浙江大学、中国人民大学。这些中心几乎覆盖全国各个大区，承担着文献资源建设和文献服务提供的双重任务，具体表现为：分担进行国外人文社会科学期刊的协调采购，开展文献传递及其相关结算、咨询服务等，负责制定CASHL各项服务的规范及各项业务方案。一般成员馆不参加资源的建设工作，只享受中心馆提供的服务，并负责处理本校与中心馆之间的业务关系。

江苏省高校文献信息保障系统（Jiangsu academic library and information system，JALIS）作为地区性的共建共享组织，结构体系由项目建设领导小组、专家组、管理中心及各中心馆组成。项目建设领导小组由江苏省教育委员会有关领导和部分高校主管校长组成，负责对项目建设的重大问题进行决策，审批项目建设实施方案和工作计划，监督系统建设进展情况，批准成立全省学科中心，聘任专家组，协调解决建设中的问题。其下设有文献资源建设和网络自动化建设两个专家组，协助领导小组，评估项目实施进展，提供咨询和建议。JALIS管理中心是一个实体的管理机构，设在南京大学，负责日常的管理和协调工作，接受领导小组和省图情工委的双重领导。管理中心下又设有八个地区、学科中心和四个书刊采编中心。它们接受管理中心的统一部署，向本地区的高校馆提供文献服务，从而形成“管理中心—地区、学科中心/编目中心——成员馆”的三级服务网络体系。

上海市文献资源共建共享协作网在上海市委和市政府的高度重视和直接关心下成立，由领导小组、办公室和成员馆共同开展共建共享工作。1999 年 5 月 13 日，上海文献资源共建共享协作会议在上海市政府会议厅隆重召开，成立了上海文献信息资源共建共享工作领导小组，具体领导和协调计划的实施，领导小组下设有以上海图书馆为主任单位的共建共享工作办公室。协作网管理中心具有虚拟性质，只设有一个办公室，主要负责组织的日常管理工作，各项规章制度和条例的制定，通过网站进行组织的宣传和文献服务等。成员馆在管理中心的指导和协调下，分工进行资源建设和服务提供。

湖南省文献信息资源共建共享协作网，是湖南省图书情报界自愿结成的非营利性质的组织，由协作网工作委员会、下设的办公室和成员单位共同建设。协作网工作委员会是协作网的领导机构，由成员单位的领导组成，职责是建立协调机制、组织协作网开展工作、确定共建共享总体规划；下设的办公室负责协作网日常管理，职责是落实工作委员会的各项决议、制订工作计划、总结年度工作、交流采购项目、讨论采购分工、发展协作成员、监督管理馆际互借服务工作等。

北京高校图书馆联合体，按照“资源共享、优势互补、互惠互利、自愿参加、平等协作”的原则成立，由联合体秘书处和成员馆组成。联合体秘书处设在北京邮电大学，负责日常基本工作。成员馆共同参与联合体举办的各种会议、展览及交流活动，并享受联合体提供的一切服务。

七家共建共享组织的体系结构如表 6.1 所示。

表 6.1 七家共建共享组织的体系结构

名称	体系结构	管理中心性质	组织性质	管理模式
CALIS	领导小组—专家委员会—管理中心—全国中心、地区中心、省中心—数字图书馆基地和成员馆	实体机构	政府资助	层级模式
NSTL	管理中心（办公室）—成员单位	虚拟机构	政府资助	平行模式
CASHL	管理中心—全国中心、区域中心、学科中心— 一般成员馆	虚拟机构	政府资助	层级模式
JALIS	领导小组—专家组—管理中心—地区、学科中心/编目中心—成员馆	实体机构	政府资助	层级模式
上海市文献资源共建共享协作网	领导小组—办公室—成员馆	虚拟机构	政府资助	层级模式
湖南省文献信息资源共建共享协作网	工作委员会—办公室—成员单位	实体机构	民间自发	平行模式
北京高校图书馆联合体	联合体秘书处—成员馆	虚拟机构	民间自发	平行模式

通过观察各共建共享组织的体系结构，我们不难看出这些组织体系的共性与个性。我国共建共享组织的性质主要有两类，一类是政府资助，另一类是民间自发组织。政府资助支持的项目比较多，共建共享建设和活动的开展很有成效，如 CALIS、NSTL、CASHL、JALIS、上海市文献资源共建共享协作网。还有一些为推进当地信息资源共建共享，促进教育事业发展，图书情报界自发组织起来的共建共享组织，如湖南省文献信

息资源共建共享协作网、北京高校图书馆联合体，这些都是我国共建共享实践的特色。它们没有政府的资助，完全靠自筹资金解决问题，开展得也很有成效。

就我国信息资源共建共享组织结构而言，我们将现行组织管理模式划分为层级模式和平行模式。两种管理模式均有有利于开展组织管理活动的一面，但也存在不同程度的阻碍作用。层级模式是指该组织共建共享活动的推进由整体到部分、由上至下，通过设立一级一级的多个中心来实现整个区域的资源共建与共享，各中心的职责与权利不同。CALIS、CASHL、JALIS、上海市文献资源共建共享协作网是这种模式的代表。这种模式要求对各层级的责权划分清晰，管理范围明确。从目前我国资源共建共享实现情况来看，在我国实行这种等级层次严格的层级管理模式，有利于共建共享活动更广泛全面地开展。平行模式是指共建共享组织由几个处于中心地位的成员单位共同建设，他们地位平等，拥有同样的权利和义务。NSTL、湖南省文献信息资源共建共享协作网、北京高校图书馆联合体是这种模式的代表。

（二）国外管理模式

国外共建共享组织的管理模式同样也能够从组织结构反映出来。从不同组织的组织架构出发分析其管理模式本身具有一定逻辑性、合理性，所以我们分别就不同国家具有典型代表性，同时已经发展成熟的组织进行其架构分析。

1. OhioLINK 的组织架构

OhioLINK 是俄亥俄州高校图书馆和俄亥俄州董事会（Ohio Board of Regents）合作造就的，OhioLINK 包括三个主要的委员会，分别是：①管理委员会（Governing Board），它是由俄亥俄州董事会授权 OhioLINK 管理委员会对 OhioLINK 项目进行全面的管理。②图书馆咨询委员会（Library Advisory Council），它的主要任务为审议和批准所属四个常设委员会提出的实施 OhioLINK 项目的建议及主要的经费评估，参与联盟的战略规划。③技术咨询委员会（Technical Advisory Council），它审议 OhioLINK 的战略方向，负责向 OhioLINK 和会员馆推荐对 OhioLINK 项目发展有影响的相关的技术问题。其成员为计算机部门的负责人、网络工程师和图书馆系统馆员。其中，图书馆咨询委员会又包括：①合作信息资源管理委员会（Cooperative Information Resources Management Committee），负责向图书馆咨询委员会推荐适合 OhioLINK 采购的新的数据库和出版商，着重于合作信息资源的管理问题及对新需求的政策和程序提出建议。其成员由馆藏发展馆员和采购馆员组成。②数据库管理和标准委员会（Database Management and Standards Committee），负责维护中央目录系统的质量标准，创建所有元数据的相关政策和实施程序以供全体成员馆遵循，其成员由编目馆员组成。③馆际服务委员会（Intercampus Services Committee），对全州性资源共建共享相关政策和实施程序提出建议，负责本地网站间及本地网站和中央网站间的联合运作，负责文献传递系统。其成员为流通馆员和馆际合作馆员。④用户服务委员会（User Services Committee），负责对 OhioLINK 开发或维护的系统的用户界面提出意见，对系统进行评价和提出改进意见，对 OhioLINK 开发的系统或者商业系统进行培训，参与组织品质的提升计划。其成员为咨询馆员。

2. OCLC 的组织架构

OCLC（Online Computer Library Center，Inc.，即联机计算机图书馆中心）是一个会

员制的组织，其成员在OCLC的管理中发挥着重要的作用，这也体现在其管理机构的设置方面。OCLC原有的组织架构包括成员馆、用户委员会（users council）和董事会（board of trustees）。OCLC董事会由15位成员组成，其中6位从用户委员会中选举产生，董事会还包括OCLC的主席和8位董事会推选的董事，董事会每年开5次会议。OCLC监管会员图书馆是那些承诺将其采购的所有西文书经过OCLC编目系统进行编目的图书馆。OCLC会员委员会由会员馆选出的60位代表组成，负责行使监管OCLC的权力。会员委员会每年都召开会议，通过决议案，以切实履行会员拥有的权利和义务。OCLC理事会成员由成员馆馆长、图书馆及相关行业的代表选举产生，是联盟的最高权力机构，主要负责OCLC总裁及最高执行官的聘任及罢免、图书馆联盟的日常运作等工作。

购买和使用OCLC产品和服务的机构，按照其对共同体贡献的大小又分为3种：①管理成员馆（governing members），是指那些将目前所有的编目和馆藏数据贡献给WorldCat的机构，管理成员馆将获得OCLC的服务信用（service credits），同时也有权选举用户委员会的代表；②成员馆（members），是指那些通过OCLC贡献智力内容（intellectual content）和分享信息资源合作的价值，但并没有将其目前全部编目数据贡献给WorldCat，而是对OCLC的其他合作产品和服务有所贡献的机构，成员馆可当选为用户委员会的代表，但对用户委员会代表的选举没有投票权；③参与者（participants），是指那些通过签订合同使用OCLC的产品和服务，且没有义务为共同体贡献任何智力内容的机构。参与者不能直接参与共同体的管理事务，但可以向OCLC当地的服务提供者或用户委员会的代表反映自己的意见和建议。除此之外，OCLC的成员馆还可参与OCLC咨询委员会（advisory committees）和用户小组（user groups）。

OCLC在2008年采用了新的管理机制。全球委员会取代了原有的成员委员会与区域委员会的沟通联系。新的管理机制由成员馆、区域委员会、全球委员会及理事会组成。成员馆要依据合同向WorldCat书目数据库提供元数据，并参加各自区域委员会会议。区域委员会的目标是加强世界范围内的合作。区域委员会选举代表参加一年一度的全球委员会会议。全球委员会的责任是选举理事会的6位成员，并负责批准组织条款和规章制度。理事会通常由15位委员组成，任期为四年。成员人数在13~17位，具体人数由理事决定。全球委员会选举6位理事，其余的由理事会选举产生。

3. CDL的组织架构

CDL（California Digital Library，即美国加利福尼亚大学数字图书馆）是加利福尼亚大学11所分校图书馆的联盟，负责各大校区的学术规划、项目协调等。该联盟是基于五个核心项目发展起来的，这五个项目分别是由一个项目管理者管理，并由项目经理和项目分析师共同组成的领导小组给予技术支持。此外，该组织还有5个小组提供服务，以支持该项目全面广泛的开展。CDL设有管理委员会，莱恩法利任执行董事，负责CDL的规划、发展和管理；咨询机构的主体是Systemwide（即全系统）图书馆和学术信息咨询委员会，它的成立是为了给该组织中成员单位提供更好的发展意见和建议，学术信息咨询委员会的成员代表基本上都是来自参议院、信息教育技术部、各大高校图书馆及学术出版社；项目战略规划组织负责对全国各大高校图书馆系统进行协调、规划活动。一些比较大的、有实力的校区也承担和负责一些项目，如联合编目由加利福尼亚大学圣迭戈分校的人负责；不同校区的发展水平不同，对 CDL 的支持力度也不同。

4. NSDL 的组织架构

1995 年年末，美国国家科学基金（National Science Foundation，NSF）本科教育分部的一份内部概念性文件引发了美国国家科学图书馆（the National Science Digital Library，NSDL）的初步构想。1996 年，美国国家科学基金下发了一份有关提升本科生科学、技术、工程和数学教育的报告。1998 年美国国家科学基金赞助建立了 NSDL，旨在成立一个拥有科学、数学、工程与技术资源的在线图书馆。

美国国家视察委员会和 NSDL 政策委员会指导 NSDL 的工作。美国国家视察委员会的成员由美国国家科学基金会指派，担当美国国家科学基金和 NSDL 核心集成团队的战略规划和运作的顾问。NSDL 政策委员会的成员来自 NSDL 项目委员会和成员馆，担当核心集成团队、NSDL项目和美国国家基金运作策略与运作优先顺序等问题的顾问。NSDL 的政策委员会监督管理 5 个常设的委员会，即服务委员会、内容委员会（community content）、教育影响委员会、可持续发展委员会和技术委员会。

可持续发展委员会是 NSDL 的政策委员会监督管理的 5 个常设委员会之一。该委员会促进 NSDL 计划、子项目、用户共同体和技术的长期应用和发展。特别重要的是，可持续发展委员会关注整个项目的可持续发展问题，如保证项目可持续发展的电子商务解决方案和整个体系的发展。

图书馆的发展协作、项目管理和日常运作都通过核心集成团队（core integration team）的协作来推动。核心集成团队由三个主要的研究者领导。

NSDL 现有员工 31 人，人员的工作种类大致可分为：纯技术人员，9 人；管理和协调人员，2 人；业务管理人员，13 人；高层管理决策人员，7 人。

5. ILLINET 的组织架构

伊利诺伊州图书协会是一个会员组织，学术性图书馆的馆员、特有资源图书馆的馆员、大学图书馆的馆员，以及公共图书馆的馆员都以会员的身份加入组织，并交纳一定的会费。该协会的运作资金就是来源于图书馆和图书馆馆员们的会员费。所有这些会员中，公共图书馆的馆员数量最多。

伊利诺伊州图书馆也是共建共享机构中的一个职能部门。虽然它也为非公共图书馆提供一些服务，但主要还是为伊利诺伊州的公共图书馆服务。

伊利诺伊州立大学在伊利诺伊州图书馆和信息网络（the Illinois Library and Information Network，ILLINET）的国际服务中担任中心角色，协同伊利诺伊州图书协会，共同管理来自伊利诺伊州提供的资金。

6. JISC 的组织架构

英国联合信息系统委员会（Joint Information System Committee，JISC），1993 年 4 月 1 日成立，经过 14 年的发展，目前已经成为英国及世界范围内知名的信息共享组织。JISC 的目标是为英国的研究者和学者们创建一个能提供便捷途径、获取高质量信息资源的信息环境，并在这种信息环境中提供一系列的共享服务。

JISC 指导委员会（JISC Steering Committee）由每个经费赞助机构的代表组成，负责向 JISC 的主席和执行官提出建议。JISC 委员会（JISC Board）向 JISC 指导委员会负责，委员会由英国高等教育界的资深管理者、学科与技术专家组成，负责确定 JISC 的工作规划，以反映教育和研究团体现在及将来对学术科研信息的需求。

JISC 委员会通过其下属委员会来管理工作规划，每个下属委员会有不同的工作内容。除此之外，JISC 委员会还增设三个常设下属委员会，即审计委员会（Audit Committee）、提名委员会（Nominations Committee）、薪酬委员会（Remuneration Committee），来负责组织的相关问题。

JISC 的下属委员会包括：内容服务委员会（JISC：Content Services，JCCS），其任务是要建立服务学术与教育的网络资源，以支持扩充教育、高等教育及研究团体，并负责管理资源传递的系统；信息整合环境委员会（JISC：Integrated Information Environment，JCIE），负责网络信息环境的持续发展，使丰富的学术与教育资源能够被便利地使用；学习与教学委员会（JISC：Learning and Teaching，JCLT），负责支持学习与教学社群，对各机构推广新的信息技术在学习、教育、研究，以及管理上的运用；网络委员会（JISC：Net Working，JCN），负责为扩充教育与高等教育提供全国性的研究与教学网络；组织支持委员会（JISC：Organisational Support，JIOS），负责支持 JISC 在相关工作上的管理需求；研究支持委员会（JISC：Support of Research，JCSR），负责确保 JISC 提供适当的基础建设与服务，支持学术研究的需求。

除了上述下属委员会，JISC 还设有各种临时工作小组，负责对特定的问题进行研究并做出报告，任务完成后就会解散。

7. NII 的组织架构

日本国立情报学研究所（National Institute of Informatics，NII）的特色是注重从基础研究到开发研究全过程的信息化，尤其强调不同学术领域之间的协调。为了真正起到加强“产学官合作”、促进国际性研究活动发展、推进学术信息情报基础建设的三大目的，该研究所在组织机构上也采取了新的形式。研究所所长在参与会、评议员会和运营协议会支持下主持研究所的工作，由企划调整官担任副会长，其下属研究总主干负责领导情报学基础研究系、情报媒体研究系、人与社会情报研究系、情报基础研究系、智能系统研究系、学术情报研究系、软件研究系 7 个研究系列。还另外设置了实证研究中心、情报资源中心、开发事业部、管理部、国际合作部等实体部门。附属的资料图书馆也向社会提供资源共享服务，正在逐步朝着构筑覆盖全日本的学术、科研综合信息资源网络方向发展。

NII 组织架构图如图 6.1 所示。

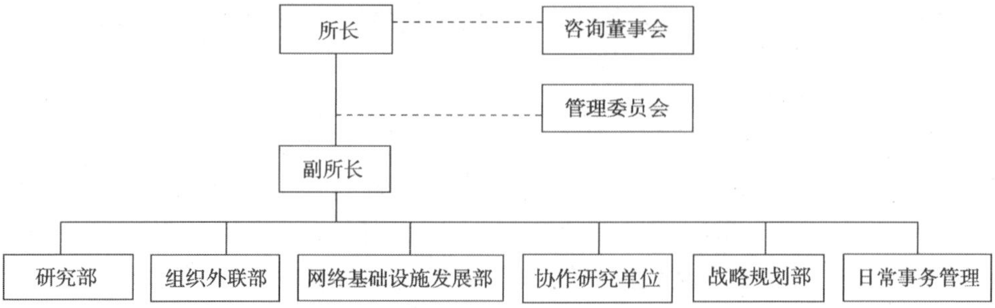

图 6.1 NII 的组织架构图

8. KERIS 的组织架构

基于《韩国教育和学术研究信息服务法》，韩国政府在整合前期共建共享工作的基础上于 1999 年 1 月成立了韩国教育研究信息院（Korea Education & Research Information Service，KERIS）。KERIS 由韩国教育部、人事部、信息通信部联合支持，且就 KERIS 的合法性等问题在韩国的教育和研究服务法律中做出了明确的规定。KERIS 有自己独立的办公大楼，于 2004 年 4 月落成并对外提供服务。

KERIS 旨在通过制作、调查和搜集教育和学术研究所需的信息，建立运营教育信息供应体系，以提高教育和学术研究的质量，并为国家教育的发展做贡献。

KERIS 主要任务是：提高教育质量，推进学校的素质教育，共建共享信息资源，大力支持数字化的工作，改善教育环境。

KERIS 对应的系统是研究信息服务系统（the research information service system，RISS）。该系统为 400 所高校和研究机构提供服务，对合作予以高度重视。每年，根据 KERIS 的预算，韩国国家政府对 KERIS 投资。作为教育服务的提供者，KERIS 则有着更大的作用和责任，其成员馆有大学也有研究机构，共约 400 所。

综上所述，将国外共建共享组织的体系结构列表，如表 6.2 所示。

表 6.2 国外主要共建共享组织结构

名称	体系结构	管理中心性质	管理模式
OhioLINK	俄亥俄州董事会—委员会（管理委员会、图书馆咨询委员会、技术咨询委员会）	实体机构	层级模式
OCLC	OCLC 原有的组织架构包括：成员馆、用户委员会和董事会 新的管理机制由成员馆、区域委员会、全球委员会及理事会组成	实体机构	层级模式
CDL	加利福尼亚大学—各分校区（管理委员会、咨询委员会、项目战略规划组织）	实体机构	平行模式
NSDL	美国国家视察委员会和 NSDL 政策委员会—监督管理 5 个常设的委员会：服务委员会、内容委员会、教育影响委员会、可持续发展委员会和技术委员会	虚拟机构	平行模式
ILLINET	伊利诺伊州立大学—伊利诺伊州图书协会	虚拟机构	层级模式
JISC	指导委员会—内容服务委员会、信息整合环境委员会、学习与教学委员会、网络委员会、组织支持委员会、研究支持委员会等	虚拟机构	层级模式
NII	如图 6.1 所示	实体机构	层级模式
KERIS	各高校、研究机构	实体机构	平行模式

我国对于国外共建共享管理模式的研究成果比较丰富。除了对上述实践情况的总结与概述，加拿大图书馆联盟的管理模式也可分为松散型和严密型两种。松散型的图书馆联盟一般没有专门的常设管理机构，没有严格的契约制度，组织松散，成员来去自由，加拿大图书交换中心（the Canadian Book Exchange Centre，CBEC）即属此类。该中心没有专门的管理机构，只是加拿大国立图书馆的一项业务发展而来的，加入简单，没有任何的费用。严密型的图书馆联盟有自身的组织结构和管理方法，并设有领导机构，领导机构下设其他的具体执行机构。按照领导机构的不同，可以将严密型的图书馆联盟划分为：以执行委员会为领导机构（以首创计划为例，该联盟以执行委员会为领导机构，下设工作组和秘书处）和以董事会为领导机构（以加拿大研究知识网络为例，该联盟由董

事会管理。董事会的职责是协助联盟做出规划，推进联盟战略性、合作性和互补性的发展，为成员机构科研基础设施发展作贡献）两类。

（三）信息资源共建共享的管理模式

从 20 世纪七八十年代开始，信息资源共建共享进入一个新的发展阶段。纵观各类共建共享组织，无论国外的还是国内的，还是全国性的还是地区性的，都由若干成员单位（馆）共同组成，这些成员单位（馆）秉持同一信念、同一理想，为同一目标共同奋斗。

合作意识是组织发展壮大的灵魂。各组织之所以有现在的发展规模和态势，完全来自于成员单位（馆）间的协调配合、通力合作、取长补短、互通有无的合作精神。信息资源共建共享要求单位与单位之间或与其他相关机构建立各种合作、协作、协调关系，共同揭示、建设和利用信息资源。强有力的合作关系是实现资源共建共享的必然选择。同时现实条件也要求图书情报机构必须进行广泛深入的合作。

我国共建共享实践建设活跃于世纪之交，也是由时代背景和现实条件决定的。就时代背景来讲，在全球进入信息时代的大背景下，信息资源已成为一个国家发展必备的战略资源，因而必须从国家全局出发做好文献信息资源的保障工作。就现实条件来讲，我国图书馆界等信息单位有必要也有有利条件大刀阔斧地开展资源共建共享活动。首先，随着社会的发展，文献价格猛涨，信息单位的购书经费有所增加但远远赶不上书刊价格增长的幅度。面对文献数量急剧增加的现实，单个单位（馆）无法凭借自己的实力收集齐全所有的文献并提供服务。因而，单位（馆）之间必须进行分工合作，走联合保障、共建共享、整体发展之路。其次，计算机技术、现代信息通信技术和互联网络的日益普及，为共建共享的实现提供了新的发展模式。图书馆自动化集成系统和各种信息技术在图书馆中的应用，也为信息资源共建共享活动的开展创造了有利条件。时代发展为我国信息资源的共建共享提供了良好契机，我们也抓住了这个契机，积极成立各种形式的共建共享组织，向着信息资源共建共享的理想目标奋进。合作是共建与共享的基础，没有合作就没有信息资源的共同建设与共同享用。牢固的合作关系是共建共享组织存在与发展的根基。只有合作才能提高文献信息资源保障水平，使资源得到合理优化配置，从而具有规模效应。然而合作的效果却由管理模式所决定，组织结构设计合理，管理手段、渠道、方式、方法才能得到有效的发挥。

实现我国信息资源共建共享理想的管理模式，离不开特定的社会背景及管理环境。不论从哪个角度分析，我国都适合建立集中控权、分层管理的模式，强有力的管理能够更好地调控各成员单位（馆），严格督促其完成每一项具体的任务。权力是实施管理的保障，管理的有效程度与权力的大小有直接的关系，所以，需要建立一个最高层管理机构，宏观统筹各成员馆的任务和所承担的责任，这样就任务的分配上首先就避免了重复分工，同时还能宏观调控，保障任务的完成，这样的管理模式更有利于实施理想的共建模式。

二、共建共享的布局与共建模式

在不断完善共建共享模式的同时，一定要将信息资源的整体布局规划好。对信息资源建设进行整体布局，就是要将信息资源进行统一配置，有计划、有步骤地对分散的、庞杂的信息资源进行整序，逐步完善共建模式，使信息资源对于整个社会的各个层次、方面的需求达到一个满意的保障程度。

（一）国内布局与共建模式

资源布局、资源共建是各共建共享组织的工作重点。对资源进行合理的布局将使我国形成一个既有较强宏观控制能力，又能充分调动信息资源的保障体系，同时还能够保障共建共享的完成。以下是对我国有代表性的共建共享系统资源布局建设情况所进行的汇总。

CALIS 的资源建设采用子项目管理制。各个子项目设立承建单位来具体组织落实项目建设的所有相关事宜。承建单位必须对 CALIS 管理中心负责，履行自己的义务，切实做好子项目的实施工作。目前的子项目建设主要有：联合目录子项目、引进数据库子项目、高校学位论文库子项目、专题特色数据库子项目、重点学科导航库子项目、教学参考信息子项目等。联合目录子项目由管理中心负责，进行联机目录数据库的建设。联机目录数据库始建于 1997 年，发展至今该库涵盖印刷型图书、连续出版物、电子期刊和古籍等多种文献；覆盖中文、西文和日文等语种；书目内容囊括教育部颁发的高校学科建设的全部 71 个二级学科、226 个三级学科（占全部 249 个三级学科的 90.8%）。引进数据库子项目由全国中心和地区中心协同努力，通过组织集团采购，与多家外商数据库公司谈判，采取灵活多变的引进方式，以提高我国高校对外文文献的获取能力。高校学位论文数据库子项目，由清华大学承建，多馆参建，力求建设一个集中检索、分布式服务的高校博硕士学位论文文摘与全文数据库。专题特色数据库子项目由武汉大学承建，遵循“分散建设、统一检索、资源共享”的原则，鼓励具有学科特色、地方特色和馆藏特色的高校参与建设，力争建成一批具有中国特色、高等教育特色的专题文献数据库。重点学科导航库子项目由西安交通大学承建，多馆参建，力求建成一个全球网络资源导航数据库，以提供免费学术资源和重要学术网站的导航。教学参考信息子项目建设由复旦大学承建，将精选的教学参考书数字化，建设教学参考信息库和教学参考书全文数据库。综上所述，CALIS 共建的资源有联合目录数据库、外文数据库、高校学位论文库、专题特色数据库、重点学科导航库、教学参考信息库。这一庞大的数据库群构筑了丰富的资源集合，为资源的进一步共享打下了坚实基础。为了配合资源建设，CALIS 进行一系列应用系统的开发与设计，有统一检索系统、联机合作编目系统、虚拟参考咨询系统、馆际互借与文献传递系统、资源调度系统、统一认证系统和结算系统。这些系统的开发与应用，能够将资源的共建与共享融合，使高校图书馆在参与资源建设的同时实现资源的共享。

NSTL 作为科技文献信息服务中心，资源建设侧重于采集、收藏和开发理、工、农、医各学科领域的国内外科技文献信息资源。在资源整体采集方针和规划的指导下，各成员单位依据各自的学科特色，分工入藏自己承担的那一部分。同时，在统一的加工标准下，各成员单位将本单位的馆藏进行数字化加工后，提供给网络服务系统，并向有需求的用户提供全文。目前 NSTL 拥有的资源有外文科技期刊、中外文学位论文、中外会议、专利和标准、国外科技报告、计量检定规程等。

CASHL 作为中国高校人文社会科学文献中心，顾名思义，着重对人文社会科学各领域的文献信息资源的收集，学科覆盖教育、地理、历史、经济、文学、心理学、语言学、社会学、哲学、宗教、政治等，特别是将这些学科的外文期刊作为收藏对象。可见，对学科类别为人文社科，语种为外文，文献类型为期刊的文献资源进行收藏是CASHL资源建设的一大特色。其建设方针是整体建设、分布服务、共知共享、讲求效益。在资源的整体规划建设与服务方针指导下，全国中心与区域中心以一定的分工方案和协调原则，合作收藏印本资源和电子资源。学科中心按照本校学科特色收藏电子资源和特色资源。三级中心的文献收藏各有侧重，共同保障我国对外文人文社科资源的完整收藏。

在资源建设方面，JALIS 的各个中心权责分明。四个文献采编中心为全省高校馆提供快捷高效的书刊订购信息及编目书目数据。八个地区、学科文献中心通过自购、JALIS补贴和 CALIS 集团采购方式依据各个中心专业学科优势或地域特色进行中外文电子资源的协调采购。凭借各高校文献信息资源优势，JALIS 统一规划协调各类数据库的建设，有重点学科导航库、高校教材及教学参考书数据库、学位论文数据库、特色数据库等。其成员馆依据自身学科特色、馆藏实力和硬件技术条件等优势参与上述各类数据库的建设。系统平台的建设也是 JALIS 重点建设项目，主要有综合服务平台建设、区域流通系统建设、联合目录系统建设、联合参考咨询系统建设等。

上海市文献资源共建共享协作网，作为上海市文献资源共建共享的信息平台，跨越公共、高校、科研三大系统，致力于全面推进上海地区的信息资源共建与共享。为保证上海地区外文期刊收藏的完整性和系统性，管理中心统筹规划，根据各成员单位的学科特色，协调外文期刊采购。今后，协作网将进一步深入推进该地区的共建共享工作：强化文献资源协调采购；建立特大型城市中心图书馆服务体系；构筑地区文献资源多元文化知识服务平台；建立公共书目查询系统和文献资源传递网络；建设全市性数字化咨询系统；开展全方位的专题服务与信息咨询；推行以电子商务为核心的图书文献服务；培养高素质的图书情报专业人才；联合举办世界大都市图书馆服务的国际学术会议。

湖南省文献信息资源共建共享协作网，其成员单位在文献资源建设上充分考虑各自原有文献资源基础和用户需求，有计划地互相协调、合理分工，共同保障文献资源的系统收藏，特别是价格昂贵的大部头工具书、外文文献和数据库的采集。为避免重复采购，成员单位以分工采购、集团采购的方式共建。各成员单位凭借自身网络服务实力，共同建设和维护协作网的服务网站，提交各馆馆藏目录。此外，分工建设特色数据库，采用统一标准、统一软件平台，以实现跨库全文信息检索。根据用户的需要，联合开发文献数据库，开放自建书目数据库，联合开展课题服务。

北京高校图书馆联合体作为民间自发的共建共享组织，在其建设中更多地注重成员馆之间的研讨与交流。例如，大规模的巡回展出“联合体成员馆简介”“联合体资源与服务”；组织各种人文素质教育展览活动；组织业务研究与交流；对各馆共同关注的重大问题及时组织讨论、交流、共享有关信息；及时传达国内外重要会议信息，介绍国内外图书馆发展情况；协助组织一些重要会议和活动等。

综上所述，七家共建共享组织的资源布局建设分配情况如表 6.3 所示。

表 6.3　国内资源布局建设情况

名称	资源类型	联机编目中心	建设内容	共建模式
CALIS	各学科领域	有	数据库建设：联合目录数据库、引进数据库、高校学位论文库、专题特色库、重点学科导航库、教学参考信息库； 系统开发与应用：统一检索系统、联机合作编目系统、虚拟参考咨询系统、馆际互借与文献传递系统、资源调度系统、统一认证系统和结算系统	自主建设
NSTL	科技信息	有	数据库建设：联合目录数据库；科技信息资源的协调采购；网络服务系统的升级和改造	采购协调建设
CASHL	人文社科外文期刊	无	数据库建设：联合目录数据库；人文社科外文期刊的协调采购	采购协调建设
JALIS	各学科领域	有	数据库建设：联合目录数据库、引进数据库、高校学位论文数据库、特色数据库、教参数据库； 系统平台建设：综合服务平台建设、区域流通系统建设、联合目录系统建设、联合参考咨询系统建设	自主建设
上海市文献资源共建共享协作网	各学科领域	有	数据库建设：联合目录数据库；外文资源协调采购；一系列服务平台与系统建设	自主建设
湖南省文献信息资源共建共享协作网	各学科领域	无	数据库建设：联合目录数据库；特色数据库等文献资源协调采购	采购协调建设
北京高校图书馆联合体	各学科领域	无	联合采购；举行会议、组织大型展览等交流活动	采购协调建设

从国内资源布局建设情况表中，通过比较分析得出以下结果。

（1）在资源类型建设方面，可以把七家共建共享组织分为两类。一类是综合性的文献建设，另一类是专门性的文献建设。CALIS、JALIS、上海市文献资源共建共享协作网、湖南省文献信息资源共建共享协作网、北京高校图书馆联合体对所有学科类型都有所涉猎，属于综合性的文献建设。NSTL 和 CASHL 则属于专门性的文献建设。NSTL 专门整合建设科技文献信息资源，CASHL 集中于建设人文社会科学领域的资源。

（2）在建设内容方面，可看出七家组织各自的建设特点与规模。其共同点主要有：一是联合目录建设，各家组织都建有自己的联合目录数据库，揭示其成员馆的馆藏资源，以便馆际互借与文献传递的开展；二是资源采购建设，七家组织不同程度地以集团采购、协调采购、联合采购的方式引进数据库或纸本资源，避免了重复建设，提高了资源保障能力。其不同点则使得各个组织在共性基础上又各具特色。CALIS 是规模最大的一家，各类数据库建设成果丰硕，有高校学位论文库、专题特色库、重点学科导航库、教学参考信息库等；同时进行一系列系统的开发与应用。NSTL 和 CASHL 是整体建设、分散收藏，偏重于提供文献服务。JALIS 建设内容与 CALIS 相近，但局限于江苏省内各高校各类数据库建设和系统开发，规模较 CALIS 小。上海市文献资源共建共享协作网侧重于地区信息网络化发展，信息咨询与定题服务的建设。湖南省文献信息资源共建共享协作网依据各馆网络服务能力，在成员馆间进行协调采购与馆藏资源揭示。北京高校图书馆联合体作为民间自发组织，侧重于召开会议、举办展览、成员馆间的信息交流。其中，CALIS、NSTL、JALIS、上海市文献资源共建共享协作网分别建有自己的联机编目中心，有利于加强各组织内部书目数据的标准化和规范化，进而推动资源的共建与共享。

（3）就组织建设情况而言，将现行模式划分为自主建设模式和采购协调模式。自主建设模式是指共建共享组织有自己完整的发展战略规划，拥有自己独立的管理中心，统一领导、分步实现资源共建与共享。CALIS、JALIS、上海市文献资源共建共享协作网是这种模式的代表。CALIS 和 JALIS 组织在管理中心的领导下，自行建设多个项目，包括专题数据库项目、特色数据库项目、教参数据库项目、学位论文数据库项目、重点学科导航数据库项目、馆际互借与文献传递系统的开发和应用、检索平台系统的自行开发等。自主建设模式对自己的建设成果拥有自主收藏权。上海市文献资源共建共享协作网也有自己独特的一套发展思路：建立特大型城市中心图书馆服务体系和多元文化知识服务平台；建设上海地区的公共书目查询系统和文献资源传递网络；建设全市性数字化咨询系统；培养高素质的图书情报专业人才；联合举办世界大都市图书馆服务的国际学术会议等。其发展目标既明确又具体。

采购协调模式是指共建共享组织以成员单位之间的资源协调采购为重点进行组织的资源建设，在此基础上开展其他活动。NSTL、CASHL、湖南省文献信息资源共建共享协作网、北京高校图书馆联合体是这种模式的代表。NSTL 和 CASHL 都是在整体规划指导下，依据各成员单位馆藏基础、学科特色、地方特色，分工合作协调采购文献信息资源，向全国范围内有需求的用户提供服务。资源保障工作采用整体建设、分散收藏的形式。它们的不同处在于 NSTL 注重理、工、农、医各学科领域资源的采集，CASHL 注重人文社会科学外文期刊的采集。湖南省文献信息资源共建共享协作网在充分考虑各成员单位原有文献资源基础和用户需求的前提下，有计划地互相协调、合理分工，共同保障文献资源的系统收藏。特别是大部头工具书、外文文献和数据库的采集，以分工采购、集团采购的方式共建，既保持各单位的文献收藏特色，又争取保证全省文献收藏的整体性。北京高校图书馆联合体出于降低采购成本的考虑，通过联合采购和集团采购的方式引进资源，加强了整体采购实力。

（二）国外布局与共建模式

国外关于信息资源共建共享的实践经验比较丰富，但对布局与共建模式的理论研究不是很多，更多的只是关注了共享。在朱迪恩·科林斯与鲁斯·芬纳所著的《国家采访方针与采访系统——现行系统与可能模式的对比研究》一书中，提出以下五种模式。

1. 中心单位为第一保障

这一模式可单独在某一国使用，或在多国集团中使用。这种模式建设有一个独一无二的中心单位，其建设方针是高度满足本国或资助该政策的集团国对重要资源的需求，其目标是达到最理想的资源收集覆盖范围。该中心起着国家资源库的作用，在国家系统中这个中心是国家图书馆的一个部分，每一个成员国的国家图书馆都执行咨询功能，并根据法定呈缴义务接受本国的文献信息资源。这个中心单位是一个半政府的但又独立的机构，即它每年从政府财政中分到一年的经费，但它又自己决定自己的方针，并按自己的方式行事，只向部长负最后责任。

例如，ILLINET 模式。1978~1998 年，伊利诺伊州有 2 000 多所图书馆和图书馆分支机构。1960 年，由伊利诺伊州图书协会和伊利诺伊州立图书馆联合发起创建了一个贯通全州 18 个公共图书馆系统的州际网络。1965 年，它们成功创建了首个图书馆合作系统，即 ILLINET。该系统遍布 18 个地区，每个地区有一个图书馆系统总部，在地区的图书馆系统总部之上还有四个研究和参考中心。这四个研究和参考中心提供 8 个地区总部的备份。ILLINET 的 2 000 多个成员馆存在多样化的特性：既有学术性的图书馆，也有特有资源的图书馆，还有公共图书馆，拥有大量的多专业的馆藏。信息的共建共享提供了技术和管理上的便利，网络的联通和联盟机构的组成为信息的共建共享提供了技术和管理上的便利，同时无论是大馆还是小馆的读者都从中收益颇丰。小馆用户可以更方便地从大馆获取所需的支献，大馆也可以得到小馆特有文献的馆藏。

2. 分散性的以地区为基础系统，以中心单位为最后保障

在这个系统中，图书馆的作用，在全国各地和各个部门中都受到重视。这个模式，对联邦制国家，对那些在不同地区运用不同语言的国家，对那些被认为是采用集中服务的羁绊的大国和对那些长途通信条件不佳的国家，都是合适的。这个模式将大型的地区图书馆都包括在本系统内，对内部或当地不能提供的各种水平的项目起着增援作用，对该地区起着协调采访和馆际互借的作用。地区图书馆将未能满足的需求转给其他地区，最后转给作为最后保障的中心单位，而且这样就能监督这些馆的地区采访方针并做出相应修正。在一个中心图书馆成为联系密切的集团国之间最后保障单位的条件下，采用本模式能担负起多国功能。

3. 集中型的国家专业图书馆

此模式包括一个或多个中心专业图书馆组成的系列，这些图书馆能满足该国大多数的研究需求。这种模式多以现有的、最出色的中心图书馆为基础，如国家图书馆可以负责采集收藏“爱国文献”，此外还专门尽可能地收藏艺术和人文科学方面的资源；国会图书馆可专门收集社会科学资料，还有二三个大学图书馆可收集自然科学和应用科学资料。发展中国家的大学图书馆在这样的体系中将会担任主要角色。

例如，CDL 布局模式类似于此模式。CDL 是加利福尼亚大学 11 所分校图书馆的联盟。1997 年由加利福尼亚大学校长 R. Atkinson 发起，目的是建立加利福尼亚大学的数字图书馆，促进分校间的资源共享及提升大学图书馆的收藏和服务。最初是从学校的自动化部门分离出来的，现在是独立的部门。加利福尼亚大学数字图书馆为加利福尼亚大学联盟提供学术材料的有效存取使用，包括期刊文章摘要和索引数据库、电子期刊、已发布的工具、参考数据库等。除此之外，CDL 还了创建自己的收藏。同时提供图书馆、博物馆、与历史相关的团体等文化遗产组织的电子资源的公共接口。

4. 地方分散负责制

具有众多中等规模图书馆及馆际互借和提供复制本优良传统的国家，可能会采用地方分散负责制这一模式。该模式不要求建立新的收藏，而是对所选择的图书馆赋予并强化其国内的地位。加强其现有的力量，并加以充分开发。其对有价值的资料制定一套正规的分类细目，并纵观其学科、来源和形式标准，规划出它们的收集范围。其首要目标是勿使资料各自独享，尽可能避免不必要的复本；其真正目的是扩大国家图书馆的收藏范围，以便把那些可能会漏掉的有用资料收集起来。这里需要一个特别强有力的、能担负组织作用和协调作用的中心实体对主要问题进行决策，它对各层次的（国家的、政府的、学院的、专业的、公共的）图书馆享有权威作用，并致力于国家图书馆、情报文献

系统的发展工作。尽管这样的机构是政府系统中相当独立的部门，但仍然依赖于政府的经费。

例如，NSDI（National Science Digital Library，即国家数字图书馆）模式。1995 年年末，美国国家科学基金本科教育分部的一份内部概念性的文件引发了美国 NSDI 的初步构想。1996 年，美国国家科学基金下发了一份有关提升本科生科学、技术、工程和数学教育的报告。1998 年美国国家科学基金赞助建立了 NSDL，NSDL 旨在成立一个拥有科学、数学、工程与技术资源的在线图书馆。NSDL 的资源建设者和贡献者来自多样化的机构，包括大学、博物馆、图书馆、学术研究实验室、联盟代理机构、专业学会及商业化的内容发行者。这些机构的资金都来源于 NSDL 的项目。目前 NSDL 下共有 192 个赞助经费支持的项目，这些项目为所有层次的教师和学生收集资源提供服务，并在数字图书馆及数字图书馆应用和教育方面做了很多针对性的研究。

5. 集中的期刊信息采集

这一模式在许多方面同第一种模式相似，但其根本区别在于中心单位收集资料的范围。该模式局限于只收集使用率高的研究性期刊，并以尽可能低的费用满足全国的需求。正因为它专门收集期刊，所以它能成为效力快和经济效益高的机构。这样的体系更适合于经费渠道有限和对文献需求相对比较低的年轻的发展中国家。

例如，OCLC 模式。OCLC 创建于 1967 年，开始的名称为“Ohio 高校图书馆中心”（Ohio College Library Center）协作网，其宗旨为开发计算机系统，以供俄亥俄州学术机构的图书馆共享信息资源并降低费用，其成员为俄亥俄州 54 所高校图书馆。1971 年，OCLC 的联机共享编目系统投入使用，为成员馆节约了大量的编目费用。1977 年，OCLC 通过与美国本土 16 个区域性图书馆协作网络结成战略合作伙伴关系，扩展为美国全国性的图书馆合作网络。1981 年，OCLC 发展成为全球最大的国际图书馆合作组织，其名称变更为“联机图书馆中心”。发展至今，OCLC 为遍布世界 112 个国家和地区的 57 000 多个各种类型的图书馆提供服务。

在上述模式的实例当中，并不是全部模式都完全符合该模式，只是有部分内容与所属模式有相似的地方。

从总体上来看，国外共建共享布局与共建模式与国内的发展情况基本相同。资源类型一般都是设计各学科领域，都有联机编目中心。在资源建设方面，一般都包括联合目录数据库、引进数据库、高校学位论文库、专题特色库、重点学科导航库、教学参考信息库；科技信息资源的协调采购；网络服务系统的升级和改造；人文社科外文期刊的协调采购等内容，与国内资源建设方面的发展有过之而无不及。当然，共建共享布局要与各国的国情相符合，根据国家资源的实际情况进行层次划分，同时要满足不同社会群体的需求，与时代的发展相一致。这也就造成了不同国家的共建共享组织建设的差异，同时必然有与我国国内建设不同的地方，需要我们彼此相互学习，共同进步。

（三）信息资源共建共享布局与共建模式

国内外组织全部致力于信息资源共建与共享。共建与共享是相互联系、相互依存的关系。共建是共享的前提，共享是共建的目标，共建程度决定着共享效果。对国内七家组织的综合分析后，我们认为共建共享模式应由布局模式、共建模式、共享模式三个要素遵循一定逻辑关系共同构建。

信息资源共建共享是指在信息资源建设与服务过程中，文献信息机构建立广泛的合作、协作、协调关系，宏观布局和科学规划，利用各种技术、方法和途径，共同揭示、建设、开发和利用信息资源，追求对文献信息资源的完备保障，以最大限度满足用户信息需求的全部活动。其中，布局模式是指共建共享组织如何对成员单位（馆）就所在区域或所属系统进行空间上的宏观布局、统筹规划和监督指导。共建共享涉及面广，制约因素多，科学规划和协调好各种复杂关系，形成具有有效激励机制的布局模式是组织成功运作的一个保障。共建模式是指共建共享组织中各成员单位（馆）以什么样的方式和原则进行分工合作与协调。分工协调是指在文献资源建设过程中，各单位根据整体规划的要求，分工负责建设共同藏书的一部分，通过相互联系与协调，形成完备的文献资源整体系统。上述七家组织在资源建设上都有自己的特色，分别依据馆藏基础、学科特色、语种特色、地方特色分工协调共同保障文献信息资源的采集与加工及各种数据库的建设。而国外共建共享模式中并没有将共建与共享做更多的区分，而只是为了达到最终目的，能被更多的用户更便捷地使用即可，更多的是为"用户使用"降低费用，很少在共建的整体规划过程中考虑到通过构建合理的管理模式形成合理的布局，也很少考虑到共建模式同样可以降低"建设"过程中的成本。把握宏观的调配，使得各组成单位间的密切配合、及时沟通、互通有无等，都可以从不同侧面尽可能地减少资源重复建设的成本。在国外共建共享实践中固然有很多经验是值得我们借鉴和学习的，但在我们所构建的理想的布局和共建模式中，不得不承认这是在共建共享工程中提出的一个更高要求的挑战，更加需求在实践中不断地改善。

信息资源布局模式包括系统布局模式、地理布局模式、学科布局模式三种类型。理想的信息资源布局与建设模式是一个三级信息资源保障与服务体系。由于数字技术和网络技术的发展使信息资源可以突破时空的约束实现自由共享，因此在理想的资源布局模式中，地理布局模式已被摒弃。根据原有的系统布局模式中各建设单位已经形成的资源基础，在全国建立几个一级信息资源单位，按照学科构成来分工建设信息资源，目标是保证各学科的一次信息资源达到完整级、数字化。同时，在全国范围内以课题招标的形式建立若干二级信息资源单位，主要任务是建设二次、三次信息资源，开发各种专题数据库。而其余众多的三级信息资源单位将不再承担信息资源的建设任务。理想的信息资源布局与建设模式中要求有合理的结构体系、完善的管理体制、明确的任务分配，宏观调控、整体把握，尽可能由合理的布局与共建模式来降低重复建设的成本。

三、共建共享服务模式

信息资源共建共享组织不仅进行资源的共建，还重视资源的共享。各个组织开展什么服务项目，提供什么服务内容，以及服务方式与手段问题，都是资源共享的一种体现。

（一）国内服务模式

CALIS 作为我国最大的高校图书馆联盟，提供的服务种类也最多。其主要服务项目有联机编目服务、集团采购服务、馆际互借与文献传递服务、文献检索服务、资源导航服务等。联机编目服务提供检索、套录编目、原始编目、编制规范记录、加载馆藏和下载书目记录等服务，主要面向高校图书馆、职业学校及中小学校图书馆、公共图书馆、科研院所及图书流通机构。集团采购服务面向全国高校馆，旨在通过灵活多变的组团方式，以尽可能低的价格引进数据库。馆际互借与文献传递服务采用服务馆（提供文献服务的图书馆）和用户馆（请求文献服务的图书馆）互动的方式得以实现。其服务模式有集中式和分布式两种。集中式服务模式是指用户馆到服务馆的馆际互借系统中开户，以便发出请求并获得服务；分布式服务模式是指双方均为服务馆，都安装有馆际互借与文献传递系统，无须到对方馆系统中去开户。但无论哪种模式，都需要经过馆际互借员来协助完成文献请求与接收。可见，这种馆际互借与文献传递服务需要图书馆作为中介，间接地将服务再传递给用户。文献检索服务提供高校联合书刊书目数据库、高校学位论文文摘数据库、高校会议论文文摘数据库的免费检索，以及西文现刊目次库和跨库统一检索服务。此外，还提供中文和西文数据库的资源导航服务。

NSTL 提供的服务项目也很多，主要有文献服务、参考咨询、预印本服务、热点门户、网络导航等。其中文献服务涵盖内容丰富，包括：文献检索，提供各类型科技文献题录或文摘的查询；全文浏览，报道 NSTL 订购、收集和编制的各类型全文文献；目次浏览，提供外文科技期刊目次页浏览；目录查询，可查阅西文期刊、西文会议、西文图书的书目数据。参考咨询由各成员单位资深的专业人员解答用户疑问，包括实时咨询、非实时咨询、已回答问题和常见问题的查询。预印本服务为用户提供了一个可以自由提交、检索、浏览预印本文章全文，并发表个人评论的信息交流平台。热点门户是 NSTL 针对当前国内外普遍关注的科技热点问题，搜集、加工、整理、揭示与之相关的文献资源、机构信息和动态新闻，以帮助用户对某领域有个全面的认识。网络导航方便了用户对国内外主要科技信息机构的链接。

CASHL 作为全国性的人文社科外文期刊保障体系，以全面系统地收藏国外人文社科重点学术期刊为己任，计划购买 SSCI 和 A&HCI 中收录的人文社科核心期刊 2 790 种及其他期刊约 9 000 种，总计约 12 000 种。服务内容主要有：高校人文社科外文期刊目次数据库和高校人文社科外文图书联合目录及高校人文社科核心期刊总览的查询检索，国外人文社科重点期刊订购推荐，文献传递与馆际互借，专家咨询等。

JALIS 提供的服务主要有书目数据服务、文献检索服务、馆际互借与文献传递服务、区域流通服务。书目数据服务由四个采编中心向江苏省各高校馆提供订购、编目书目数据。文献检索服务和馆际互借与文献传递服务主要是与 CALIS、CASHL 协同合作来满足用户的信息需求。区域流通服务是指向读者发放通用借阅证，读者持此证可以到 JALIS 中的任何一家成员馆借阅、查询文献资料。

上海市文献资源共建共享协作网建有联机合作编目中心，为成员馆提供书目数据服务。公共、高教、科研三大系统的图书情报机构共同建设网上联合知识导航，开展实时咨询、知识库检索与浏览服务。由各成员馆馆藏整合而成的联合目录和大量数据库可向用户提供篇名检索、期刊检索、原文索取等多种文献服务。在本市及区县，推行“一卡通”服务，方便市民在各基层图书服务点获取所需文献资源。

湖南省文献信息资源共建共享协作网开展联合书目检索和联合在线咨询服务。联合书目检索依托成员单位的联合馆藏资源向用户提供书目检索服务。联合在线咨询通过成员单位设立馆际资源服务岗，向用户提供参考咨询服务和原文传递服务。此外，成员单位之间还要互相开放阅览室，允许其他馆的读者到本馆查阅资料。

北京高校图书馆联合体对成员馆提供的服务主要是馆际互借与文献传递服务。由于成员馆都集中在北京一所城市内，交通便利，因而馆际互借与文献传递服务以馆间互相提供免费借阅证的形式开展。各成员馆的读者凭免费借阅证可以到联合体任何一家成员馆阅览、借书，与其他馆的读者享受同等待遇。享用的资源是联合体各成员馆的馆藏。

七家共建共享组织的服务提供情况如表 6.4 所示。

表 6.4　国内主要共建共享组织服务提供情况

名称	服务对象	服务项目	服务方式
CALIS	集团用户	联机编目服务、文献检索服务、集团采购服务、资源导航服务、馆际互借与文献传递	集中服务
NSTL	集团用户与个人用户	文献服务、参考咨询、预印本服务、热点门户、网络导航	集中门户、分布服务
CASHL	个人用户	查询检查、订购推荐、文献传递与馆际互借、专家咨询	集中门户、分布服务
JALIS	集团用户与个人用户	书目数据服务、文献检索服务、区域流通服务、馆际互借与文献传递	集中服务、通用借阅证
上海市文献资源共建共享协作网	集团用户与个人用户	本书数据服务，实时咨询、知识库检索与浏览服务，文献服务，“一卡通”服务	集中门户、分布服务、“一卡通”
湖南省文献信息资源共建共享协作网	个人用户	书目检索、联合在线咨询、互开阅览室	集中门户、分布服务、互开阅览室
北京高校图书馆联合体	个人用户	馆际互借与文献传递（免费借阅证）	免费借阅证

就服务对象而言，表 6.4 中所说集团用户是指该组织提供的服务主要面向图书馆或科研信息机构，只有通过这些机构作为中介，文献服务才能传递到用户手中。个人用户是指该组织可直接面向个人提供全文传递服务，不需要中介，简化了组织机构与用户的信息交流过程。由于组织建设内容的不同，其服务对象也略有不同。CALIS 提供的所有服务主要面向集团用户群高校馆、科研院所和一些信息机构。NSTL、JALIS、上海市文献资源共建共享协作网的服务对象既有集团用户也可直接面向个人用户。CASHL、湖南省文献信息资源共建共享协作网、北京高校图书馆联合体主要是直接面向个人用户提供服务。

就服务项目而言，各组织有着共同的服务内容：文献检索服务与文献传递服务。这两项服务开展得最为普遍。参考咨询服务以各种形式在不同组织中有所开展，主要有 NSTL、CASHL、上海市文献资源共建共享协作网、湖南省文献信息资源共建共享协作网这四家组织。对于地区性的共建共享组织，如 JALIS、上海市文献资源共建共享协作网、湖南省文献信息资源共建共享协作网、北京高校图书馆联合体来说，发放通用借阅证、“一卡通”服务或互相开放阅览室是它们进行馆际互借与文献传递服务的一大特色，这也是由地理位置的邻近决定的。就服务方式而言，CALIS 和 JALIS 趋同，采用集中服务方式。NSTL、CASHL、上海市文献资源共建共享协作网、湖南省文献信息资源共建共享协作网采用集中的网络门户和成员馆分布服务方式。北京高校图书馆联合体的服务方式是免费发放借阅证。由此可见，各共建共享组织在服务项目和服务方式上既有相似之处也有不同之处。

就组织服务情况而言，现行模式包括：集中服务模式和分布服务模式。集中服务模式是指共建共享组织作为一个机构，管理中心作为独立个体采用集中的方式对其成员单位提供各种服务，服务对象多为集团用户，即高校馆、公共馆及科研院所。CALIS 和 JALIS 是这种模式的代表。CALIS 和 JALIS 无论是编目数据的提供还是各类数据库向成员单位的开放使用，都由管理中心负责协商与运作，集中向成员单位提供服务。

分布服务模式是指共建共享组织建立门户网站揭示其成员单位的馆藏资源，对有需求的用户分别由各成员单位自行向其提供文献传递服务，服务对象多为个人用户。NSTL、CASHL、上海市文献资源共建共享协作网、湖南省文献信息资源共建共享协作网、北京高校图书馆联合体都采用这种服务模式。NSTL 和 CASHL 采用这种集中门户、分布服务的模式。用户通过门户网站的访问，获知该组织拥有的信息资源，应用网络实现资源的浏览、查询、检索及索取原文服务。真正的文献传递不需要管理中心的参与，直接由各成员单位以组织的名义，自行提供给有需求的用户。上海市文献资源共建共享协作网成员单位共建网上联合知识导航，由来自各系统的资深馆员或专家提供咨询服务。在市区图书馆实行"一卡通"服务，便利了市民对信息资源的获取。湖南省文献信息资源共建共享协作网建有网上联合书目检索和联合在线咨询。各成员单位分别设立馆际资源服务岗，向用户提供参考咨询和原文传递服务；成员单位之间互相开放阅览室，允许其他馆的读者到本馆查阅资料。北京高校图书馆联合体的分布服务主要体现在成员馆之间互相提供免费借阅证上。各成员馆的读者凭免费借阅证可以到联合体任何一家成员馆阅览和借书，享受同等待遇。

（二）国外服务模式

1. OhioLINK 共建共享的资源和服务

目前 OhioLINK 的资源包括 4 700 万条图书资料目录，上百万份电子文档，7 200 种电子期刊，140 多个数据库，27 000 种电子书，上千的图像、视频与音频，以及 14 600 多篇硕士、博士论文。OhioLINK 仅通过成员机构的图书馆对用户提供服务，不面向州外的个人用户。其大部分资源仅对授权的教师学生及 OhioLINK 成员机构开放，少部分资源可公开访问。支持远程访问，需要合法的用户 ID。其共享资源和服务包括以下几方面。

（1）图书馆目录：OhioLINK 的中央图书馆目录系统包括全州 87 个机构的 4 700 多万条书目记录，可供 4 500 个并发用户同时检索，在全州图书馆目录的基础上，OhioLINK 提供用户主导的、非中介式的联机借阅，用户在检索目录时，可以在线发出请求，OhioLINK 还提供成员馆间的文献传递服务，以加快图书馆文献的交换。2006~2007 年，OhioLINK 成员机构间通过馆际互借借阅的图书及其他馆藏达到了 755 150 册。

（2）学术研究型数据库：OhioLINK 提供 140 多个包括各种全文资源的学术研究型数据库，这些数据库覆盖了众多的学科领域，电子全文信息资源包括联机字典、文献和期刊论文等，这些研究数据库仅限 OhioLINK 成员馆的合法用户使用。

（3）电子期刊中心：OhioLINK 包含了来自各学科领域 100 多个出版者的 7 200 多种学术期刊。自 1998 年电子期刊中心成立以来期刊论文总的下载量超过了 2 980 多万篇，其中 2006~2007 年的期刊论文下载量超过 520 多万篇。

（4）数字媒体中心：OhioLINK 负责存档各种类型的多媒体资源，并提供检索。

（5）电子书：OhioLINK 提供 27 000 多种电子图书，包括 NetLibrary，SafariTech 等电子图书数据库。OhioLINK 逐渐增长的电子参考书馆藏目前有 698 种参考书。

（6）电子学位论文中心：OhioLINK 包括 14 600 多篇来自成员馆的学位论文。

2. OCLC 共建共享的资源和服务

（1）编目和元数据服务：提供联机编目服务（online cataloging service）、简便抄录编目（simple copy cataloging）、记录集（record collections，MARC）、离线编目（offline cataloging）、定制编目（customized OCLC cataloging from your materials vendor）、购入资源的自动复制编目（automated copy cataloging for materials purchased）、用户编目服务（custom cataloging services），还负责管理世界上应用最广泛的图书馆分类系统——杜威十进法分类系统。

（2）馆藏管理服务：利用馆藏发展服务有助于用户实现馆藏建设目标，OCLC 的目标分析工具可评估用户馆藏的优势和欠缺所在，自动选书服务可优化用户的选书和订购流程，还可提供便捷的非英语资料的订购服务。

（3）数字化和存档服务：可帮助用户对特藏进行数字化、缩微拍摄和存档，以保护和分享用户的馆藏。

（4）参考服务：通过 FirstSearch 提供全文、文摘、索引和 WorldCat 的网络检索服务。还与国会图书馆合作，提供虚拟参考咨询服务。

（5）资源共享服务：借助 WorldCat 资源共享系统，创建、发送和跟踪馆际互借请求，馆际互借管理系统（interlibrary loan internet accessible database，ILLiad）有助于处理请求比较多的图书馆，优化其处理流程。

OCLC 的服务在不断创新。OCLC 采用 Qwidget 软件增强了参考咨询服务，图书馆除了能在本馆界面提供参考咨询外，还能够在如 Facebook、MySpace 等环境中提供参考咨询服务。此外，OCLC 还邀请专家开发了能使用户从普通网页进入图书馆服务的应用软件。最值得一提的是 OCLC 在 2007 年推出 WorldCat Local，意图取代本地 OPAC 的服务。WorldCat Local 创造了引人注目的用户环境，它为每个成员馆的馆藏提供独立的界面，并且能与本地的流通、资源共享与全文解析器进行互操作，为终端用户提供无缝体验。截止到 2008 年 6 月底已有 232 家机构开始使用 WorldCat Local 服务。2009 年 4 月 23 日，OCLC 宣布将图书馆的管理服务拓展到 Web 层次，WorldCat Local 的服务将在 OPAC 的基础上加入流通、采访功能。这样，WorldCat Local 实际上就从 OPAC 前段变成了完整的图书馆自动化系统。

3. CDL 共建共享的资源和服务

（1）书目服务（bibliographic services）包括联合目录（melvyl catalog），参考链接（e-link），馆际互借（interlibrary Loan，ILL）。

（2）馆藏发展与联合采购（collection development）包括数字特藏（digital special collection），数字出版（digital publishing）。

（3）数字资源保存（digital preservation）主要用做 Web 资源和特色资源，商业资源通常要求数据库商做。

4. NSDL 共建共享的资源和服务

2001 年，该项目完成网站 www. nsdl. org 的雏形并投入使用，它以构建一个数字化环境，向各层次的教师与学生提供高质量教育资料为主要目的，所有检索和咨询服务均是免费的。在 2004 年，NSDL 提出“pathways”的设想，将站点建设向数字综合门户发展。目前该数字图书馆门户不但提供相关信息的智能检索、资源标引和联机注释及归档，还有包括访问虚拟协同工作区，实验经验共享、分析和可视化工具等新型功能。

NSDL 致力于在互联网上建立一个实用的可供广泛接入和方便使用的分布式资源网络和学习机制。在这个环境中，个人或集体可充分和动态地调用各种数字化资料、实时数据集、多媒体数据、学习与模拟软件、虚拟现实系统、合作学习系统、远程实验室、虚拟实验室等学习资源和工具，来检索、参考、核实、集成和传递信息，对数据进行个性化处理，在数据和工具基础上进行合作学习。

作为一个非营利性质的机构，NSDL 并不拥有或收藏任何资源，它的资源来自于包括大学、博物馆、图书馆、实验室、专业学会及商业性的内容发行者等在内的 NSDL 项目参与者的自愿提供。NSDL 将资源分为文本（期刊文章、教学计划）、图片、视频、音频、软件等多种类型，用户进行检索时可以限定检索结果类型，但 NSDL 返回的结果列表仅仅保存资源提供者的信息，当用户选中某个特定条款时，NSDL 将用户链接到资源提供者的站点。从这个角度上看，NSDL 类似于搜索引擎。但与搜索引擎不同的是，NSDL 收藏的网站资源均是通过 NSDL 预先挑选的具有较高质量的教育信息资源。

NSDL 的检索非常简单，只提供快速检索方式。用户在检索框内输入检索词进行全部字段搜索，同时对检索结果提供两种选项限制：一是按用户层次搜索（高中、大学、研究生等），二是按资源形势搜索（文本、图片等）。检索结果列表返回包含相关信息的 NSDL 收藏站点，以及 NSDL 中已有的单独信息。

NSDL 还提供 AskNSDL、Whiteboard Report 两种信息服务。AskNSDL 服务包括 FAQ、用户提问、问答档案，其中的问题由科学家、图书馆员和教育者的专家志愿者来回答，这些志愿者主要来自于 PKAL、AAAS 和 IEEE 等机构。用户也可以在 AskNSDL 中申请成为志愿者。Whiteboard Report 的白板公告服务是 NSDL 提供的一个在线时事通信周刊，报道 NSDL 项目进展、研究新闻、项目亮点或数字图书馆大事件等信息。用户可以自由浏览，同时可以通过填写电子邮件和密码来发表公告。

5. ILLINET 模式共建共享的资源和服务

ILLINET 早期的共享主要体现在馆际互借和文献传递服务两个方面，这两项服务均对用户免费，以及州范围内的联合编目。馆际互借、文献传递采用的系统是 ILDS（the illinois library delivery system）。早期的 ILAS 比较陈旧，是第二次世界大战后为了实现将伊利诺伊州立大学的文献传递到与该大学有关的机构而开发的。依据各成员馆的地理位置来算，收到馆际互借请求需 3~7 天；答复请求的时间不是很确定，一般需要 3~4 天。

6. JISC 共建共享的资源和服务

JISC 完成了一系列的项目，提供的服务也很广泛。其主要提供的服务包括：世界级的网络——JANET；电子资源入口；学习的新环境；机制变更指南；咨询和顾问服务；继续教育的区域性支持。其服务涉及的主题包括：电子化学习（e-learning）；电子化研究

（e-research）；电子资源（e-resources）；电子化管理（e-administration）；存取管理（access management）；网络（network）；信息环境（information environment）；商业及社区参与（business and community engagement）。

7. NII 共建共享的资源和服务

NII 提供的服务包括两大类，内容型服务和学术交流基础设施。

内容型服务包括：NII 学术信息平台、在线电子期刊、大学图书馆的开放联合目录及日本学术界的相关在线资料信息。

学术交流基础设施包括：自然科学网络运行、学术内容（如元数据数据库联合项目）、IT 人力资源开发（如教育和培训）。

除了提供服务，NII 还面向社会招收研究生。

8. KERIS 共建共享的资源和服务

KERIS 的服务系统 RISS 的主要服务分为四个方面：全国资源共享、国外学术数据库服务、研究讨论会信息和研究备份。

全国资源共享的资源有：韩国学术期刊全文 450 000 份，论文全文和全国的文献传递服务（影像复制的方式提供服务）。

国外学术数据库服务包括 OCLC 的 FirstSearch，剑桥科学文摘网络数据服务（CSA-IDS）、PQDD、ACM 电子期刊和会议录，以及可订购的电子论文。

研究讨论会信息是指在国内或国外的研究讨论会或学术时间的信息。

研究备份是指有关国外的主要学校的课程的大纲及讲座的笔记。

从表 6.5 中可以看出，国外资源服务的发展与国内大致相同，不论从服务对象，还是服务项目，以及服务方式上，都有着相通的地方，当然也有着各具特色的不同之处，开发先进的服务项目，改进服务中不足之处，将是完善我们共享服务模式的必要工作。

表 6.5　国外主要共建共享组织服务提供情况

研究对象	服务对象	服务项目	服务方式
OhioLINK	集团用户	图书馆目录、学术研究型数据库、电子期刊中心、数字媒体中心、电子书、电子学位论文中心	集中服务
OCLC	集团用户	编目和元数据服务、馆藏管理服务、数字化和存档服务、参考服务、资源共享服务	集中服务
CDL	集团用户与个人用户	书目服务、馆藏发展与联合采购、数字资源保存	集中门户、分布服务
NSDL	个人用户	检索和咨询服务、资源标引和联机注释及归档，访问虚拟协同工作区，实验经验共享、分析和可视化工具	自由浏览
ILLINET	集团用户与个人用户	馆际互借和文献传递服务、联合编目	加入会员
JISC	集团用户与个人用户	世界级的网络、电子资源入口、学习的新环境机制变更指南、咨询和顾问服务、继续教育的区域性支持、电子化学习、电子化研究、电子资源、电子化管理、存取管理、网络、信息环境、商业及社区参与	集中门户、分布服务
NII	集团用户	内容型服务包括：NII 工学术信息平台、在线电子期刊、大学图书馆的开放联合目录及日本学术界的相关在线资料信息 学术交流基础设施包括：自然科学网络运行、学术内容（如元数据数据库联合项目）、IT 人力资源开发（如教育和培训）	集中门户
KERIS	集团用户与个人用户	全国资源共享、国外学术数据库服务、研究讨论会信息和研究备份	集中门户、分布服务

对上述共建共享模式的实践经验进行归纳总结外，概括国外信息资源共建共享模式为：以区域协作为基础的模式、以协作团体或信息中心为基础开展的模式、以馆际互借为主要手段开展的共享模式。

（三）信息资源共建共享的服务模式

信息资源共享的最终形式是以用户服务为根本的。随着知识更新不断加快，用户对新知识的获取方式及需求内容也都发生了相应的变化，资源共享是科学技术不断进步下，满足用户信息需求的根本手段。

共享模式是指共建共享组织中各成员单位（馆）以何种方式共同享用所有共建资源。七家组织目前主要通过联合目录的揭示、馆际互借与文献传递方式实现资源共享。参考咨询和用户培训等有所开展，但还不普及。共享的内容大多局限于各成员单位（馆）自身馆藏，共享对象也限于成员单位（馆）的读者。可见，共享范围和深度还不够，组织之间的共享模式还有待于进一步探索。

信息资源共享的重要内容就是避免资源的重复建设。在信息资源共享的理想模式中，一级单位和二级单位承担了信息资源建设的全部任务，因而其余众多的三级单位的工作重点将转移到用户服务上来。由于理想模式中信息资源建设的数字化和网络化特征，用户的大多数信息需求可以通过网络在任何地方得以满足，而不必走进图书馆。因此，三级单位的信息服务将主要集中于检索服务、专题服务、推送服务等更深层次的服务形式，同时要负责收集用户的信息需求，提供给一、二级单位以促进信息资源建设的质量。此外，三级单位不能走完全的虚拟图书馆的道路，要继续充分发挥其物理实体的结构优势，实现其社会教育、文化娱乐等其他重要的社会职能。

在上述理想的布局与共建模式中，上级信息资源单位兼有下级信息资源单位的职能，资源共享的管理机构按一定周期对各信息资源单位的资源建设和服务水平进行评估，以此来决定对各单位的经费投入，并结合课题招标情况对二、三级信息资源单位的等级进行调整，以实现我们理想中的以目标为导向的服务模式。

第五节　信息资源共建共享计划

一、美国文献资源建设协助计划

美国在文献资源建设方面探索出了许多成功的经验，也总结了许多失败的教训。杜威提出以最少的花费获得最好的文献，满足最多读者的理论。美国围绕这一核心理论，进行了多次计划实验，回顾文献建设协作计划，对我国的文献资源共建共享工作具有借鉴意义。

（一）格林威计划

1. 背景

进入 20 世纪后，美国的图书馆不但面临着信息快速膨胀的压力，而且也面临着人力不足与经费紧张的困难，图书馆传统的文献采购方式已经不能满足社会需求。当时社会的主要矛盾便是渐显紧缺的人力及经费与日渐趋高的读者需求之间的矛盾。图书馆采购的责任主要是由馆员和学科馆员共同承担的，但馆员缺乏学科背景，学科馆员也有自身工作职责，使得选书购书工作滞后。此外，信息爆炸和出版物激增使得选书、购书变得更加复杂和困难。在这种现状下，指令采购（blanket order）与阅选订购（approval plan）相继出现。格林威计划是出现最早的指令统购计划之一，主要为需要采购大量复本书的公共图书馆所采用。

2. 实施情况

格林威计划（Greenway plan）是 1958 年春美国费城公共图书馆（Free Library of Philadelphia）馆长爱默森·格林威（E. Greenway）倡导的，与 J. B. Lippincott 出版公司签约合作开展的一项采访新书计划。作为指令统购计划的一个范例，格林威计划并不是遵循传统采购图书的方式，而是借出版商的服务来进行选书工作。该计划的主要目的是：在新书正式出版之前，图书馆能够先得到样书并且予以评审挑选；图书馆在新书出版之前，能预先大批订购读者所需的图书复本；图书馆在收到大批新书之前，可以先进行编目并制作目录卡片；减少例行性的文书作业，简化工作流程，加快处理速度，减少工作成本；缩短新书在图书馆工作后台的流转周期，使读者尽早使用到所需的新书。

该计划约定，出版社在每一本新书出版之前，在送书给书评杂志社评论的同时，也要主动地送一本书给图书馆评选，以确保图书馆和其他单位一样能尽快拿到书。这将使图书馆员能尽早地了解、评估即将出版的图书，并尽早地决定是否要购买以纳入馆藏，或是暂缓处理，或者不入藏。如果图书馆决定购买赠送的样书，则只需支付极少的费用，而如果不需要也无须退回，因为退书的费用反而会更高。馆员还可以在图书到馆之前进行及时的编目。该计划合作范围覆盖面很广，不同类型的图书馆和出版商都纷纷加入这一计划，如 1968 年有一个为约 40 万读者提供服务的公共图书馆共与 22 家出版社签订了此类合同。它的主要作用是为图书馆提供了满足公众需求的快速获取图书的通道。图书馆可以用大量购书所得到的折扣购买更多需要的图书。而出版社也可以从图书馆购买大量的复本书中获利；代理商则在出版社送书后能迅速地出清库存，减少因积压而造成的损失。

3. 经验与教训

格林威计划的主要经验是：由于在新书出版之前，图书馆就着手开始进行整批新书入馆的日常程序，因此在很大程度上加快了图书选择采访周期，缩短新书上架时间；比起单纯依赖书目和书评评估和判断，图书馆员可以根据图书内容进行选书，增强了文献资源建设的针对性；在一定程度上避免了某些图书日后绝版的危险，尤其是一些书目控制不佳的区域性研究资料，对文献资源建设及人类文化遗产的保护做出贡献；将馆员从繁重的选书工作中解放出来，提高工作效率；节省了不少的购书经费和日常开销；对于某些特殊学科或某些地区、语种的出版物，图书馆可能没有适当的人员胜任选书购书工作，但通过利用出版商的专业知识与服务，扩宽了图书馆采购图书资料的领域。

格林威计划可供借鉴的教训是：由于大多数的出版商对各个图书馆的藏书目的、需求、现有馆藏不甚清楚，而图书馆将选书购书这样的文献资源建设工作交由他们来进行，并非一种妥善的做法；由于成功进行该计划的重要因素是图书馆不断地与出版商进行有效的沟通，使其了解目标馆的馆藏现状和发展目标，这样的工作是费时费力的，对于经费和人员紧张的图书馆来说，并非上策之举；对于小型图书馆而言，没有经费支持该计划，在经费不稳定的时期，完全依赖出版商来进行馆藏建设工作是不合适的；由于每年的图书出版量是无法做出准确估计的，这就很难控制图书馆的购书经费，无法做出有效可行的财务预算。

（二）法明顿计划

1. 背景

法明顿计划（Farmington plan）产生的背景和战后美国的崛起，以及美国图书馆政策的调整有密切的关系。出于国际战略的考虑，美国开始加强地区研究，并加强国外社会科学、自然科学信息的收集。其中作为重要的基础建设之一，美国试图建立一个完整的国外文献的书目体系和藏书收集体系。当时的工作重点有两个，书目信息方面是完善国会图书馆的卡片式联合目录，并在 1948 年改称为全国联合目录（national union catalog，NUC），确立了其国家书目的地位，1956 年则出版发行了书本式的《全国联合目录》。另一个是建立全国的文献收藏体系。第二次世界大战期间，美国政府指定国会图书馆拟定了“战时出版物合作采集计划”。通过这一计划，美国从西班牙、葡萄牙、意大利、法国和阿尔及利亚等许多国家所设置的机构中获得大量资料，解决了资料缺乏的难题。法明顿计划就是在这次卓有成效的图书采访协调活动基础上提出来的，是美国第一个在国家层面上进行的合作采访计划。

2. 实施情况

法明顿计划的目标是通过 60 个大型图书馆联合收集美国科学界、政界、军界必需的外国重要出版物和学术著作。其做法是按《美国国会图书馆图书分类法》列出 804 个类目，在各个成员馆中按类配置采购任务；对一些稀有文种的出版物则按国别分配采购任务，并对这些书刊尽快编目，列入《全国联合目录》，从而使美国任何一个研究人员感兴趣的外国出版物至少能有一份被图书馆收藏，达到资源共享。这项收集外国资料的计划也有一些限制：英国的出版物、期刊（除新出版的期刊的最早几期）、学位论文、政府出版物、乐谱、地图，以及超过一定价格的资料等，都不在收集范围内。另外，计划具有自愿性质，即图书馆在当地环境的影响下可以选择参加或者退出。

1948 年 1 月该计划开始实施时，只着眼于西欧的资料，包括法国、瑞典和瑞士，第二年覆盖面扩大到比利时、丹麦、意大利、墨西哥、荷兰和挪威等国家。后来不断有新的国家参加进来。1948~1951 年，该计划采用按学科分工负责的方法，收集了 13 个西欧国家及澳大利亚、新西兰、南非总共 16 个国家的出版物，基本上是按《美国国会图书馆分类法》的类目，由一个成员馆负责收集一个国家的出版物。1951 年起，计划实行一般由一个国家负责一个国家所有近期出版物的办法，结果收集范围很快扩大。到 1952 年，该计划覆盖了大多数的出版国，范围涉及亚洲、拉丁美洲、非洲、东欧和中东地区。

该计划的合作方式有两种：第一种是指定采集的学科，如 CDL 负责采集澳洲和新西兰的历史、葡萄牙文学及西班牙语文等，伊利诺伊大学图书馆负责各国出版的关于图书馆学方面的著作；第二种是指定采集的国家或地区，如哈佛大学图书馆负责购买阿富汗、斯里兰卡等国的图书资料。这两种合作方式在几方面都有所不同。前者的资料收集标准是主题，参加馆按照《美国国会图书馆分类法》的类目承担某个主题的收集任务；类型有通过贸易渠道提供新的专著（包括新发行的连续出版物的前几期）；收集方法则是同各国指定的出版商一起做出指令统购安排。后者的资料收集标准是地区，采购的职责按地理疆界划分；类型包括现行和回溯性专著、连续出版物、非贸易出版物或政府出版物；收集方法则是要求各馆对选择和采购做出自己的安排。1953 年发展到收集了 79 个国家的出版物，1961 年又增加到 123 个国家。各馆按该计划所收集的文献集中在各自的馆藏中，而所有的文献都编入《全国联合目录》，以便互借。1972 年 12 月 31 日计划正式结束。

法明顿计划由美国研究图书馆协会及其外国出版物采集委员会（原法明顿计划委员会）负责，下设非洲、东欧、远东、拉丁美洲、中东、南亚、东南亚和西欧等分委员会。法明顿计划委员会设有办公室，先后在纽约公共图书馆、哈佛大学图书馆办公，负责日常协调事务，1963 年后法明顿计划委员会办公室设在哥伦比亚特区研究图书馆协会。另外还有一些分委员会共同推进该计划的发展。这些委员会之间的信息交流是通过《外国采访通报》（*Foreign Acquisitions Newsletters*）进行的。

对于法明顿计划的执行效果，美国图书馆界从一开始就意见不一。不少人认为此项计划使研究资源高度分散，呼吁集中，要求将研究图书馆中心发展成国家外借图书馆。他们认为联邦政府的拨款足可使读者更加方便地查找国外资料，也能得到比 60 个图书馆所分别提供的更好的服务，因为这些图书馆的主要任务是为自己的读者服务，而不是为全国服务的。到 1959 年，计划创办者通过对计划的抽样调查研究，三分之二的出版物是通过此计划收集到的，而通过此计划所收集的全部出版物的 12.5%被认为是符合意愿的。这个数字与该计划创办者的初衷有不小的出入，但从客观上讲，法明顿计划前后执行了 24 年，极大地丰富了美国的文献情报资源，被认为是在全国范围内组织的大规模藏书协调的首创，在美国及世界上的影响是相当巨大而深远的，是美国 20 世纪最为著名的文献资源建设协作计划。

3. 经验与教训

法明顿计划失败的原因有：由于法明顿计划是一个自愿参加的计划，故而缺乏有效的管理机制，如图书馆员频繁更替导致了对长期任务的忽视，并且没有清楚地认识到各自的职责范围，从而对该计划的有效管理造成较大的困难；没有来自于联邦政府、州政府或者私人机构的资金支持，采购费和对承担任务多的成员馆的补助费被削减，参加该计划的图书馆经费紧缩，使该计划的进一步发展受到经费限制；国会图书馆开始实施国家采购与编目计划（National Program for Acquisitions and Cataloging，NPAC）开始实行，而法明顿计划和该计划在内容上有很大程度的重复，很多图书馆转而选择参加了 NPAC，使法明顿计划的参加馆数量大大减少；某些有影响的图书馆率先退出该计划；工作程序烦琐；图书馆收集兴趣的改变；代理商的服务质量不佳等。

（三）美国公法 480 号

1. 背景

20 世纪 50 年代，美国连续几年向 40 个发展中国家出售多余的农产品。由于这些国家缺乏美元，于是美国允许它们用本地基金或与援助额相等的配套基金来偿还这些农产品的款项。由于在贸易中换回的只是一些所谓的软性货币（soft currencies），加上这些国家大都为经济贫穷落后国家，这些货币对美国政府而言并无实质意义，政府决定将这些接收的外币用于购买相应国家的图书和期刊，于是产生了美国公法 480 号。

2. 实施情况

1958 年，由于美国学术界委员会（the American Council of Learned Societies，ACLS）和美国研究图书馆协会（Association of Research Libraries，ARL）的努力，使原《1954 年农业贸易发展暨补助法案》（Agriculture Trade Development and Assistance Act of 1954）作为第 104 部分并入了公法 480 号，并规定国会授权美国国会图书馆在其指定的范围内用其外汇购买发展中国家的最新的图书、期刊和其他资料等出版物，将所购得的出版物集中编目，由美国国会图书馆印制卡片、制作目录后，再交由参加公法 480 号图书馆所设置的资料寄存地来负责典藏流通。

美国公法 480 号于 1961 年首先在印度、巴基斯坦、阿拉伯联合共和国进行初期试验，1962 年 1 月开始分别在新德里、卡拉奇、开罗设立公共法案 480 号的海外办公室，专门负责采访及分送工作。参与计划的图书馆除美国国会图书馆，还有 21 所学院及大学图书馆和纽约公共图书馆，其后几年中，印度尼西亚、以色列、南斯拉夫、尼泊尔、斯里兰卡等国家也加入进来，计划的经费来源也不再局限于公法 480 号的赞助，所以更名为特殊外币计划（the special foreign currency program）。

比起国外购书的其他方式来讲，公法 480 号的机制相对简单得多。选书机构负责采购当地的出版物并将它们运抵参加馆。另外还将购书单公开分发到多个图书馆以对全国的整体收藏进行总体控制，采取了一些措施来避免把过多的价值不高的资料收入进来，提高了选书质量。

在进行该计划的过程中，许多参加馆都遇到了复杂的编目问题，如语言问题，没有外来词的音译统一标准的问题等。为了解决这个问题，参加该计划的图书馆需支付图书资料的编目费用。后来由于支持编目计划的资金仍相当缺乏，也缺少相应的外语人才，该计划开始尝试在海外进行编目工作，提供编目数据单。每本书都附有相应的编目数据单，上面记录了经过音译的作者名及图书信息。公法 480 号的编目计划被认为是美国第一个代表了国家水平的中心型编目计划。

除了采购和编目计划，该计划还开展了制作报纸的缩微胶片的计划。

美国国会图书馆的《公法 480 号年度报告》及《公法 480 号通告》负责报告该计划的执行情况。由于接收资料的图书馆大都无力编目，美国研究图书馆协会与国会、国会图书馆进行磋商，使 1965 年《高等教育法案》第 2 部分 C 款获得通过，该法案提出了国家为发展高等学校文献资源而提供资金的计划，实质上是为文献资源建设协调提供了财政上的支持，从而为制订 NPAC 打下了基础。到 1974 年年底，30 多所图书馆收到了来自发展中国家的 1 850 万册图书，在客观上形成了一批外国文献收藏中心。

由于外币的逐渐缺乏，设在各地的公法 480 号计划办事处业务逐渐减少：一些国会图书馆的海外办事处参加了 NPAC 或由于当地资金不足而逐步退出。美国公法 480 号于 20 世纪 80 年代中期结束。

3. 经验与教训

美国公法 480 号计划是美国联邦政府成功利用外币协助研究图书馆收集发展中国家的出版物，以供学习和研究的例子。在美国图书馆合作馆藏发展的历史上，是属于全国性指令统购、分散式典藏管理的合作采购方式，它主要是以采购的地区和语言作为分工的依据。

另外，由于管理者和参加该计划的当地职员的素质较高，使该计划得到了较快的发展。公法 480 号计划的主要管理者在文献采访和管理上都有着相当丰富的经验。海外办公室的当地人员普遍都具有大学学历，并有较高的图书馆工作职称，还有一些具备政府和大学图书馆的工作经验。所有人员都精通英语和当地的一两门语言，并具有很强的工作能力。

由参加该计划的图书馆支付图书资料的编目费用和日常费用，用以继续开展该计划，这个经验也为 1965 年的美国高等教育法案所借鉴，同时更促成了 1966 年美国 NPAC 的实施——在某些方面，公法 480 号可以说是 NPAC 的一个小型试验项目。

值得注意的一点是，由于该计划取决于政府在某个国家持有的剩余外币，计划中国家的名单常常发生一些有规则的变化，即当资金枯竭时，一些国家的资料就得退出该计划，由另一些国家的资料加入进来。该计划很大程度上受到政府所持外币量的牵制。

（四）美国国家采购与编目计划

1. 背景

20 世纪 60 年代，科学技术拉近了各国之间的距离，人们希望更深入、更全面地了解彼此，因此美国的许多大学开展了一些关于地区、语言及相关学科的研究项目。而这些国家的出版物在美国很缺乏，也缺乏快速获取的渠道。同时，图书馆馆员的素质也无法跟上要求，既具备分类、编目等专业技能，又精通各国语言的图书馆专业人员则少之又少。

20 世纪以来，美国几个大规模的合作采购计划都是分散式的，如持续了 24 年的法明顿计划、首开图书馆与出版商合作采购先例的拉丁美洲合作采购计划（Latin American cooperative acquisition plan，LACAP）和美国公法 480 号等均属此列。这种分散型的收藏体系和文献处理的策略，在降低成本上并没有显示出优越性，反而给美国联邦政府和各个成员馆带来了巨大的经济负担。于是，1964 年美国研究图书馆协会成立了书目共享委员会，重新探讨分散和集中的问题。一年后，该委员会的研究结论是：应当由美国国会图书馆一家来集中收藏图书资料并进行编目工作。由此，产生了 NPAC。

2. 实施情况

1966 年，NPAC 由美国国会图书馆主持实施，它整合了在其发展之前的另外两项著名合作计划——法明顿计划和美国公法 480 号计划，成为当时规模最大的全国性合作采访计划，也称分担编目计划。该计划源自于美国 1965 年《高等教育法案》第 2 部分 C 款。该计划主要是由联邦政府资助美国国会图书馆进行的。美国国会图书馆与世界各国相当数量的出版商合作，以保证计划的实施。该计划的目标是以最快的速度收集外国出版物，并在收到资料的三到四个星期之内发行其编目卡片，以通过全国统一的计划来满足国会图书馆和其他图书馆的需要。

NPAC 计划于 1966 年开始实施，由美国国会图书馆与美国以外的 24 个主要国家和地区进行协商，在许多城市设立了海外采购和合作编目中心，通过与有关国家和地区的书目编制机构合作，充分利用该国现成的书目资源对编目资料进行搜集、整理，由美国国会图书馆统一汇总、加工和编印，编入《全国联合目录》，迅速向各国图书馆发行目录卡片，以实现资源共享。

该计划在合作编目方面的做法很具有借鉴意义。为了避免与其他国家已经完成的编目工作产生不必要的重复，美国国会图书馆与外国的国家书目编制机构（通常都是国家图书馆）进行合作，实行了分担编目的办法。

该计划的出现取代了法明顿计划、拉丁美洲合作采购计划和其他类似的采购协作计划，持续了 20 年。该计划使美国国会图书馆提高了对所有收入馆藏的新出版的资料进行采购和编目的工作效率。截止到 1980 年，在该计划开展的 15 年间共采集和提供了 100 多万种的国外图书和目录卡片，既有效地缓解了美国国内对国外文献的需求，也相应地缩短了文献周转的时间，降低了成本。

随着美国经济政策的变化，到了 70 年代以后，美国图书馆的财政经费大幅削减。到 80 年代中期，在用于购置文献资料的外币用尽和国会削减联邦预算的双重压力下，NPAC 进入了困境，相继关闭了海外中心。NPAC 最终以 1981 年东京中心的关闭而宣告结束。

3. 经验与教训

该计划在美国的文献资源共建历史上占有重要的地位。其主要的经验和教训有以下几点。

（1）完善的总体规划及宏观上的指导使计划开展比较顺利。一方面，该计划根据不同图书馆的不同需要制定了涉及范围宽泛的采购和编目大纲，对该计划的实施进行了总体上的控制；另一方面，美国采购与编目计划是一个集中收集外国文献的计划，相对于分散型的合作计划而言，对内对外都有良好的沟通体系，加强了联系，减少了对计划目的的误解，更能把握宏观上的管理，使以往由各类学会组织进行的计划因无专人处理行政业务而导致失败的历史不再重演。

（2）该计划编制了完整而准确的联合目录，使馆藏资源能够真正快速而及时地为读者使用。美国采购与编目计划的工作重点之一是提供国家编目服务，增强了全国各地图书馆馆藏资料的书目控制，在很大程度上方便了馆际互借。

（3）NPAC 这类庞大的计划必须要有足够的经费的支持，否则就无法避免失败的结局。该计划的唯一资金来源于联邦政府的财政预算，因此受到了来自财政资金大幅削减的沉重压力。

（五）全国期刊中心计划

1. 背景

20 世纪 70 年代，美国图书馆的期刊馆际互借日益增多，每年约有 530 万次互借请求。然而此时进行的馆际互借活动存在一些不尽如人意的地方。由于各个图书馆的规模和馆藏范围相差很大，馆际互借并没有像人们所想象的那样实现互惠的目的，馆际互借几乎都集中到收藏期刊较多的少数几个大图书馆。随着期刊需要量的激增，使这些大型图书馆逐渐出现难以应付的局面。很显然，要在一个图书馆，即使是一个大型图书馆订阅并收藏其读者所需要的全部期刊也是根本不可能的，由此产生了全国期刊中心（National Periodical Center，NPC）计划。

2. 实施情况

1977 年，美国研究图书馆协会为了改进各图书馆在财政负担和业务负担上的不平衡状况，提出了成立全国期刊中心的建议。美国全国图书馆与信息科学委员会（U.S. National Commission on Libraries and Information Science，NCLIS）接受了这个意见，并把该项任务委托给美国国会图书馆。该计划最后由国会图书馆委托图书馆资源委员会（Council on Library Resources，CLR）拟定。

全国期刊中心的基本目标是负责向全国提供期刊，并满足全国 50%的馆际互借期刊需要。该中心还负责监督和协调全国图书馆所有期刊文献，鼓励各馆以电子形式提出期刊需求单，中心将在 24 小时内对大多数需求做出反应。它采取直接与出版社订购或委托代理商进行办理的方式来收集现刊及过刊，并有责任收藏和重点保护期刊文献。

1978 年美国国家图书馆学与信息科学委员会又草拟了关于在 1981 年实现正规的全国期刊系统（national periodical system）的计划。该计划分为三级保障体系：第一级，各单位、州和地区等基层收集 2 000 种左右最常用的期刊，解决馆际合作中期刊论文需求量的 80%左右；第二级，建立一个广泛的期刊馆藏，供借阅及复印服务之用，由国家新建的全国期刊中心组成，收集 45 000 种期刊，满足 15%的用户需求；第三级，由国家图书馆及其他具有一定规模、权威性的专门图书馆组成，它收藏的期刊要能满足余下的 5%的用户对高度专门性资料的需求。

显然这是一个大胆并有远见的计划，理所当然获得了美国广大图书情报界人士的赞同，但是却遭到期刊出版商的反对，因为他们担心期刊的订数将减少，发行量将下降。在这种情况下，中心一直未从官方获得经费，因而也未能由设想变为现实。

3. 经验与教训

全国期刊中心计划是在国家宏观指导下建立文献保障体系的典范。由集体的力量解决如此庞大的资料面，是一项了不起的创举。同时，也可以为实现各图书馆协作和资源共享创造良好的条件。

该计划最终没有得到实现，直接原因是没有获得联邦政府的经费援助。但事实上，在计划的筹划过程中就遇到了来自方方面面的障碍。主要包括以下几点。

（1）出版商出于维护自身的利益而反对该计划的执行。该计划使新出版期刊的需求量大大降低，影响了期刊的出版发行商的经济利益，因而遭到出版商的强烈反对。

（2）版权问题越来越突出，使计划的执行日渐艰难。1978 年美国的新版权法开始生效，对依靠复制进行的所有资源共享计划产生了严重的影响。

（3）全国期刊中心的性质与运作方式和某些商业机构所提供的服务相类似，而在某些方面并不能提供令读者更加满意的服务，导致了读者的流失现象。

二、拉丁美洲合作采访计划

拉丁美洲合作采访计划于 1960 年 1 月 15 日正式启动，到 1972 年年底结束。它对美国图书馆历史上的合作采访有着重要的意义，也为拉美的图书事业做出了巨大的贡献。

从它的组织、建立、发展到最后结束，都经历了许多的周折和困难，但它所产生的影响是不可磨灭的。它的成功是众多团体机构、图书馆、个人共同努力的结果。

（一）背景

拉丁美洲合作采访计划的产生最早可以追溯到19世纪60年代，那时美国就和拉美五国进行了出版物的交换活动。到了20世纪，由于许多大学开始研究其他国家和地区的历史与文化，许多研究拉美地区的研究工作者和学生需要大量不同类型的拉美文献，美国对拉美文献的需求迅猛增加。从整体上说，拉美地区缺乏书目信息和对外的交流不只是许多研究学者需要拉丁美洲的文献资料，拉美也十分急切地需要与外界的交流与合作。

除了上述原因，促成拉丁美洲合作采访计划成立的主要因素是法明顿计划的延伸和拉丁美洲图书馆资料采购讨论会（Seminars on the Acquisition of Latin American Library Materials，SALALM）的组织。

首先，法明顿计划是由美国研究图书馆协会主办的，它的实施从其影响来看是十分成功的，它已经影响到了北欧的许多国家。1959年，法明顿计划延伸到拉丁美洲，它们把整个拉丁美洲看做一个“重要地区”，然后在拉美各国实施任务。拉丁美洲合作采访计划和法明顿计划有些不同，它只集中在一个洲，并不是收集所有的拉美文献，而是收集当时拉美出版的文献，它的集中范围较法明顿计划要小些。后来法明顿计划和拉丁美洲合作采访计划同时于1972年年底正式结束，所以拉丁美洲合作采访计划是法明顿计划在拉丁美洲的延伸。

其次，拉丁美洲合作采访计划的组织和SALALM的参与是分不开的。SALALM，于1956年成立，1968年1月正式建立，旨在促进图书馆为拉美和美洲服务对象探讨及研究，为研究与拉美和美洲有关的书籍和图书馆学者、图书馆专家和其他人提供合作研究的机会等。SALALM十分重视拉丁美洲合作采访计划的工作，可以说拉丁美洲合作采访计划已经成了SALALM工作的一部分，正因为如此，拉丁美洲合作采访计划在20世纪60年代才能够蓬勃发展。

（二）实施情况

拉丁美洲合作采访计划是通过商业渠道采集拉丁美洲出版物的计划。其开展是由国际书商斯特彻特——哈夫纳公司主持，美国国会图书馆、得克萨斯大学图书馆、纽约公共图书馆和堪萨斯大学图书馆共同开创的一项试验性的商业性合作。一开始拉丁美洲合作采访计划并不是涉及所有的拉美地区，而是有选择性、阶段性地进行，刚成立时，范围涉及巴西、墨西哥、哥伦比亚、巴拉圭、乌拉圭等国家。拉丁美洲合作采访计划采购范围除了包括拉丁美洲著者的最新专著、新出版期刊的创刊号和一些政府部门出版物、大学出版物，还包括译文、课本、青少年读物、再版本等，许多拉美的部门报告、数据统计物、文学作品、历史作品都十分难以获取和购买。

拉丁美洲合作采访计划的办事处设在纽约，雇用代理人出差拉丁美洲各国，为成员馆进行一揽子采购。代理人在当地根据各种书目资料提出预订图书清单，代理人遍访各国出版商，提取所需图书，并记录所需要图书的数量，要求书商按照图书数量包装好，寄到纽约办事处。拉丁美洲合作采访计划的代理人克服了困难，为该计划的发展做出了巨大的贡献。

拉丁美洲合作采访计划采用的是全数订书的方法，这种方法存在许多缺陷：书的价格太高；全数订书单使馆员放弃选订图书的责任；一些到馆的书根本不值得订购；如果图书的经费都用于全数订书单的话，馆员不能满足当前读者感兴趣图书的特殊需求，对于小馆来说不太合适。但该计划还是节约了大馆的时间和金钱，一些不需要的图书也可以退回。

拉丁美洲合作采访计划的发展为美国图书馆的合作采访奠定了良好的基础，同时也促进了拉丁美洲图书贸易的发展，使拉美图书贸易日益成熟，更重要的是改善了拉美缺少书目报道和索引的状况。

（三）经验与教训

拉丁美洲合作采访计划于 1972 年年底终止执行。该计划办事处在 1969 年和结束前所做的两次调查都表明，大多数图书馆认为曾从此计划中受益。可以说拉丁美洲合作采访计划是一个典型的资源共享计划，最后其终止的原因是由于经费不足、销售量减少、退书率逐年增加等相关的商业问题（这同时也是法明顿计划失败的原因），以及真正熟悉此计划的负责人辞职等。事实上，在他们中间缺少一个中心协调的人员来负责这项计划。只有当成员馆本地的利益和计划任务或一些国家的利益相联系时，这些计划才能起到很好的效果。对于我们来说最根本的教训是要认识到拥有共同利益的同时也要拥有共同的责任。

拉丁美洲合作采访计划的目的是在正常的基础上，共同解决和分担从拉丁美洲各国获得大量研究型文献的费用与问题。美国一些研究型图书馆因收藏了大量的拉丁美洲文献而不支持此项计划。但是除了上述的一些原因，拉丁美洲合作采访计划的失败主要还有下面几个原因。

第一，大部分成员馆获取的是低利用的文献，由于经费的紧张，使得文献选择的范围变得十分严格，而低利用率的文献常常成为首要削减的对象。

第二，该项计划是在许多机构在进行地区性研究计划期间开展的，经济环境的变化使得机构停止开展新的项目，并经常取消一些最新建立的项目。所以，许多机构不热衷于参与拉丁美洲合作采访计划。

第三，拉丁美洲各国的图书贸易已经趋于成熟，并且对当地书商的信任度有所提高。如果可以直接以较低的价格购买到图书，那么可利用的经费就能直接购买到大部分文献，不需要通过代理去购买了。

第四，拉丁美洲合作采访计划被 NPAC 取代。但是不可否认，拉丁美洲合作采访计划的开展大大增加了美国图书馆拉丁美洲文献的数量和所涵盖的学科范围，它的成功与结束都代表着时代的发展和进步。

三、斯堪的纳维亚计划

著名的斯堪的纳维亚计划（Scandinavia plan，SP）是北欧斯堪的纳维亚半岛四国的公共图书馆、专门图书馆和研究图书馆合作采集外文图书的计划，它被认为是法明顿计划的“北欧翻版”。

（一）背景

斯堪的纳维亚计划产生的原因，首先是20世纪50年代科学技术的飞速发展和书刊出版量的激增，使北欧一些国家的图书馆感到单独采集文献已力不从心，因而有自愿进行合作的需要。其次是由于参与国的历史、地理和文化习俗相近，便于较快地统一认识和协调行动。

斯堪的纳维亚计划起源于瑞典四所规模最大的研究图书馆（瑞典皇家图书馆、隆德大学图书馆、乌普萨拉大学图书馆和哥德堡大学图书馆）最先拟定的一个方案。该方案是1955年在瑞典乌普萨拉大学图书馆馆长T. 克勒贝格博士的倡议下，由瑞典四所研究图书馆达成了一项关于协作采购外文资料的协议，并在主要学科专业化的基础上进行责任分工。

1956年在图尔库召开的第8次斯堪的纳维亚图书馆代表大会上对瑞典四所图书馆协作采购外文资料的协议进行了全面讨论，与会者很快就清楚地认识到，如果把这种合作活动的范围从国内扩展到斯堪的纳维亚的其他邻国，那么就会具有大得多的优越性。1957年四国的国立图书馆馆长和乌普萨拉大学图书馆馆长组成了专门委员会。各成员国政府拨出专款并成立总务委员会以实施这一协议。在总务委员会的推动下，先后成立了各专业委员会。

1958年北欧研究图书馆员协会讨论并通过了扩大这种采购计划的建议。这样，斯堪的纳维亚计划就诞生了，并由该协会主持实施。

（二）实施情况

斯堪的纳维亚计划的目的是发展一种地区文献采购和情报服务协作的有效方式，以促进斯堪的纳维亚国家研究图书馆之间的互借活动。该计划的主要内容是：①北欧四国的研究图书馆在采购北欧以外书刊时广泛进行协作，按主题、地区或语种分工，各成员也担负分管学科文献中心的服务任务，使各馆分别成为某一学科、某种语种或某种类型文献的收藏中心、书目中心和外借中心；②分工时既照顾各馆的历史情况和实际需要，也考虑藏书的系统性和完整性；③通过协商处理分工合作问题；④各成员馆担负所分管学科文献的服务任务，并编制各种专题联合目录。斯堪的纳维亚计划是自发地组织起来的，处理问题时一般采取协商方式，不做硬性规定。

斯堪的纳维亚计划委员会的结构如下：①中心委员会（main committee），它对于计划的贯彻与发展负有基本责任。②专门分委员会（special subcommittee），包括北欧馆际互借、农业科学、数学与自然科学、医学、议会文献、技术七个委员会。中心委员会发行《斯堪的纳维亚计划通讯》和《斯堪的纳维亚计划论文集》两种出版物。

1958年斯堪的纳维亚研究图书馆员联合会讨论并通过了关于扩大这一计划的建议，于是产生了世界第一个国际间实行外文图书合作采集的计划，1959年开始实施。20世纪50年代末至60年代初，按议会图书馆、农业图书馆、医学图书馆、技术图书馆等不同类型的图书馆成立各种“专业”委员会。由于有的“专业”委员会没有对口的大的专业图书馆，又从按图书馆类型区分调整为按文献种类区分而进行组织。

20世纪70年代初，该计划的活动范围明显扩大。同时由于北欧图书馆员协会是自发性组织，既无权利又无经费，因此在实施计划的过程中难免遇到各种困难。为了改进计划的管理，主持实施该计划的机构经历了几次变化，最终由北欧科学技术情报与文献工作联合组织来负责，它拥有相当可观的预算经费，这样就可以对各种方案划拨款项。

此后，该计划把北欧图书馆所藏的75 000种期刊转换成机读目录的形式储存起来。20世纪90年代，斯堪的纳维亚福利国家的高等教育发生了重大变革。在政府的敦促下，公立高校的重心向为国民经济和工业发展服务大面积倾斜，洪堡式研究型大学逐渐向服务型大学转变，北欧四国研究图书馆实施的"斯堪的纳维亚计划"也围绕着这一变革而运作。

（三）经验与教训

斯堪的纳维亚计划使我们认识到文献资源的建设与发展需要合作的大环境。这项计划得以诞生，除了倡议馆的积极努力，还与北欧四国的历史、地理、文化习俗等方面的密切联系不无关系。

首先，北欧国家重视图书馆事业，将图书馆事业看做社会福利事业和文化教育事业的一部分，在财政上大力支持，重视图书馆立法，人民文化、生活水平高，因此图书馆事业很发达。

其次，北欧图书馆很重视合作协调。例如，每4年召开一次各类有关图书馆馆长的会议，讨论管理等问题；瑞典哥德堡一所北欧高级图书馆员学院，每2年举办一次高级班。斯堪的纳维亚计划是北欧国家研究图书馆协调合作采集、收藏外文书刊的计划，即采购北欧以外的书刊时按学科、地区、语种分工负责采购。

最后，北欧图书馆协会工作搞得如火如荼，对北欧图书馆事业起着极大的推动作用。

斯堪的纳维亚计划的实施，可使这些国家互相配合收藏外文资料，减少重复，增加品种；也有助于建立统一的地区文献资源保障体系，实现文献资源共享。此项计划的有益经验促进了南亚和拉丁美洲的发展中国家制订类似的计划。1965年在布拉格召开的社会主义国家图书馆协调收藏问题国际会议上，也曾决定发展外文图书收藏合作。

其不足之处就是缺少拥有适当权力和经费的协调中心；没有规定必须遵守的义务；由于对不常用语种图书采用地域——语文收藏原则，限制了对某些国家图书的收藏；建立国家间贮存图书馆和确定专业相近的成员馆之间的复本率等问题也不能得到进一步解决。

四、全国图书协调方案

（一）背景

《全国图书协调方案》是中国关于协调图书馆为科学研究服务的重要文件，对中国的图书馆文献资源建设产生了重大影响，在中国的文献资源建设发展历程中很具影响力。《全国图书协调方案》的产生背景主要包括以下几点。

（1）1949年新中国的成立，为图书馆事业开辟了广阔的发展空间，但发展并不尽如人意，仍需要进一步的宏观指导和整体的规划控制。

（2）1956年党中央发出了"向科学进军"的伟大号召，同年7月文化部在北京召开了全国图书馆工作会议，根据周恩来关于知识分子问题的指示精神，会议报告《明确图书馆的方针和任务为大力配合向科学进军而奋斗》指出"提供科学研究的图书资料，是我们文化部门的图书馆工作者的一个艰巨而光荣的政治任务"。自此，图书馆学作为一门学科被列入当年制定的全国科学 12 年远景规划，在国家鼓励大力发展科技事业的当时受到了人们的高度重视。

（3）有计划、有步骤的发展原则，是图书馆事业健康发展的基础，这种规划发展的观念引起了人们的注意。1956 年夏，在国务院科学规划委员会领导下，集中了一些图书馆学、目录学专家和有关方面的代表共同拟定《图书馆学、目录学科学研究 12 年远景规划（草案）》，其中涉及图书馆事业长期发展等问题。虽然由于当时的政治环境的影响，规划未能执行，但这种观念影响了许多图书馆学界的人士，在某种程度上促进了《全国图书协调方案》的出台。

（4）图馆学界逐步形成了藏书利用的服务观念，探索走馆际合作与协调的道路。《全国图书协调方案》的公布和实施，是中国图书馆学界将藏书建设推向专业化、社会化的第一次尝试。

（二）实施情况

1957 年 9 月，国务院全体会议第 57 次会议批准颁布了《全国图书协调方案》。《方案》要求"在国务院科学规划委员会下设图书小组，由文化部、教育部、中国科学院、卫生部、地质部、北京图书馆（1998 年改名为中国国家图书馆）的代表和若干图书馆专家组成，负责全国为科学研究服务的图书工作的全面规划、统筹安排。"根据《方案》图书小组首先进行两项工作：第一，建立全国的和地方的中心图书馆委员会，具体规划、实施全国的藏书协调工作；第二，编制全国图书联合目录。《全国图书协调方案》的制定和实施标志着我国的文献资源共建共享活动迈出了重要的一步。

全国中心图书馆的主要任务是搜集高质量的图书资料，编辑联合目录和新书通报，开展国际书刊交流，复制图书报刊，规划业务干部培训等。地区中心图书馆委员会的工作重点是协助科学规划委员会或行政领导部门，对图书馆事业进行统筹安排与全面规划，研究和解决有关中心图书馆之间的分工合作，包括图书的采购、调配、交换、互借等方面的业务问题；研究有关业务提高的问题。

1957~1967 年，在《全国图书协调方案》的统一指导下，北京、上海分别成立了第一、第二中心图书馆委员会，在武汉、沈阳、南京、广州、成都、西安、兰州、天津、哈尔滨等九个城市成立了地区中心图书馆委员会，成员馆达到 105 所。在《全国图书协调方案》规定成立中心图书馆委员会以外的地区也先后成立了中心图书馆委员会或协作委员会，开始进行馆际协调与协作工作，为实现全国文献资源共享打下了一定的基础。

为了编制联合目录，在全国中心图书馆委员会下设一个全国图书联合目录编辑组，主要任务是调查全国各馆的藏书和编目情况，并负责制订联合目录的编辑计划，协调各馆在这方面的工作。

除了编制联合编目，《全国图书协调方案》在外文书刊采购和馆藏分工的协调方面也取得了有益的经验。在协调过程中，既照顾各馆的特殊需要，又考虑到书刊收藏的系统完整；既考虑当前的需要，又考虑到长远发展，基本上避免了不必要的重复，增加了品种，节约了外汇。

（三）经验与教训

根据《全国图书协调方案》开展的大规模协作活动，其重要特征是通过图书馆学会、工作委员会或协会组织形成图书馆事业网，以纸质载体文献为对象，以编制馆藏联合目录、开展馆际互借、进行学术研究、人员培训等为主要实践活动内容，以优质文献资源布局和资源共享为理论研究内容。

《全国图书协调方案》的主要经验有以下几点。

（1）政府的高度重视及大力推动是《全国图书协调方案》得以顺利发展的关键因素之一。政府从宏观的角度控制协调资源的建设，促使资源共建共享朝良性的方向发展。

（2）不同层次的文献资源布局满足了不同层次的情报需求类型，促进了图书馆之间的相互联系。这种"中心—地区"型的布局模式对中国图书馆界的文献资源建设总体布局产生了很大的影响。

（3）文献资源的协调分工是根据各馆的具体情况制定的，同各地区各部门的科技、教育、管理人员的知识水平、情报需求及吸收能力相适应。

但在取得有益经验的同时，《全国图书协调方案》未能有效开展起来而被迫终止的原因，除了"文化大革命"的开始，还有以下一些值得注意的教训。

（1）落后的管理体制导致协作的失败。中国一直沿用条块分割的体制，这种体制是一种有限集中的体制，它重视同一系统之间的合作和协调，而忽视了不同系统之间的合作和协调。

（2）观念的落后是图书馆合作长期处于较低水平的主要原因。重藏轻用的封建藏书楼思想使馆内的部分文献得不到充分利用，从而抑制了文化的传播。同时，这种满足于"自给自足""小而全""大而全"现状的观念也严重地束缚了图书馆文献资源共建共享的发展步伐。

（3）由于政治运动的盲目性和主观性，图书馆事业受到严重的打击。

从20世纪70年代末开始，中国图书馆藏书建设进入第二次专业化、社会化高潮。1978年党的十一届三中全会以后，中国进入改革开放和社会主义现代化建设的历史新时期，图书馆学研究也随着图书馆事业的发展进入一个黄金时期。1978年党的十一届三中全会以后，由《全国图书协调方案》开创的文献资源共建共享工作才被重新提上日程，受到党和政府的重视。我国的文献资源共建共享工作开始真正迎来事业的春天，而《全国图书协调方案》也在这项事业中继续发挥着其积极影响。

➢ 思考题

1. 什么是信息资源共建共享？
2. 信息资源共建共享的目标是什么？
3. 简述信息资源共建共享的机制。
4. 信息资源共建共享的存储技术、组织技术与分布式访问技术分别都有哪些？
5. 我国国内有哪些信息资源共建共享的管理模式？
6. 国外有哪些信息资源共建共享的服务模式？与国内的服务模式又有那些异同？
7. 从美国文献资源建设协助计划中能得到那些经验教训？
8. 我国的《全国图书协调方案》还有哪些需要改进的地方？

参 考 文 献

艾丹祥，张玉峰. 2003. 利用主题图建立概念知识库[J]. 图书情报知识，(2)：48-50，53
陈兰杰. 2005. 文献信息资源共建共享利益平衡机制研究[D]. 河北大学硕士学位论文
陈文翠. 2004. 数字图书馆建设中面临的技术挑战及解决方略[J]. 情报科学，(1)：34-36
程焕文，潘燕桃. 2004. 信息资源共享[M]. 北京：高等教育出版社
辞海编辑委员会. 1980. 辞海[M]. 上海：上海辞书出版社
湖南省文献信息资源共建共享协作网. 2008-03-22. 湖南省文献资源共建共享协作网工作细则[EB/OL]. http://www.library.hn.cn/gigxxzw/xzw/3cen/gzxz.html
黄长著，霍国庆. 2000. 我国信息资源共享的战略分析[J]. 中国图书馆学报，(3)：2-10
黄镝. 2003. 异构数据库的跨库检索技术综述[J]. 图书情报工作，(6)：94-97，109
金胜勇，苏娜. 2007. 关于信息资源共建共享误读之辨析[J]. 情报理论与实践，(2)：185-188
金胜勇，于森. 2005. 继承还是颠覆：共建共享对传统文献信息资源建设理论的影响[J]. 图书馆工作与研究，(4)：2-5
金胜勇，于森. 2006. 基于共建共享的文献信息资源建设理论构建[J]. 中国图书馆学报，(4):72-75
赖于民，黄健中，喻庆江，等. 2005. 数字化信息资源共建共享的机制和模式研究[J]. 现代情报，(12)：61-63，38
李慧. 2001. 数据库技术与数字图书馆中的信息组织[J]. 现代图书情报技术，(5)：11-13，21
李勇. 2006. 从 CASHL 的现状看我国文献资源共享的发展趋势[J]. 现代情报，(5)：38-40
刘爱琴. 2010. 图书情报资源共享利益协调机制的构建[J]. 情报理论与实践，(1)：59-62
龙双艳. 2004. 信息资源共建共享运行机制与相关对策[J]. 高校图书馆工作，(3)：42-43，48
楼靖华. 2006. 文献信息资源共建共享利益平衡机制研究[J]. 图书馆杂志，(5)：20-23，32
罗晓兰，肖希明. 2009. 我国信息资源共建共享的政策保障机制[J]. 情报科学，(3)：360-364
马费成，宋恩梅. 2011. 信息管理学基础[M]. 第 2 版. 武汉：武汉大学出版社
马文峰，杜小勇. 2007. 知识网格研究[J]. 图书情报工作，(10)：64-67，135
沈继武，萧希明. 1991. 文献资源建设[M]. 武汉：武汉大学出版社
孙一钢，申晓娟，陈道泉，等. 2006. 我国主要国家级数字图书馆工程项目介绍[J]. 数字图书馆论坛，(1)：47-62
王平南，粟之敦. 2006. 图书馆资源共建共享面临的困境与发展对策[J]. 中国教育技术装备，(11)：35-37
肖珑. 2008-03-22. 融会四海新知振兴华夏人文——CASHL 的发展与未来展望[EB/OL]. http：//www. cashl. edu.cn/search/htmlljb03_3. asp
肖希明. 2006. 推进我国信息资源共享政策体系建设[J]. 情报资料工作，(6)：2-4
燕今伟. 2008-03-22. CASHL 区域启动中心的服务[EB/OL]. http：//www.cashl.edu.cn/search/html/ jb03-4. asp
姚晓霞，冯英，陈凌. 2008. 信息资源共建共享可持续发展的运作机制研究[J]. 大学图书馆学报，(1)：23-27
余江，夏风. 2005. 共建资源、共享成果——上海市文献资源共建共享协作网十年综述[J]. 图书馆杂志，(3)：75-77
袁海波，孟连生. 2002. 网络环境下信息资源共建共享的实践——兼述国家科技图书文献中心的建设与发展[J]. 情报学报，(1)：57-62

张惠君，周敬恩，张西亚，等. 2004. “CALIS 重点学科网络资源导航库”“十五”建设思考[J]. 大学图书馆学报，(20)：34-37

赵阳，姜爱蓉. 2006. “CALIS 学位论文全文数据库”的建设实践[J]. 大学图书馆学报，(4)：48-52

中国高等教育文献保障系统. 2008-03-22a. 馆际互借模式[EB/OL]. http://www.cabs.edu.cn/calisnew/calis_index. asp?fid=95&class=1

中国高等教育文献保障系统. 2008-03-22b. 教学参考信息子项目[EB/OL]. http://www.calis.edu.cn/ calisnew/calis_index. asp?fid=3&class=8

中国高等教育文献保障系统. 2008-03-22c. 联合目录子项目[EB/OL]. http://www.calis.edu.cn/calisnewlcalis_index.asp?fid=3&class=2

中国高等教育文献保障系统. 2008-03-22d. 专题特色数据库子项目[EB/OL]. http：//www.calis.edu.cn/ calisnew/calis index.asp?fid=3&class=5

中国社会科学院语言研究所词典编辑室. 1996. 现代汉语词典[M]. 北京：商务印书馆

中华人民共和国文化部. 2006-12-19. 全国文化信息资源共享工程管理暂行办法[EB/OL]. http：//www.ccnt.com.cn/html/gxgc/ index2.htm?file=05-07

邹婉芬. 2005. 我国文献信息共建共享体系现状及发展趋势分析[J]. 图书馆学研究，(11)：51-53，56

NSDL. 2007-09-08. National science digital library[EB/OL]. http：//nsdl. org/

Pepper S. 2002-08-21. The TAO of topic maps：finding the way in the age of infoglut[EB/OL]. http：//www.gca. org/papers/xmleurope2000/pdf/s11-01

Pepper S，Moore G. 2006-08-23. XML topic maps（XTM）1.0. [EB/OL]. http：//www. topicmaps. org/XTM/1.0/ XTM1-20010806. html

扫一扫

信息资源共建共享补充阅读